大数据背景下公共图书馆管理创新研究

张慧 王国凯◎著

吉林科学技术出版社

图书在版编目（ＣＩＰ）数据

大数据背景下公共图书馆管理创新研究 / 张慧，王
国凯著. -- 长春：吉林科学技术出版社，2023.7
ISBN 978-7-5744-0785-5

Ⅰ. ①大… Ⅱ. ①张… ②王… Ⅲ. ①公共图书馆－
图书馆管理－研究 Ⅳ. ①G258.2

中国国家版本馆 CIP 数据核字 (2023) 第 157604 号

大数据背景下公共图书馆管理创新研究

著　　　张　慧　王国凯
出 版 人　宛　霞
责任编辑　张伟泽
封面设计　皓麒图书
制　　版　皓麒图书
幅面尺寸　185mm×260mm
开　　本　16
字　　数　250 千字
印　　张　17
印　　数　1–1500 册
版　　次　2023年7月第1版
印　　次　2024年2月第1次印刷

出　　版　吉林科学技术出版社
发　　行　吉林科学技术出版社
地　　址　长春市福祉大路5788号
邮　　编　130118
发行部电话/传真　0431-81629529 81629530 81629531
　　　　　　　　　81629532 81629533 81629534
储运部电话　0431-86059116
编辑部电话　0431-81629518
印　　刷　三河市嵩川印刷有限公司

书　　号　ISBN 978-7-5744-0785-5
定　　价　85.00元

前　言

　　《大数据背景下公共图书馆管理创新研究》研究基于大数据时代的图书馆管理相关问题，以期对我国图书馆管理研究有所帮助。本书主要包括大数据解析、大数据时代图书馆服务概述、大数据时代图书馆的知识信息管理、大数据时代图书馆的用户与安全管理、大数据环境下图书馆文献信息资源建设与利用、大数据环境下高校图书馆知识服务模式研究、现代图书馆信息采集管理、现代图书馆采集管理、现代图书馆信息加工管理、现代图书馆信息管理及服务的创新等内容。本书更新图书馆新理念，改善管理手段，分析了图书馆管理服务，并结合大数据技术提出改善策略，将理论性较强的内容变得通俗易懂，层次清晰，科学地开展图书馆信息建设工作。其中，张慧负责编写第 1 章至第 5 章，共计 12 万字，王国凯负责编写第 6 章至第 13 章，共计 13 万字。

张慧，女，汉族，1983 年 7 月出生，山东省阳谷县人，本科毕业于临沂大学，现任阳谷县图书馆馆长。长期从事图书资料采编、数据库管理等工作，公开发表论文 3 篇，曾获县"巾帼建功"先进个人、"优秀文化工作者"等称号。

王国凯，男，汉族，1987 年 4 月出生，山东平度人，硕士研究生，毕业于湘潭大学公共管理学院图书馆学专业。2013 年 7 月任职于烟台市莱山区图书馆，长期从事公共图书馆管理及全民阅读推广工作，多次受到区政府嘉奖，曾获山东省第七届公共图书馆业务竞赛阅读服务项目二等奖、山东省《中华人民共和国公共图书馆法》知识竞赛个人二等奖，公开发表论文 6 篇。

目　录

第一章　公共图书馆概述

第一节 公共图书馆的特征

公共图书馆是一种与人民大众关系最为密切的图书馆类型。公共图书馆是一种由政府投资兴办或由社会力量支持兴办的、向社会公众开放的图书馆类型，是知识资源收集、存储、加工、研究、传播和服务的公共文化空间和社会教育设施。具有公益性、均等性和普惠性特点。公共图书馆又被称为知识的宝库、公共文化空间、第三空间、第二起居室、没有围墙的学校、文化信息的中心等等。

一、公共图书馆具有 3 个明显特征

1.公共、公益

公共图书馆是一种社会制度的安排，这一制度规定由政府从公共税收中支付经费，图书馆则免费为当地居民服务。每个人都具有平等获取人类知识和信息的权利，而维护公共图书馆的公共供给是保障人人平等获取知识和信息的重要途径。从理论上说，公共图书馆的公共、公益性决定了它应该向社会成员免费开放和提供服务。目前，世界各国的公共图书馆几乎都同时提供免费服务和收费服务。免费服务即基本服务或核心服务，收费服务即非基本服务或增值服务。

2.平等包容

平等包容的公共图书馆服务包括两方面的含义：一方面，每个图书馆向其用户提供平等包容、无差别的服务；另一方面，整个公共图书馆服务体系向全体社会成员提供普遍均等的图书馆服务。公共图书馆向全体社会成员开放，要求公共图书馆普通公共服务空间（需要特殊保护的除外）要在承诺的开放时间向一切个人开放，不设任何限制，也不管个人的阶层、种族、宗教信仰、经济能力、性别、年龄等。

3.专业化

公共图书馆的专业化的四个表现：

第一，运用图书馆学的理论、技术和方法，保障读者对所需知识和信息进行有效查询和获取；第二，聘用专业馆员开展智力型业务；第三，用专业知识支撑公共图书馆智力型业务工作；第四，依托整个图书馆职业和行业组织的支持，维持并不断提高自身的业务水平。这要求加强与其他图书馆的联系，并与行业组织建立联系。其中与行业组织的联系尤其重要，行业组织可以将不同类型的图书馆凝聚为一个整体，同时可以在提供交流平台、制定行业标准，支持人员培训。监督评估服务质量、制定和执行职业道德规范方面获得支持。

员工需要遵循职业道德规范。职业道德规范是用来规范从业人员行为、维护职业声望的重要手段。各国图书馆协会制定的职业道德规范大致包括以下内容：图书馆专业人员对知识、信息、文献的行为规范，如尊重知识产权等；对用户的行为规范，如尊重用户的隐私权；对职业整体的行为规范，如维护职业声誉；对所在图书馆及实体机构的行为规范，如履行与单位签订的合同。公共图书馆服务对象的多样性导致其比其他任何类型的图书馆都更经常遭遇争议问题。因而比其他类型图书馆都更需要职业道德规范的引领。

二、作为公共事业的公共图书馆

（一）公共事业管理视野下的公共图书馆

这是一个不以营利为目的，以文献信息服务为手段，为社会公众提供精神文化产品，提高全社会科学文化水平，改善社会公众生活质量为目的的非营利机构。由于其经费主要由国家财政拨给，使用的是国家转移支付的税收资金，承担的是公共部门委托的、为社会公众服务的责任，因此，公共图书馆就自然具有了"公共服务"组织的基本特征。

（二）公共图书馆"公共"性的表现

第一，公共图书馆的拥有主体是公共部门而不是私人机构；第二，公共图书馆一切活动是为了满足社会的共同需要；第三，衡量公共图书馆绩效的指标不是简单的利润或效率标准，而是服务的质量、数量、满足社会需要的程度等多种标准；第四，公共图书馆事业是一项公众广泛参与建设的事业，这种参与既包括物质和精神的支持，也包括对事业活动的约束和监督。

（三）公共图书馆的公共事业特性

1.公共图书馆是社会价值"公众性""公用性""公益性"的融合

公共图书馆的服务对象是全体社会成员，与全体社会成员的利益都有直接或间接的关系，所以具有公众性；同时公共图书馆的服务内容是全体社会成员共同需要的。公共图书馆作为社会文化基础设施归全体社会成员共同使用，全体社会成员都是公共图书馆的读者，都可以使用公共图书馆，可以无一例外地使用和享受公共图书馆的服务，所以带有公用性。

另外公共图书馆所提供的服务是整个社会的经济社会发展，特别是精神文化发展所必不可少的条件，公共图书馆建设和服务的目的是实现公众的共同利益，全体社会成员都可以享受这种利益，因面带有公益性。公共图书馆的这一特点决定了其需要公共部门投入大量经费和直接参与，进行统筹规划和科学管理。

2.公共图书馆作为"纯公共物品"的基本特点

第一，图书馆的服务具有不可分割性，图书馆要么向所有人提供服务，要么不向任何人提供，在理论和实践中不能够和不可以对服务对象进行选择。

第二，由于政府对公共图书馆的直接投资较大，可持续的发展需要长期维持较高的投入水平，因此在同一个行政区域内具有自然唯一性（或自然垄断性）。

第三，对读者而言，公共图书馆的消费不具有排他性，即排除任何读者对公共图书馆服务的分享都要花费巨大的成本。

第四，公共图书馆的服务是非竞争的，当公共图书馆服务开展以后。增加任何一个读者对图书馆的使用或享用时，并不导致服务成本的增长。

第五，作为一个单纯的投入-产出链，公共图书馆对读者服务的价值，是通过潜移默化的阅读及其相关活动体现出来的，因此衡量公共图书馆服务效果十分困难，导致图书馆无法根据服务的效果获得收益。

第六，公共图书馆的服务和读者的消费具有精神文化价值，涉及公共文化权利，必须给子普遍保障。

3.对公平价值的追求高于对效率的追求

公共图书馆存在的主要理由和基本目标是满足社会成员的普遍文献需要，当服务中出现公平和效率发生矛盾，难以两全的情况时，公共图书馆必须首先表现出对公平价值的追求。服务的普遍性只有在拥有一定规模后才能够体现出来，在具有一定规模之后必须首先将普遍服务和公平价值放在基础地位。公共图书馆的规模性包含两层含义：其一，公共图书馆对于社会整体发展特别是人的全面发展而言，是不可分割的社会组成部分；其二，公共图书馆事业是一个完整的体系，建立这样一个公共服务体系需要大量的支出，而且大部分属于经常性支出，所以要使公共图书馆的服务体现出普遍性、公共性、全民性的特点，实现"全民终身教育"和"学习型社会"的目标，必须达到一定规模，使全民普遍受益以后，才能够体现出公平价值追求的意义。

4.公共图书馆建设的超前性

由于公共图书馆事业是社会精神生产和文化生活中重要的基本条件和基础设施，发挥的作用具有一定的基础性、支撑性、间接性和滞后性，各种积极效果不能立竿见影，需要预先发展，为社会经济发展留出"提前量"。另外，社会对公共图书馆的需要是逐渐增长的，如果公共图书馆事业的发展不能适度超前，社会公众的公共图书馆需要，将始终处于长期得不到满足的状态，成为阻碍社会文化发展的问题。

第二节 公共图书馆的职能和种类

一、公共图书馆的职能

1.文献信息保存及传承职能

文献信息保存及传承人类文化遗产是公共图书馆最传统的职能，是图书馆产生之初就具备的功能。

2.社会教育职能

社会教育职能对公共图书馆来说，显得尤为重要。图书馆是没有围墙的社会大学、公共图书馆是人们的终身学校。都充分体现了教育职能。

3.文献信息传递职能

图书馆具有中介性，这个性质决定了传递文献信息是公共图书馆的一个重要职能。这一职能一般通过流通、阅览和参考咨询等服务部门来实现。

4.促进阅读职能

保障民众的阅读权利，促进阅读兴趣的培养和提高，是现代图书馆不可推卸的责任之一。各级公共图书馆通过形式各异的阅读推广活动来实现促进阅读的目标。

5.休闲娱乐职能

随着现代图书馆职责的扩大，为大众休闲娱乐提供也成为公共图书馆的职责。联合国教科文组织发布的《公共图书馆宣言》对公共图书馆的使命做了12个方面的陈述，使公共图书馆的职能更加具体化。这12个方面具体如下：使儿童从小养成和增强阅读习惯；向各层次的个人教育、自学教育及正规教育提供帮助；为个人创造力的发展提供机会；激发儿童和青年人的想象力和创造力；促进对文化传统的了解，提高对艺术、科学成就与发明的了解水平；提供接近所有表演艺术的文化表达方式的机会；鼓励不同文化背景人们之间的对话并支持文化的多元化；支持口述传统文化的保存和传播；确保公民获取各种社区信息；为地方企业、社团和事业团体提供足够的信息；促进信息和计算机扫盲技术的发展；支持并参加为各种年龄的人群所开展的扫盲活动和计划，并且如果需要，发起这样的活动。

二、我国公共图书馆的种类

在我国，公共图书馆基本是按行政区域建立起来的，由当地政府各级文化部门领导。均建在各级政府所在地。

我国的公共图书馆包含以下几个层次种类：国家图书馆、省（自治区、直辖市）图书馆、县（县级市、市辖区）图书馆、乡镇（街道）图书馆、社区（村）图书馆及各级少年儿童图书馆。

三、公共图书馆用户

（一）定义

凡是利用了公共图书馆所提供的资源、环境以及服务的个人或团体，都可以称为公共图书馆用户（读者）。

（二）用户权利、权利保障及培训

1.用户权利

一般地说，公共图书馆用户权利包括以下几方面：

（1）文化权利

文化权利是公民的基本权利之一。是指公民在社会文化生活中应当享有的不容侵犯的自由和利益。公共图书馆是公共文化设施，因此文化权利是公共图书馆用户应当享有的最基本的权利。包括：参与文化生活的权利、分享文化成果的权利、参与文化活动及文化事务管理的权利，文化创造自由权和文化成果得到保障的权利。

（2）平等地享受公共图书馆服务的权利

《公共图书馆宣言》中明确规定，每一个人都有平等享受公共图书馆服务的权利，而不受年龄、种族、性别、宗教、国籍、语言或社会地位的限制。确保公共图书馆用户能够平等地享有图书馆服务，是公共图书馆开展用户服务过程中必须遵循的原则。

（3）自由获取信息的权利

公共图书馆在开展服务的过程中应充分尊重用户自由获取信息的权利，应当向用户公开各类文献信息资源收藏情况和布局、服务种类、服务时间，以及与服务相关的各类规章制度等信息。有义务解答用户询问。辅助用户更好地利用图书馆资源和服务。

（4）用户隐私得到保护的权利

公共图书馆在开展服务的过程中，会收集和掌握用户的部分私人信息，如用户的姓名。地址、单位、身份号码、联系方式。阅读习惯等，图书馆有义务对这些信息尊重和保密。确保用户个人信息不泄露，也不利用这些信息侵扰用户的生活。

2.用户权利保障

公共图书馆保障用户权利有五个方面的措施：

（1）法律保障

要保障用户的权利，公共图书馆开展各项工作，首先要遵循《中华人民共和国公共图书馆法》，还要遵循其他相关法律，如涉及馆藏建设的呈缴本方面的制度、涉及数字资源建设的著作权方面的法律法规，涉及网络传播方面的法律法规等等。这些法律法规是公共图书馆开展各项工作必须遵守的基本原则，也是对用户享有图书馆各项服务的根本保障。

（2）服务理念

要保障用户的权利，公共图书馆开展各项服务工作必须要有先进的服务理念做支撑和导向。

（3）行业规范

俗话说行有行规。公共图书馆也有行业规范和业务工作准则，并以此作为筹划资源建设、规范用户服务、提升管理科学性提高服务质量的制度化措施，来规范公共图书馆的行为，保障用户权利。例如，国家质量监督检验总局、国家标准化管理委员会发布《公共图书馆服务规范》，对公共图书馆的服务提出了科学的、严格的要求。

（4）技术措施

目前，在公共图书馆的各项业务中。数字资源发现与获取。数字版权保护，远程访问控制、读者信息管理等多个方面，都有成熟的技术解决方案，为用户权利保护提供了自动化系统的保障。

（5）社会教育

公共图书馆是一个面向全社会开放的文化机构，公共图书馆的建设是一个需要全社会共同参与的工作，所以，社会教育是保障图书馆用户权利的一项重要工作。对内，要加强馆员的法律意识，强化职业道德和业务规范的教育。对外，在用户层面，进行公共图书馆服务相关法律政策和业务规范的宣讲，使图书馆用户树立正确的法律意识，了解保护自身权利的正确方法和途径；在社会层面，进行广泛宣传，使相关政府部门和公众正确认识和把握公共图书馆的特点和服务属性，有效监督公共图书馆的工作，对公共图书馆事业的发展给予更全面的理解和支持。

3.用户培训

公共图书馆有计划、有目标、有步骤地开展用户培调工作，既是公众的文化需求，也是公共图书馆必须履行的职责，更是图书馆提高资源利用率、拓展服务的有效方法。

（1）培训的主要内容

1）图书馆基础知识这是最为基础、最重要的培训，可以帮助用户了解图书馆基本概况。馆藏资源特点及布局、文献分类常识和查找方法、各类服务介绍等知识，为用户更好地利用图书馆资源奠定良好的基础。

2）图书馆资源与服务推介介绍图书馆最新的资源和服务，使用户能从众多类型的资源和服务中迅速锁定自己所需要的。

3）文献信息检索技能培训这是提升用户信息素养的一种比较综合的培训，教会用户在合理的时间从种类繁杂、数量庞大的各类资源中获取有用信息。旨在帮助用户更为全面地掌握信息加工和处理的方法，更好地驾驭信息工具。此外，还可根据用户的需求举办计算机应用能力培训、外语培训等等，以提升公共图书馆的社会影响力，培育潜在用户。

（2）培训的主要方式

1）用户到馆培训

一是在专门的教室培训。现在很多图书馆都有系统的用户培训计划，在固定的时间和地点进行。二是与图书馆日常工作相结合对用户进行辅导。这是图书馆参考咨询工作的重要方式。用户在使用图书馆的过程中，可以随时得到馆员的指导和帮助，解决遇到的问题。这种培训贯穿于图书馆服务工作的始终，可以强化用户的服务感受，提升用户满意度。

2）用户所在机构的现场培训

针对某一机构的用户进行培训，可根据特点和需求设计课程，这种培训方式更容易形成培训讲师与用户的互动。

3）远程培训

通过各种媒体和网络进行培训。大多数图书馆采用集中面授与借助网络进行远程教育相结合的方式开展用户培训。远程培训主要有两种方式：第一，开设专门的网络培训平台或者是培训栏目主页。图书馆制作专门的培训录像、交互式培训课件或培训讲义，上传到网上加以传播，有的图书馆通过虚拟参考咨询系统向用户提供远程辅导。远程培训具有成本低、服务范围广、便于维护等特点。第二，利用广播电视网络进行培训。广播电视网络是用户培训的新平台。国家图书馆等先进图书馆已经建设有数字电视频道，通过有线电视网络播放培训教育节目，既经济又便捷。

（三）用户满意度测评

用户满意度测评是公共图书馆服务质量评价的重要组成部分。基本流程主要包括八个环节：

1.明确测评目的

在进行用户满意度测评方案设计时，首先要明确测评的目的是什么。明确是对图书馆的整体服务进行测评、还是对某一项具体服务措施进行测评。

2.确定测评对象

根据测评的目的和内容，选择适当的对象参与测评，既保证测评对象具有广泛性和代表性，同时保证测评对象与测评内容相一致。

3.问卷设计

问卷设计是测评工作中最为关键的一个环节决定着测评工作能否达到预期目标。问卷一般包括背景介绍、填写说明、测评对象基本情况和测评问题等内容。

4.确定抽样方法

任何测评都不可能面向全体用户开展，一般采取随机抽样的方式确定测评对象。

5.实施调查问卷

调查可以采取当面问询、信函，电话、网络等形式进行。

6.数据整理及分析

对回收的问卷进行整理和分析。首先剔除无效问卷，然后根据不同维度和指标进行问题分类和汇总，并通过图表对汇总的数据进行可视化处理。

7.编制测评报告

首先完成测评统计分析，然后将测评的背景、目标、测评指标设计、调研情况。测评数据分析、测评结果分析等内容汇编成册。

8.制定改进方案

根据测评发现的问题，逐一对问题产生的原因进行阐述，并制定出有针对性的、可行的服务改进方案。

四、公共图书馆的核心业务

概括来讲，图书馆的业务工作有两大体系，一是文献信息资源建设（文献信息输入），二是读者服务工作（文献信息输出）。文献信息资源建设主要工作流程有文献信息搜集、登录、加工整理、文献组织等环节。读者服务工作主要包括文献提供、阅读推广、参考咨询、文献检索、网络信息导航与服务、用户发展教育培训等内容。以上两大部分构成了图书馆业务工作体系的主体。基于此，公共图书馆的核心业务可以分成六大部分。第一，信息资源建设。第二，文献加工。第三，文献提供。第四，信息服务。第五，读者活动。第六，乡土知识与地方文化的开发和保护。

五、科学发挥公共图书馆的社会职能

1.创新服务理念

要实现从以书为中心向以人为中心转变，树立用户第一，读者至上的服务理念。公共图书馆的所有业务都要围绕读者需求来展开，每一个环节都要以服务读者的角度出发进行设计安排，尽可能将图书馆的服务工作做得更为细致、更为人性化。要树立"藏用结合，以用为主"的服务理念。现代公共图书馆必须积极拓展服务手段，完善信息服务职能。可以设置自助图书馆、数字图书馆、虚拟图书馆以及流动图书馆等多种形式，同时配合馆际互借、文献传递等服务方式，以方便读者使用图书馆信息资源为目标，满足不同群体读者多元化的信息需求。要由被动，静态服务向主动，动静结合服务转变。

2.注重资源建设

公共图书馆要加强数字化资源建设，要根据实际情况，适当削减纸质资源，增加数字化资源的采集，并尽量保持数字化资源的丰富性、连续性、新颖性，从而满足读者多样化的信息需求。深层次开发信息资源，自建专题数据库。公共图书馆可以结合自身馆藏优势及读者需求的特点，选择某个专题，组织、开发相关信息资源，打造出一个涵盖这一专题的最专业、最全面、最准确、最新颖信息资源的特色文献专题数据库，满足读者个性化的信息需求；要积极参与推进公共数字文化服务建设，实现数字文化资源的共建共享，并且要创造条件，采取多种方式，如演播、展览、流动站等方式，真正让数字文化服务惠及大众，满足广大读者对文化资源日益增多的需求。

3.拓展服务

公共图书馆应充分借助计算机、通讯、网络等现代化信息技术来拓展和延伸读者服务工作，例如利用馆藏目录查询系统、文献传递系统，个人图书馆管理系统、信息导航、网络咨询、电子邮件、网络论坛等开展服务工作，有条件的公共图书馆还应建立手机图书馆、开通图书馆微博、微信公众号等。通过公众热衷的新兴媒介来做好读者服务工作。不断推动公共图书馆信息服务工作朝着现代化、智能化、个性化的方向发展。其次，公共图书馆还应积极开辟报告厅、展览厅等专门的服务场地设施，通过开展多种多样的文化教育活动来拓展服务方式，例如举办学术报告会、真人图书馆艺术展览、音乐鉴赏、教育培训等。这种群体性的文化教育活动形式生动活泼，往往能够发挥更大的社会价值。

4.完善文化休闲职能

公共图书馆文化休闲职能的社会效益越来越明显，图书馆可以通过营造文化休闲环境，设置文化活动设施，开展丰富多样的文化活动来加以完善。在馆含结构、装修设计、功能布局、生态环境等各方面都要融入人文思想和艺术气息，营造出自由、轻松、舒适的休闲文化氛围，置身其中能够让人感到身心的放松和愉悦。公共图书馆可以结合自身条件，设置学术报告厅、演播厅、展览厅、朗读室、多媒体放映厅，以利于开展专题讲座、文化展览、朗诵、多媒体视听等文化活动。有条件的公共图书馆还可以开设咖啡厅、书吧、茶室、健身房甚至餐厅等新型文化娱乐设施，满足读者一体化的需求，吸引更多读者进入图书馆，在良好的氛围中得到心灵和智慧的升华。综上所述，公共图书馆要明晰自己的社会职能，采取有效的途径与措施，充分发挥自身的社会职能，提升国民素质。

第三节 公共图书馆服务

服务是公共图书馆赖以生存和发展的基础。

一、公共图书馆的服务内容

（一）公共图书馆服务分类

1.从服务内容上分可分为传统文献服务和现代信息服务。

2.从服务形式上分可分为基础服务和高级服务。高级服务是在基础服务之上形成的知识化和专业化服务。例如高级咨询服务、定题服务、翻译服务，查询服务、学科馆员服务。机构知识库服务等。

3.从服务空间上分可分为物理空间服务和虚拟空间服务。

（二）文献借阅服务

文献借阅包括文献外借和文献阅览服务两方面。

1.文献外借服务

文献外借是各级公共图书馆的传统服务之一。

（1）文献外借服务的形式主要有个人外借、集体外借。馆际互借、预约借书、邮寄外借、流动外借等形式。例如，上海图书馆常年开展为视障读者提供免费邮寄外借服务。

（2）文献外借服务的内容主要包括办理借书证、文献外借、文献续借、文献催还及相关工作。

2.文献阅览服务

文献阅览服务是公共图书馆为读者提供的基础服务之一。是指图书馆为其读者提供图书报刊成数字资源阅览服务。可分为馆内阅览和馆外阅览。馆内阅览服务在某种程度上缓解了馆外阅览带来的问题。

3.文献借阅服务发展的保障

（1）加强基础设施建设

基础设施是馆内借阅服务得以顺利开展的保障。基础设施的建设，一是要加强基本硬件的投入。保障读者的阅读空间。如设置休闲空间、学习空间。增强读者的阅读体验。二是加强可便利读者的设施建设，如阅览桌椅、饮水机、打印机、存包柜等的配置。三是加大网络建设投入。如增加有线终端提供和无线网络的建设。

（2）拓展传统服务

除了传统的借阅外，公共图书馆围绕满足读者阅读需求，还应拓展其功能性的服务。为读者提供检索、导读等服务。为了方便读者检索，图书馆一般在馆内配置读者检索专用电脑，便于读者利用公共目录查询系统查找馆藏资源，同时应在馆内设置导读岗，辅助读者阅读文献。导读是指导读者阅读的工作，包括读者阅读理念、方法、技术教育和相关教育等。图书馆应在馆内设置导读岗，明确专人承担导读服务，辅助读者阅读文献。为吸引读者可编制宣传册和读者指南等材料进行辅导。

（3）重视新技术应用

充分利用现代信息技术为读者提供自助服务是近年来公共图书馆服务发展的特点之一相当一部分图书馆引入了射频识别技术，实现了自助办理图书借阅证、自助借还等智能化服务，部分引入了 24 小时无人值守的自助图书馆，大大方便了读者的借阅需求。

（三）参考咨询服务

参考咨询是公共图书馆服务的核心业务之一。除此之外，还要教育用户，多方位地满足用户需求。

1.图书馆咨询服务的类型

（1）普通咨询服务

包括向导性咨询和辅导性咨询。针对读者提出的馆藏方位和服务区域方位等咨询问题给予向导性解答，并对读者的一般需求进行辅导，帮其更全面地掌握利用图书馆的方法。

（2）政府决策咨询服务

政府设立的公共图书馆应当根据自身条件，为国家机关制定法律、法规、政策和开展有关问题研究，提供文献信息和相关咨询服务。为地方政府提供决策服务主要包括立法决策服务、政治决策服务、经济决策服务等。立法决策服务是指图书馆的参考咨询部门（成立法决策服务部门）以及专门人员解答用户在立法决策活动中提出的各种问题，包括帮助检索、提供文献资料、收集数据等服务。

（3）面向科研机构与企业的咨询服务

科研机构和企业有着明显的不同，公共图书馆面向二者的咨询服务项目、服务提供方式和资源提供种类等方面存在着差异。科研机构的咨询需求产生于学科研究、技术活动及知识创新等科研工作中，公共图书馆必须针对他们的特定需求，并充分考虑学术工作者的信息素养层次，提供依托海量文献资源的、科技含量高的、有利于科研创新的高效咨询服务。面向科研机构的一般咨询主要包括事实知识咨询、专题咨询、相关信息检索、文献跟踪服务和综述撰写等五类。企业人员的信息需求层次不一，通常需要知悉与本企业良性运行相关的若干信息，以便达到企业利益的最大化。公共图书馆开展咨询服务时，需要分清企业的规模大小和咨询要求。为企业提供合适的、能够解决企业外部问题的、促进企业发展的有效咨询。企业咨询服务以情报产品提供为主。

（4）参考咨询的文献提供

公共图书馆的文献提供依赖于丰富的馆藏资源，体现为文献传递、参考咨询、馆际互借、文献传递、信息传播等服务形式。作为参考咨询的文献提供是以咨询服务为根本目的，通过文献检索、查询、传递服务来满足用户的咨询需求，用户在此过程中通常需要负担费用。文献提供的资料类型应包括各种载体、各种类型和语种的文献资料。如纸质材料、光盘、图书、期刊、论文等等。文献提供的发送途径可采用普通邮寄、快递以及依托网络、通信设备的各种传递方式，如网络文献传递系统、传真、电话、电子邮件等。

2.图书馆咨询服务的形式

传统咨询包括电话咨询、到馆咨询。网络咨询包括信息推送、虚拟咨询。虚拟参考咨询是指基于互联网的参考咨询，以网络技术作为依托，可利用的参考信息除了纸质文献外更多的是数字文献。虚拟参考咨询具有及时交互性、开放广泛性、公益指导性、服务手段网络化、服务方式个性化、服务资源共享化等特征。

3.图书馆咨询工作的流程

受理咨询：口头、书面、电话、信函、网络等。

文献（信息）检索：查找文献（信息）。

答复咨询：提供答案、介绍参考工具书；提供专题书目、二次文献及文献线索；直接提供原始文献提供网址。

建立咨询档案：记录读者信息、咨询内容，解答方式，读者反馈意见等。

（四）流动服务

流动服务是为远离图书馆和不便来馆的读者及潜在读者提供文献服务的一种服务方式，也称为移动图书馆或流动图书馆，是图书馆开展延伸服务的有效方式。流动服务包括汽车图书馆、流动服务站等多种形式，较为常见的是流动服务车，也称为汽车图书馆。在北欧沿海地区还有图书船、图书艇向当地渔民提供服务，我国早期的汽车图书馆建于上海和北京。

（五）政府信息公开服务

政府信息是指行政机关在履行职责过程中制作或者获取的，以一定形式记录、保存的信息。各级人民政府应当在国家档案馆、公共图书馆设置政府信息查阅场所，并配置相应的设施设备，为公民、法人或者其他组织获取政府信息提供便利。公共图书馆开展政府信息公开服务，首先要设立政府信息查阅中心，在此基础上开展政府信息网络服务，并不断深化服务内容，提供个性化政府信息服务，拓展服务途径。

（六）面向特殊群体的服务

政府设立的公共图书馆设置少年儿童阅览区域，根据少年儿童的特点配备相应的专业人员，开展面向少年儿童的阅读指导和社会教育活动，并为学校开展有关课外活动提供支持。有条件的地区可以单独设立少年儿童图书馆。政府设立的公共图书馆应当考虑老年人、残疾人等群体的特点，积极创造条件，提供其需要的文献信息、无障碍设施设备和服务等。公共图书馆和少儿 L 图书馆应当将少年儿童作为图书馆的重要读者对象提供主动充分的服务，根据年龄与功能分区开展服务，策划组织举办形式各异的少儿阅读推广活动。公共图书馆对老年人、残障人士的服务应体现人文关怀，在设施设备配置上要充分考虑他们的身体特点和需求，除提供普通的借阅服务外，要根据他们的特点开展导读、培训等活动。公共图书馆要针对农民工的需求开展阅读服务与信息服务，开展以就业和提高技能为目标的培训，提高农民工及其子女的文化素养，让农民工了解城市文化、融入城市文化，有利于促进全社会文明程度的提高。

二、公共图书馆服务方式和手段创新的意义和价值

1.服务方式和手段创新是贯彻落实科学发展观的具体体现科学发展观的核心是以人为本，根本目的是实现人的全面发展。公共图书馆是直接为读者服务的，为实现人的全面发展服务的。以读者为本是图书馆的办馆宗旨，要想读者之所想，做读者之所需。图书馆的工作必须以读者需求为导向，读者的需求变化了，服务方式和手段也要相应地变化，故步自封、墨守成规就不能满足读者的需要，就会被读者所抛弃。认真研究读者的需求，主动为读者服务，就能赢得读者的青睐，吸引更多的读者。

2.服务方式和手段创新是实现图书馆功能的途径和桥梁从哲学和管理学的角度来看，目标任务与方式手段是相互依存的，目标任务依赖方式手段，方式手段为目标任务服务。一定的目标任务要通过一定的方式手段才能达成，离开了方式手段，目标任务就会落空。这就是常说的，要过河首先要解决桥或船的问题，没有桥或船，就无法过河。方式手段是实现目标任务的途径和桥梁。如果不重视服务方式手段的创新，为读者服务、办读者满意的图书馆，就只能是一句空话。

3.服务方式和手段创新是公共文化服务体系建设的重要内容在公共文化服务体系建设进程中，积极探索实践，创新公共文化服务体系建设体制机制，创新公共文化服务方式和手段，并取得显著成绩，具有典型示范作用和推广价值。一个图书馆的优劣，不仅表现在硬件设施上，更表现在服务上，而服务方式和手段则是其服务水准的外在表现。

三、公共图书馆服务方式和手段创新的主要举措

公共图书馆服务方式和手段创新的内容很丰富，不同的图书馆有不同的做法，图书馆主要在以下三个方面进行了探索。

（一）创立总分馆体制，构建图书馆服务网络体系

过去的图书馆，都按行政关系隶属于不同的主体，各馆之间各自为政，互不相通，资源不能共享，重复建设，馆藏雷同，读者多处办理图书借阅证，奔波于各馆之间，虽多有不便但也无可奈何，这是体制性弊病。把建立总分馆体制作为办馆模式，以区图书馆为总馆。街道、社区图书馆为分馆，形成区一街道一社区三级公共图书馆服务网络。总分馆之间实行统一拨款、统一采购、统一编目、统一配置、统一管理，实现业务一体化、标准化，资源共享化，并通过计算机网络，实现通借通还。

1.在总馆建设方面

（1）精心设计，营造舒适的读书环境

将阅览桌与书架交替排列，读者坐在书架之间，取阅方便，犹如在自家书房：把好位置留给读者。靠窗位置光线充足，空气清新，最大限度地用于放置阅览桌，供读者使用；设置露天休憩平台。将露天平台定位为读者专用休息区，种植植物，设置太阳伞雅座。

（2）传统藏书加数字图书馆，为读者提供丰富的信息资源实现馆内局域网无限制使用与馆外统一认证登录使用，读者可免费上网和下载。

（3）构建人性化服务平台。实现通借通还通过图书馆集群管理系统，建立起以区图书馆中心数据库为核心的总分馆统一管理业务平台。所有图书可以在总分馆之间任意地点借还，而且图书归还后馆藏地点自动变更为当前馆，可以立即上架流通，不必送回原馆，真正实现总分馆之间的文献资源共享和通借通还。

2.在分馆建设方面

（1）社区分馆与主题分馆相结合为了避免各分馆藏书重复、雷同，在某些人群集中的地方建立主题分馆，如老年图书馆、少儿英语图书馆、书西图书馆、艺术图书馆和设计图书馆。

（2）基本馆藏与特色馆藏相结合各分馆的馆藏采用基本加特色，除满足大多数普通读者的基本藏书外，经过充分调查，根据不同社区的人口构成。职业、年龄等特点。分别为其配备旅游，美食、养生保健、书西艺术。音乐、外语、普法、廉政等特色藏书。

3.精心设计各类活动区馆和各街道、社区图书馆举办读者活动，如演讲比赛、知识竞赛、艺术沙龙、专题报告等等。时间固定，每月举办次数固定。可以进行全程录像并刻成光碟，将视频放在本馆网页上供读者点播，还全程速记，整理成文，汇编成册，供读者借阅。主题涉及政治、经济、文化、社会方面的热点问题，涵盖文学、艺术。科技、教育、卫生、保健、环保、建筑、历史、民俗等内容。

4.开展特色服务，普惠与特惠相结合

（1）延时服务

总分馆全面延长开放时间。区图书馆由原来每周开放 64 小时延长为 72 小时，街道图书馆由原每周开放 3 小时延长为 60 小时，社区图书馆由原每周开放 36 小时延长为 54 小时。

（2）错时休息

各图书馆之间错开闭馆休息时间，让读者每天都有地方读书。区图书馆周二闭馆，与市馆周一闭馆错开；各街道、社区图书馆也分别错开闭馆休息时间，周一至周五轮流闭馆休息。保证区域内每天都有一家或几家图书馆对外开放。

（3）错峰开馆

在保证每周开放总时间的前提下，根据各社区居民、读者对象的职业特点、生活习惯的不同，错开对外开放时间，以保证在读者最多的时段开放服务，在读者最少的时段休息。

（二）信息化技术服务

1.短信服务

利用手机短信提醒读者到期还书、查询借阅情况、办理续借手续，或者将公益讲座、公益电影等各种活动消息及时发送给读者。

2.数字图书进网吧

与网吧签订协议，将数字图书馆服务延伸到辖区网吧电脑终端，实现网吧电脑终端对数字图书馆电子书刊资源的无障碍免费使用。

（三）针对特殊人群的服务

1.四点钟

学校区馆及各街道、社区图书馆，每天下午四点钟接待周边小学生一起看书、写作业，进行课外辅导，解除家长的后顾之忧。

2.关爱服务

针对残障，老年等人群的服务，如设立固定服务点定期上门更新图书，在区图书馆及部分街道馆设立盲文图书阅览区。为视障读者提供特殊文献借阅服务。

3.企业服务点区

图书馆与企业共建小型图书室，企业负责提供场地和管理员，区图书馆负责提供图书、管理系统和培训管理员，服务点仅对本企业员工服务。

4.企业流动书架区

图书馆在企业设流动书架，给企业办理集体借书证。企业向区图书馆成批地借还书，企业兼职的图书管理员再向员工借还书。

5.流动服务

租用车辆定期或不定期将最新图书送至人流较多但没有场地建立分馆或固定服务点的地方，方便读者办理图书借阅证和借阅。

第二章 图书馆管理

图书馆管理作为管理中的一种，是在遵循图书馆工作客观规律的基础上，通过计划、组织、领导、协调等手段，对馆藏资源、人力、物力、技术、设备资金等，进行合理配置和有效利用，以达成图书馆既定目标的活动。本章主要研究图书馆管理。

第一节 图书馆管理的主要原理

一、原理诠释

原理是事物发展的本原及道理，是事物发展的最普遍、最基本的规律。哲学上讲事物是客观存在的事物，运动是客观事物存在的根本方式，如果没有运动，客观存在的事物也将不会存在，所以可以说客观存在的事物与运动是辩证统一的关系，两者之间既相互作用又相互制约。或者可以说，原理是事物存在的规律体现，同时也是事物发展的规律体现，更是事物存在和发展的基本规律体现，原理本身就包含事物的存在属性和运动属性。

在认识上人们很难将原理和定律区分开来，但两者有着明显的不同，原理主要是陈述某些客观事实，用来揭示事物的本质规律；而定律是对某种或某类客观规律的总结，以便反映这类事物在一定时空下的发展变化。此外，有些定律是基于原理的基础上提出来的，具有概括性的特征。原理不同于原则，原则是规范人们生活、工作的准则，是一把标杆，引导、规范人们的行为。

二、图书馆原理诠释

（一）人本原理

人本顾名思义是就是以人为本，而图书馆的人本原理就是以人为本来进行管理。人本原理是指管理者要想达到既定的目标，那么所开展的一切组织活动都必须以人为前提，要把人的需求放在管理的第一位。管理的本质就是激励人们去实现既定的组织目标。管理作为一种特殊的社会活动，它各种工作的开展都需要人去推动，所以在管理的过程中，管理者应该将人放在中心地位，并通过一系列的手段去激励人们行动。因此，在管理中要立足于人，要把人看作是管理的主要对象以及图书馆最重要的资源，这才是图书馆实行人本原理的关键。图书馆管理者要想充分调动人员的积极性，就需要遵守人本原理的几个原则。

1.能级原则

管理意义上的能级具体体现在个人的能力上，这种能力不是管理本身所能决定的，而是取决于个人的先天素质（如智力）与后天努力（如专业知识、技能、职业道德素养、身体素质等）。换句话说，个人能力的大小是指个体对组织目标实现影响能力的大小。在图书馆的管理系统中，各种管理的职能是不同的。图书馆的管理能级原则是指管理者根据管理功能将管理系统划分成不同的级别，并在其中添加相应的管理内容及其与之匹配的管理者，并为之建立各种标准和制度，形成严格的组织网络体系，使图书馆的管理活动可以有序地进行。随着用户对图书馆服务需求的日益增加，人们会发现很多图书馆把建立合理的能力作为图书馆优化管理的重要内容。

图书馆管理的能级必须按层次具有稳定的组织形态。通常情况下，相对稳定的组织形态向人们呈现的是三角形的形态，三角形之所以稳定是因为它上面具有尖锐的锋芒，但是它也具有宽厚的基础。图书馆管理的三角形呈现四个层次，最高层是图书馆的领导层，也可以说是决策层，它可以决定图书馆的发展方向；第二个层次是图书馆的管理层，这个层次主要起到上传下达的作用；第三个层次是图书馆的执行层次，主要执行管理层传达的指令，可以直接调动人员进行工作；最底层是操作层，是指图书馆各岗位的操作人员，负责具体执行各项基础任务。图书馆管理的不同能级都有不同的权利、职责，在管理的过程中不同能级需要根据自身具有的权利和职责开展工作，所谓在其位，谋其政。现代的图书馆管理需要使各个岗位人员处于相应的能级之上，但是需要关注各个岗位上的人员与能级的匹配程度，所以必须组织培训，使各岗位上的人能不断适应日新月异的变化，使之能动态的实现能级对应，这样才可以发挥管理的最大效用。

2.动力原则

任何事物的运动都需要动力的支持，动力越大，运动就会越快越持久，如果动力太小就会使运动停滞不前。管理运动包含两个相互联系的问题，即动力源与动力机制。管理的动力源是指从事管理活动的人在管理的过程中产生的种种需求，如对于制度的需求等。管理的动力机制是指一种确定的刺激、引发、导向、制约动力源的条件机制。一个合理的动力机制，最开始需要把动力源激发出来，同时引导人们朝着指定的方向前行，这样才能推动组织目标的顺利实现。总体来说，图书馆管理的动力源主要有两种类型，包括从动力源角度划分的物质动力和精神动力；从动力机制角度划分的信息动力。

（二）系统原理

系统一词来源于英文单词"system"，可以说是英文单词翻译过来的词汇，系统是指将零散、杂乱的东西通过有序的排列、整理形成的具有整体性的统一体，并且系统各要素之间是相互作用和相互配合的。在宇宙中，任何事物都是依托系统而存在，可以说任何事物都离不开系统。从组成要素的性质来看，系统可以划分为自然系统和人造系统。自然系统是指物质世界的一切系统，包括非生命系统（如气象系统）和生命系统（如生物系统、生态系统），这是按照有无生命体征划分的。

人造系统也可以称之为人工系统，是人类为达到某种目的而建立的系统，如交通系统、物流系统、航空系统等。系统主要具备以下四个特征，即目的性、整体性、层次性和相关性。所谓系统的目的性是指整个图书馆系统的建立需要有一个共同的目标，目标不同就难以形成一个稳固的系统，这可以说是系统建立的前提条件。所谓整体性是指每个系统都不是独立存在的，它是由若干个子系统组成的，作为系统的组成部分，每个子系统之间都会相互影响、相互作用。因此，系统在建立的时候应该着眼全局，并需要从系统的整体出发，不能一概而论。所谓系统的层次性是指系统内部的子系统具有不同的功能，每个子系统都会有自己的主系统，这就表明子系统之间存在上下层次的关系，这种层次的关系不是只在一个系统中体现，在所有系统中都是普遍存在的。所谓相关性是指系统中各个要素之间都会存在相互联系，相互辅助的关系，它一方面可以表现为子系统与系统之间的关系，即子系统的存在会以系统的存在为依托；另一方面表现为子系统与内部系统之间不仅会相互联系，而且还表现出相互制约的关系。如果将图书馆作为一个完整独立的系统，用现代管理的理论指导学者对其进行分析，会发现图书馆的系统主要分为以下几个方面。第一，系统要素。系统要素是指构成图书馆系统的组成成分以及构建图书馆组成的相关条件；第二，系统结构。系统结构是指构成图书馆系统各部分的组成方法以及相互关系；第三，系统功能。系统功能主要表现为系统整体与局部功能的总和；第四，系统联系。系统联系是指系统内部各个子系统与主系统之间的联系以及子系统与子系统之间的联系；第五，系统历史。系统历史是指图书馆系统产生及发展的过程史。同样，图书馆系统是由不同层级的子系统组成的，各个子系统需要在各自的岗位上发挥应有的功效。高级子系统的主要任务是向下传达系统的指令，最后考核该层级子系统对于指令的完成情况；低级的子系统需要完成上一层级布置的任务，并在相关层级子系统的帮助下共同完成。所以，在图书馆系统的管理过程中需要协调好各个层级的子系统，必要时需要相关制度来配合执行，防止各部门在执行的过程中出现相互推诿的现象。

（三）动态原理

图书馆管理系统具有动态性的特征，所以管理人员在对系统进行管理的时候必须根据系统内部的发展关系、变化关系以及诸要素之间的关系进行有序的管理。此外，在管理的过程中需要对管理中遇到的问题进行反馈，也就是要做到闭环，在管理的各个环节尤其是重要环节要对目标进行管理，以确保这个目标可以顺利地实现，这个就是管理的动态原理。动态原理的实质就是由系统的动态性特征决定的，而动态性特征又决定图书馆管理的灵活机动与留有余地，只有这样才能使管理具有应变各种问题的能力，才能保证目标的顺利实现。动态原理既要求管理者需要根据图书馆的实际情况采取灵活机动和留有余地的动态管理，又要求管理者在管理的过程中讲求效率。因而，作为图书馆的管理者，在以动态原理为指导原则的情况下，应该随时观察系统的时空变化特征。此外，管理者在观察的过程中还应该注意以下几点：

1.注重时空的互换性

在系统的运动过程中，一定条件下时间因素通常可以转化为空间因素，

反之，在一定条件下空间因素也可以转化为时间因素。例如，在一段时间内图书馆馆员总会感觉自己的时间有限，工作总是非常多，这个时候人们就会发现不是这个人的时间有限，而是他所从事的工作太多了，活动的范围也相对加大了，即这时的时间转化为空间。相反的是，如果某个图书馆的岗位常常是无事可做，那么这个岗位上的员工就会感觉时间过得非常漫长，日子很难打发，实际上是因为这个人的工作很少，他的活动范围变小了，可以说这时空间转化成了时间。

2.注重时空的相对性

哲学上常常会把时间和空间的依存关系看成是事物的演化秩序，时间和空间是彼此联系的，时间不能离开空间而存在，空间也不能独立于时间而存在，可以说两者是相辅相成的关系。从这方面来看，人们会发现时间加长的时候空间就会被挤压，相反，当空间加大的时候时间就会被压缩。例如，图书馆的开放时间。如果没有时间的限制，图书馆可以延长开馆的时间，但这种服务模式是被动的，相当于等客上门，所以图书馆可以采取新的服务模式，如主动将书送到用户手中。

第二节 图书馆管理的内容和方法

一、图书馆管理的内容

根据图书馆管理的相关概念，图书馆是对馆内人、财、物以及时间、资源的有效管理，因而，作为管理的主要对象，人、财、物以及时间、资源等是图书馆管理的主要内容。

1.人员管理

人员管理的目的是规范馆员及其他工作人员的行为，保证图书馆功能的正常发挥，以为读者提供良好的服务质量。人员管理要坚持人本思想，在以人为本理念的指导下，充分发挥馆员的能动作用，使其形成"读者第一"的服务意识，从而塑造图书馆背景文

化及人文精神。此外，人员的管理还包括对馆内人员综合素质的培养，通过专业培训，使之成为"四有人才"，为图书馆可持续发展奠定坚实的基础。为保证人员管理的有效性，人员管理离不开相应的管理机制，在人员管理的方法上，需要建立公平、公正的竞争机制，同时兼顾物质与精神相结合的激励政策，以最大限度地调动人员的积极性。

2.经费管理

经费是图书馆建设和发展的基础，是图书馆人力、物力资源开发的条件。因而，对经费的有效管理显得尤为必要，它是实现图书馆可持续发展的保障。经费管理即是对资金的安排与利用，是依据国家财政政策法规，运用现代财务管理理论，对现有资金进行合理的计划、分配，同时，经费管理还包括对经费使用情况的监督，以保证资金利用的有效性。建立在资源共享基础上的馆际合作，避免了资源的重复浪费，以最少的资金实现了资源的最大化利用，是节约经费的重要举措，有利于图书馆经费经济与社会效益的发挥。作为教育科研公益性学术机构的图书馆，其经费来源主要是国家政府财政拨款，而随着市场经济的发展，其来源渠道逐渐变得多元化。

3.设备管理

设备属于资源的范畴，是图书馆资源的一部分。设备通常包括硬件设备与软件设备。早期图书馆设备主要以书架及桌椅为主，随着社会的进步，尤其是在现代化飞速发展的阶段，当前图书馆设备主要为各种现代化的设施，包括计算机、网络设备，打印、复印设备，音频、视频设备等，它与读者服务质量密切相关。设备管理水平直接影响图书馆工作的正常运行，因而，对设备的管理也是图书馆管理的一项重要内容。在图书馆管理中既要物尽其用，又要注意维修、保养。设备的管理是一个系统的整体性工作，贯穿设备购置、保管、使用及维修各环节。在采购设备之前，制定严格的采购规划，做到因需购置，落实设备的验收、安装，避免设备闲置造成不必要的浪费。在保管、使用及维修阶段，应严格掌握操作规程，做好设备运行记录，及时检修、维护，做到设备管理的科学化与规范化。

4.馆藏管理

馆藏建设与管理是图书馆发展的灵魂，是图书馆服务的前提。图书馆馆藏是对其所收集文献的总和，其内容主要包括图书馆传统的纸质图书文献、信息情报资源、电子出版物以及馆际可共享文献资源及经过下载、建库的网络文献信息资源，是经过馆员采集、加工、整理后形成的规模化、有序化资源体系。馆藏管理的目的是防止资源的损坏及丢失，保障馆内资源的完整性，这就需要对馆藏资源进行定期清点、修复与补缺。具体来说，在实践中要针对不同载体，选择不同的管理模式。对于馆藏的纸质文献资源，要根据读者需求明确馆藏的重点，管理上树立"读者第一"的观念，加强读者需求信息的搜集。另外，注重图书采购人员专业素质的培养，保证藏书质量；严格掌握借还制度、赔偿制度，以提高纸质资源管理的效率。对于电子文献资源馆藏管理，一是加强图书馆网站的管理，实现网上资源共享；二是密切关注网上发布的学术信息，对相关信息进行深度加工和综合处理，方便读者及时获取文献资料；三是加强专业数据库的建设与管理，优化各类电子文献资源阅读与检索的程序，便于读者查找相对应的信息。

5.时间管理

时间是构成管理系统的要素之一，对时间的有效管理，是提高管理效率的重要举措。对于图书馆而言，加强时间管理，就是科学、合理的安排与利用时间，在有限的时间内提高图书馆工作效率，为读者提供更多的服务；同时让读者在最短的时间获取更多有价值的信息，提高信息利用的有效性。信息技术的发展，使图书馆服务突破了时间与空间的限制，时间选择上更加自由。图书馆对时间管理，一是要体现人性化的原则，开关时间从读者需求出发；二是对自身工作时间的安排，要根据馆内实际，结合先进设备的优势，合理分配各部门的工作时间，并针对读者的规律进行适当的调整；三是对图书借阅时间的管理，要制定规范的章程，严格执行；四是对馆员工作效率的管理，通过启发引导，甚至教育、奖惩等形式，不断提高单位时间内的工作效率。

6.环境管理

环境是人类赖以生存的基础，图书馆环境是图书馆存在与发展的必要条件，是影响图书馆活动内外条件的总和。图书馆是人类先进技术与精神、文明传承的重要场所，承担着传递知识与文化的职能，是展现竞争力的关键，是读者自主学习、提高专业技能的第二课。因此，加强图书馆的建设，尤其是对图书馆环境的建设与管理是图书馆发展的重中之重。图书馆环境包括外部环境与内部环境两部分，外部环境主要有政治、经济、文化环境，自然环境、技术环境等；内部环境主要是图书馆人文环境与人工环境。对图书馆的环境管理，就是调节、改善各环节间的相互关系，使其共同为图书馆发展创造条件。对政治、经济、文化环境的管理，即围绕国家的方针政策，在图书馆的发展中，切实推进两个文明建设，为图书馆发展创造良好的物种与文化环境；自然环境的管理，是对图书馆选址与周围环境的管理，选择环境清雅、宁静的场所，同时加强绿化的管理，起到美化图书馆的作用；技术环境的管理，在当下主要是网络环境，加强网络的优化及网络安全的管理；图书馆内部人文环境的管理是针对馆内文化氛围的管理，为图书馆营造一个适合学习的、文化氛围浓郁的学习园地。人工环境管理即是对馆内设计，布局以及环境卫生的管理，为读者创造安静舒适的环境。

7.知识管理

图书馆是对庞大信息进行管理的机构，对知识的管理，从其字面理解，即指对知识本身所进行的各项管理；而深层次的知识管理是在此基础上对其他相关资源的管理，是组织知识管理的范畴。这不仅是对知识搜集、加工、存储、传递过程的管理，还包括对工作内容的知识管理，组织管理工作开展过程中的知识管理。其最终目的是满足用户的需求，有针对性的提高图书馆的管理效率。随着信息技术的深入发展，图书馆知识管理，就是通过建立显性知识与隐性知识的互动平台，对其展开有效的开发与利用。通过搜集大量信息资源，加以筛选、评价及序化，促进知识的共享与创新。这就要求图书馆在信息管理技术和知识环境等方面进行更新，从而为读者提供优质高效的知识信息服务。

8.服务管理

图书馆以读者服务为中心，因而，服务管理是图书馆管理的重要组成。服务管理是对涉及服务各要素的有何安排与优化，以提高服务管理的水平与服务效果。社会的发展和技术的进步，对传统的图书馆服务模式带来了一定冲击，为更好地发挥服务的功能，图书馆有必要加强服务管理，在服务理念、方式与手段等方面创新，始终以"读者第一"的观念为导向，以"优质服务"为目标，服务资源的最大化利用为最终目的，借助现代化技术与手段，制订科学的服务管理战略，以"两个文明"加强馆员的思想建设及文化、素质修养。同时，根据服务效果的反馈，及时调整工作，以真正提高图书馆服务质量，使其服务管理得到社会各界的认可。

二、图书馆管理常见的方法

（一）行政方法

行政方法是指管理人员运用制度、规定、条例等行政手段，按照组织能级的层次，以服从为前提，直接指挥下个能级的人进行工作的管理办法。行政方法的实质是通过行政组织中的职务和组织职位来进行管理，它主要关注在能级岗位上的职责和职权。对个人的能力和特权不是特别看重。此外，各级组织机构在图书馆管理中都有严格的职责和职权范围，任何组织个人都应该严格遵守。在管理的过程中上级有权对下级传达指令，这是由高级别职位所决定的，下级必须服从上级下达的指令，这是因为在组织管理中有这样的要求。它具有以下几方面的特点：

1.具有权威行政方法在执行的过程中具有权威性，它代表着管理者和管理机构的权威。管理者在管理中的权威越高，他向下传达的指令执行得越快。所以，在图书馆管理的过程中，行政方法的发布与实施无疑是提高权威的前提，而权威也反向地增强了行政方法执行的力度。同时，管理者的权威不应该只靠这种方法去增强，管理者必须依靠自身的努力来增强在人们心中的权威。

2.强制作用管理者以及相关行政单位发出的指令、命令等，在发出的时候就具有强制作用，它要求人们必须无条件地执行，甚至会通过一系列的规章制度保证其顺利实施。行政方法的强制性要求人们在组织活动上必须为统一的目标服务，在行动上形成高度的一致，但允许人们在方法上保持"个性"。

3.自上而下行政方法主要是通过图书馆行政系统、行政部分、规章制度来实施管理活动的，因此它属于自上而下的纵向管理。这是因为人们只会对领导传达的指令给予执行，对与自己平级的指令是不会执行的，因此在管理的过程中行政方法的运用必须是自上而下，切忌横向传达。

4.比较具体相比于其他图书馆管理办法而言，行政方法往往比较具体，这是因为行政指令针对的对象、内容都是具体的，并且在实施的过程中也会因为具体的对象而对行政方法进行适当的调节。所以，任何行政指令都不是一成不变的，指令会根据时间、对象的不同而产生变化，这说明指令具有明显的时效性。

5.不可补偿行政方法适用于组织管理，上级组织人员对下级组织人员的人、货币、货物的使用和调度不是基于平等的原则，开展一切工作都是行政管理的需要，不需要考虑价值补偿的问题。

6.相对稳定行政管理方法始终适用于特定组织的管理系统范围。由于行政体制一般具有组织严密、目标统一、行动统一、调控力度强、对外部干扰抵抗力强等特点，所以运用行政手段进行管理可以使组织具有较高的稳定性。

（二）经济方法

1.经济方法的含义图书馆的经济方法是在调节和影响图书馆活动的范围内，在理解和遵守经济规律的前提下，并以经济利益为基础，使用经济手段和经济杠杆等方法，如工资、补贴、奖金、罚款、价格、经济合同等，其核心是落实物质利益原则。对于图书馆来说，管理者在管理过程中应该明白员工、部门和图书馆的利益是一致的。此外，在管理的过程中图书馆可以利用一切利益机制来激励人员以及各部门的行为，使其行为与图书馆的总体目标保持一致。

2.经济方法的特点

（1）经济方法是一种指导管理者追求经济利益，并通过利益机制间接指导管理者行为的管理方法。经济的方法是依照个人和部门的平时表现和工作中热情度来综合考量，并给予可衡量的、相应的物质激励来肯定管理者的工作。

（2）随着经济的发展，经济方法在人们生活中应用的范围越来越广。经济学的方法在社会中的应用非常广泛，各种经济手段之间的联系复杂且广泛，而且每一种经济手段的变化都会影响许多经济关系的连锁反应。更有甚者，它不仅会影响当前图书馆的经济管理，还会给图书馆的经济发展带来长久的影响。

（3）第一，不同的管理对象适用于不同的经济方法，在管理中不能使所有的管理对象都使用一种经济方法，这样将会给工作的开展带来非常大的阻碍。因此，图书馆中涉及经济的部门和不涉及经济的部门不能使用同一种经济方法，图书馆管理人员需要找出适合各个部门的经济方法。第二，同一管理对象在不同的时间、地点下应该采取不同的经济方法，以满足当前形势的需要，不断为图书馆的生存和发展开辟空间。

3.经济方法的基本任务

图书馆经济方法的基本任务是：第一，根据市场经济的客观要求以及图书馆长短期的工作目标对大量的经济信息进行分析和预测，以预测的结果来指导图书馆的经济发展；第二，帮助图书馆获得最大的经济利益；第三，在整个图书馆的工作中实行按劳分配；第四，对图书馆的各项资金进行合理的使用。

（三）法律方法

法律方法可以说成是规律原则，这是由国家权力机关以法律的形式将其固定下来的，这是用来调整国家、图书馆和个人之间的法律准则。在图书馆管理过程中运用法律方法可以最大程度的保障图书馆的秩序和权威性。因此，在执行上人们可以看出它比行政方法更具有权威性和强制性。与行政方法、经济方法一样，法律方法也是图书馆管理的必要方法，但是法律方法在图书馆管理上更具稳定性，一般情况下不会发生变更。图书馆法律方法是指图书馆依据国家法律、地方法律、图书馆法律来管理图书馆，也就是依法治馆。在图书馆运用法律方法的时候一定要保证有法可依。有法必依，执法必严，违法必究这十六字方针。图书馆法律方法具有如下特点：

1.阶级性和利益性

法律不同于一般的行政法规，它具有特殊的行为规范，体现着管理机构和管理者的意志。图书馆法律也属于法律的一种，其实质是为图书馆的管理者和管理机构服务的。因此，图书馆法律在一定程度上体现了管理者和管理机构的意志。

2.强制性

法律方法相比于行政方法、经济方法来说更具有强制性，它是以国家的强制力保证其实施的，一经发布就具有法律效力，因此具有不可侵犯的权威性。图书馆在管理的过程中采用法律方法实质上就是采用强制力来保证目标的达成。与此同时，法律方法还具有普遍的约束力。

3.规范性

法律方法的规范性主要表现以下两个方面：一方面，法律方法告诉人们权利、义务的划分，告诉人们什么是合法的行为，什么是不合法的行为，什么是不可以做且违法的，什么是不可以做且违反行政规则的；另一方面，法律方法对全体的社会成员具有普遍的约束力，这就表明不论是管理者还是被管理者都应遵守图书馆的法律方法。此外，在法律方法中还应标明了人们的权利和义务，这将为管理层提供了可借鉴的标准。

第三节 图书馆管理的原则和意义

一、图书馆管理需要把握的原则

1.坚持求实态度的原则

图书馆在开展工作的过程中要坚持实事求是的原则，这将是图书馆开展一切工作的出发点和落脚点。图书馆管理要想在21世纪有新的发展，就需要在工作中尊重事实，一切工作都必须从实际出发，既不能一~味地强调创新而忽略客观实际，也不能闭门造车。而是要将图书馆的管理工作同人类的发展、同时代的发展、国家的发展结合起来，只有这样才能使管理符合人的发展需求，才能在工作中找到新的突破点。

2.坚持开放式管理原则

21世纪，图书馆面临着越来越严峻的挑战。随着社会的发展，人们对信息需求的时效性、便捷性要求更高，传统的图书馆已难以满足读者的需求。在此背景下，现代图书馆的观念发生了明显的转变，突破了传统观念的束缚。传统的图书馆注重收藏，轻视利用，而现代图书馆注重收藏和利用的相结合；传统图书馆主要为封闭式的图书馆，对指定的人群进行开放，现代的图书馆逐渐向开放式转变，向越来越多的人开放；传统的图书馆管理方式比较落后，现代图书馆开始利用新技术，新手段实现自动化管理。这种观念的变化与新时期社会政治、经济、文化的发展相适应，满足科教、文化各项事业的现实需要。

3.坚持科学决策原则

在大数据时代下，很多图书馆还在借助几个领导的知识能力来解决各种复杂的问题，这极易造成决策上的失误。这就要求图书馆改变原有的决策方式，在进行决策的时候图书馆可以借助大数据、云计算等先进的信息技术，从中抓取、检索各类非结构化数据，实现对情报信息的有序化加工、处理。之后，建立一支专业的智囊团队伍，集思广益地听取他们的意见，这样可以提高图书馆管理的效率，较少因考虑不周而带来的失误。此外，为了保证决策的科学性，在决策的时候可以参照前人的经验或与其他图书馆进行沟通，积极吸取他人的长处，并在从缺点中反思自己，努力实现科学的决策。

4.坚持以人为本管理理念的原则

不管社会如何发展，图书馆都应该始终坚持以人为本、以读者为中心的服务理念，尤其是有着沟通读者与图书馆纽带作用的馆员，更应该树立人性化的服务理念。馆员在图书馆读者服务中起着关键的作用，馆员的态度、行为与素质直接影响读者服务的质量，因此，在图书馆的发展过程中，图书馆馆员需要具备创新服务的意识，这就要求图书馆馆员在对图书馆进行管理的时候，做到尊重读者、爱护读者，把满足读者的阅读需求作为自己工作的中心和重点。同时，需要与读者建立良好的关系，将被动的服务变为主动的服务，这是因为图书馆传统的被动服务已无法满足现代多样化的读者需求，为此，图书馆应该与时俱进，在转变服务理念的同时，还应积极了解读者需求的变化，创新服务内容，自觉主动地为读者提供服务。尤其是作为馆员，要在工作中不断完善自身专业素养与技能，对馆藏资源进行分门别类的整理，便于查找，同时熟悉工作流程与业务，能够针对不同的读者、不同的需求，及时主动地为其提供所需的文献信息，从而真正发挥图书馆员的主观能动性作用。

5.质量管理的理念

图书馆的馆藏资源是其赖以生存的主要基础，是图书馆服务读者的载体。随着互联网技术和电子储存技术的不断发展及其广泛应用，图书馆的馆藏资源形式也发生了重要变化，由原来单一的纸质文献资料和图书变为由电子文献、纸质文献、网络资源等共同构成的图书信息资源库，极大地丰富了图书馆的馆藏资源，同时加强了读者获取信息的时效，但馆藏资源类型的丰富不可避免地带来了一些问题，如资料重复、检索方法复杂等。由于各类文献资料所依赖的技术环境不同，因此图书馆应该依据其不同的特性，对图书馆馆藏资源进行优化整合，增强信息资源的利用价值和利用效率，并通过分析研究，为用户提供更好的学习环境和研究环境，从而更好地为用户提供服务。此外，在资源的购置过程中，要充分征求各学科带头人的意见，紧密结合学校的学科建设和研究方向，充分发挥高校图书馆在学校学科建设中的重要作用。同时，要广泛征询读者的图书需求取向，制定合理的文献资源购置方案，从而进一步提高图书馆的服务质量。

6.知识管理的理念

知识是人类文明的产物，是人类对世界探索的证明。21世纪是知识高速发展的时代，这要求图书馆在管理的过程中对知识进行优化，这将使图书馆的馆藏资源具有持续的生命力，也可以在最大限度上满足不同用户的不同需求。

7.开源和节流原则

长期以来，我国图书馆在各项内容建设都存在比较严重的资金短缺问题，由此导致各项建设的硬件投入。软件升级、系统维护、人员培训等都无法顺利地开展，以至于图书馆的现代化建设和运行面临着严重阻碍。在图书馆的建设中，需要图书馆领导做好设备、软件设计、维护以及升级等问题的经费保障工作，尽可能满足建设各个方面对于资金的需求。同时，图书馆还需要积极拓展资金来源渠道，可以申请专项经费或者社会科学基金的支持，遵循开源和节流并重的原则，用最少的资金办尽可能多的事情。

二、图书馆管理的意义

图书馆最基本的工作是图书馆的管理工作，管理者可以通过加强图书馆的管理让读者了解最新的知识和方法。在书刊的流通过程中图书馆需要通过对课堂教学内容进行补充来提高教学的质量。然而随着经济的发展，图书馆仅仅依靠课堂上的知识是远远不够的，这需要用户自主进行知识的更新。图书馆在用户进行知识更新的过程中，可以为用户提供更加便利的学习条件，这将有利于用户扩大知识面、更新知识结构。

此外，有效的图书馆管理将对青少年的教育起到重要的作用，将有利于青少年形成健康的"三观"（世界观、人生观和价值观）。图书馆的管理不仅对用户起到十分重要的作用，对人员素质的提高、社会的发展也起到了十分重要的作用，因此对图书馆实行有效的管理就显得十分的必要。因此在管理的过程中就需要提高馆员的服务水平，因为只有让馆员从思想上增强服务意识，才能让他们认识到图书馆工作也是一项非常有意义的工作，才能从根本上转变态度，提高工作的积极性，全心全意为用户服务，才能对用户产生潜移默化的影响，才能推动社会的发展、国家的繁荣昌盛。此外，随着经济的发展，传统的图书馆服务受到了很大的冲击，表现为越来越多的商家进入图书馆领域，甚至在一定程度上替代图书馆行使社会功能，这就要求图书馆转变原来的管理模式，变被动为主动，采取多种形式的阅读活动，如开展面向青少年的阅读活动等。

第四节 我国现代图书馆管理体系的建设

一、我国现代图书馆管理的职能与范畴

（一）图书馆的社会职能

1.现代图书馆社会职能划分

职能（competency）是指人、事物、机构所应有的作用。从人的职能角度讲，是指一定职位的人完成其职务的能力；从事物的职能看，一般等同于事物的功能。机构的职能一般包括机构所承担的职权、作用等内容。根据这一定义，图书馆的社会职能也就是图书馆在社会生活中承担的责任和所起到的积极作用。1927 年成立的国际图书馆协会联合会（简称"国际图联"，International Federation of Library Associations and In-stitutions，IFLA）在 1975 年法国里昂举行的"图书馆职能科学讨论会"上，对图书馆的社会职能做出了总结，将图书馆的社会职能总结为四个方面的内容。

（1）保存文化遗产

人类社会在自身发展的过程，为了适应交流的需要，创造了文字，并将其记载在一定的载体上，形成了文献信息资源。为了方便以后生活中继续利用这些文献，古人将这些文献有目的地进行收集和保存，这样，图书馆就诞生了。所以，图书馆最主要和最古老的一项功能就是收集、整理、加工、管理这些记载了从古至今人类历史的发展和演变的珍贵的文献信息资源。这些代表各个民族文化财富和人类文化典籍的文献包括历史方

面的、文学方面的、科学技术方面的等，都是人类智慧的集中体现，正是这些文献资源的保存，才会使人类文明不断前进和发展。当前，图书馆在保存作为人类文化遗产的文献信息资源上面临新的发展和机遇，这主要归因于计算机的普及和发展。因为随着人类社会的发展，文献资源的存储量急剧增加，而纸版文献对场地和环境的要求给图书馆带来了极大的负担。好在科学技术的发展使文献载体发生了翻天覆地的变化，磁、光技术的运用，使图书馆的文献信息资源可以无限扩张，读者运用得也更加方便、快捷。

（2）开展社会教育

图书馆素有"知识的宝库""没有围墙的大学"的别称。这主要是因为图书馆拥有为数众多的文献信息资源，这些文献资源作为人类文化科学技术思想的结晶，为读者提供了用以学习的雄厚物质基础。图书馆进行社会教育，还表现在为读者提供了如学习场地、学习设备，方便受教育者可以长期地、自由地利用图书馆进行学习等。目前，图书馆的教育方式是以自学为主，这正符合了以"终身教育"为核心的现代教育思想。在"终身学习是世纪的生存概念"的影响下，越来越多的人在离开校园后仍然进行着自学，这时图书馆的教育优势就充分发挥出来了，成为自学者的首选场所。而对于没有充裕时间到图书馆学习的人来讲，数字图书馆的远程教育功能极好地解决这一问题。通过利用计算机上的互联网络服务，图书馆的教育范围在时间和空间上得到极大延伸，学习的分散性和灵活性也得到增加，更主要的是图书馆丰富的文献信息资源和可以方便获取的服务方式，大大提高了读者自学的主动性和积极性。此外，在大学图书馆中，图书馆作为高校的基本教育设施，是"学校的第二课堂"，它还直接承担着培养人才的重任。这些都是图书馆在社会教育中扮演重要角色的体现。

（3）传递科学技术情报

传递科学技术情报是图书馆的又一主要社会职能。由于当今社会文献信息资源具有生产数量大、增长速度快，社会文献的类型复杂、形式多样和时效性强等特点，使传统的文献信息资源收藏思想-"自我中心论"，即强求"你有的我有，你没有的我也要有"的"大而全"思想面临崩溃。馆际交流、合作、资源共享正随着网络技术的蓬勃发展而兴盛起来，成为今后图书馆发展的新方向。目前，图书馆正以前所未有的传递科学情报的深广范围和快捷速度的形象出现在世人面前。首先，传递的内容由基本信息向原文查阅和传递为主。其次，定题服务、科技查新学科管员等这些创新型服务，使图书馆科技情报传递的方式也由被动向主动方向转变。最后，馆际互动的方式由过去封闭烦琐、简单的互借服务向开放式、网络化、深层服务转化。

（4）开发智力资源

智力资源是指在人类文明发展历程中所创造、积累的物化成果精神财富和未被发现和认识的潜在信息。图书馆工作中涉及的智力资源内容包括馆藏文献信息资源和网上相关文献信息资源。传统智力资源开发是指对馆内文献资源进行二次、三次甚至多次加工，使之更适应读者的需求。但随着科学技术的发展，图书馆开发智力资源的功能得到了极大发展。首先，智力资源开发的内容范围扩大。图书馆在原有馆藏文献资源的基础上，依靠计算机网络，使图书馆文献资源实现了开发内容的扩大，不再单纯依靠手头信息进行信息的开发和利用。内容范围上的扩大，让读者不再感觉文献信息资源的匮乏，而是信息资源的膨胀，文献信息资源的储备远远超过人的涉猎范围。其次，智力资源开发的手段和方法更加现代化和多样化。专业数据库和信息库的建立和使用让读者更加便利地寻找到自己所需要的信息。

最后，服务对象的扩展化。以前，图书馆受自身场所空间上的限制，其服务对象仅限于周边较近的读者群。如果其他地区的读者需要获取该馆的馆藏文献信息资源，多数需要亲自上门查阅，但受网络服务的影响，远方的读者现在可以在异地获得很多与本地读者同样的服务。除了以上四种基本社会职能外，越来越多的学者认为丰富人类的文化生活也是图书馆的社会职能之一。因为，健康的文化娱乐是人类社会生活中不可缺少的组成部分。图书馆是社会文化生活中心之一，所以，图书馆在丰富人类文化生活中具有很重要的地位和作用。人们不仅可以去图书馆里借阅自己喜爱的图书、报纸、画刊，还可以享受图书馆的文化氛围。图书馆也应有的放矢地开展更多的文化娱乐活动，如向公众提供学术会议、大型展示会、报告会、研究会，甚至音乐会电影、文艺演出、文化旅游等，丰富图书馆的服务项目、拓展图书馆的服务功能。

2.图书馆社会职能的实现

（1）改善图书馆的办馆条件，创建舒适的阅览环境

图书馆作为一个特殊的公共场所，要注重以文化氛围来营造良好的阅览环境。一个具有优越人文环境的图书馆，才能更吸引读者前往。所以，我们发现，很多图书馆都是一个城市或一所大学的标志性建筑。除了富有特色的建筑物外表，馆内设施的齐备和环境幽雅同样重要。名言警句，书画长廊，丰富多彩的宣传、导读，都会让读者产生一种平静、良好的心理效应，使读者的心灵得到净化，产生求知的渴望，使其更好地进入学习的状态。

（2）提高馆内文献信息资源质量，建设特色馆藏资源

在激烈竞争的信息和知识经济社会中，人们要生存和成功，就要具有良好的综合素质。而公共图书馆正是培养人们综合素质，开发创新能力的最佳课堂。图书馆是人类文献信息的集散地，理应最大限度地开放教育资源，满足社会成员的学习需求。但图书馆由于资金限制等原因，不可能满足所有读者的信息需求。这时就需要根据图书馆自身建设的特点以及服务对象的特点，有所选择地增加馆藏资源，力图形成自己的馆藏特色。图书馆还应通过对文献信息资源进行二次、三次以及更多次的加工、整理和科学的分析、

指引，最终形成有秩序、有规律的信息流，使读者更方便地利用它们。如：对到馆的文献进行验收、登记、分类、编目、加工，最后调配到各借阅室，以便科学排架，合理流通；对馆外文献信息资源进行搜索、过滤，成为虚拟馆藏，形成更加宽广、快捷的信息通道以及通过现代化的手段—计算机网络技术，使馆藏文献走向数字化。

（3）加速信息开发，保证优质服务

图书馆收藏着大量的文献信息资源，积极地开发，广泛地利用这些文献资源是实现图书馆社会职能的重要工作内容。尤其是当前用户的知识信息需求呈现出全方位和综合化、开放性和社会化、集成化和高效率的趋势，使图书馆传统的信息服务方式显得被动、无力，为了能用更方便快捷的方式取代原有的服务方式，以便为用户提供优质服务，图书馆应加快信息服务建设，使图书馆与整个社会的经济发展、信息交流融为一体，成为知识物化为生产力的桥梁。具体可以从以下几项入手：首先，更加广泛地应用计算机技术。使自动化技术的应用范围继续加大，随时随地满足读者和用户的需求；其次，应用多媒体等技术，提供专业性强、形式多样，来源广泛的知识信息，使信息服务超越时空、地域和对象的限制，更好地满足知识经济社会中读者的信息需求；最后，利用馆员的专业技术，建设研究型图书馆，满足高层次读者需求，使图书馆成为引导社会发展，推动社会进步的力量。

（二）图书馆的范畴

图书馆管理的范畴是图书馆管理活动中各种要素、关系的普遍联系和全面发展的不同侧面的反映。图书馆系统内部充满着各种矛盾，图书馆管理范畴就是从不同角度反映图书馆系统中各种因素的既对立又统一的辩证关系，它们是图书馆管理的本质和运动规律的不同表现形式，也是各种管理要素和运动过程之间相互作用的交错点和"结合部"。这些范畴来源于图书馆管理实践，同时又是对管理科学各种普遍概念的综合和提升，它们随着图书馆管理实践的发展而发展，反过来，又指导着人们的图书馆管理实践。

1.主体与客体管理

主体是指具有一定管理能力、拥有相应的权威和责任、从事现实管理活动的人，也就是通常所说的管理者。管理主体具有能动性、创造性、自主性等特性。图书馆的管理主体通常由两个部分构成：一是根据图书馆既定目标将目标任务分解为各类管理活动、工作任务和负最终督促完成既定目标的人，这类人通常是图书馆的核心人物，或者说是图书馆的高级领导人员，如馆长、副馆长等。二是各方面具体执行诸如计划组织、协调、控制、经营等管理活动的人，这类人通常是图书馆的骨干人物，如各部门主任。现实的图书馆管理活动是一种多层次的综合活动，管理主体通常是由许多个人按一定形式组织起来的整体，这种担负管理主体功能的整体就是管理主体系统。从管理主体的不同职能性质来说，管理主体系统是由处于不同职权地位、担负不同管理职能的人组合而成的。一般来说，图书馆管理主体系统由四个部分组成，或者说包括四个子系统，即决策系统、执行系统、监督系统和参谋系统。管理客体是指进入了管理主体活动领域并能接受管理主体的协调和组织作用、以人为中心的客观对象系统。这一规定概括地表明了管理客体的特性，即客观性、可控性。系统性和对象性。

2.硬件与软件

一般来说，图书馆管理活动是由两类既相互对立又相互统一的因素所组成的：一类是活动的物质性载体，它具有一定的感性存在形式，具有稳定性、被动性的特点，称为"硬件"。另一类是使物质性载体能够按一定方式组合起来并产生现实活动的精神性因素，它往往不具有固定的感性存在形式，而具有变动性创造性、主动性等特点，称为"软件"。这里的硬件和软件都是泛指与图书馆管理活动有关的事物、过程、方法、成果等，具有普遍的意义。在图书馆管理活动中，硬件和软件相互依存，相互促进，共同作用，谁也离不开谁。

一方面，硬件是软件的基础。任何管理都必须具有正式的和相对固定的组织形式，必须有明确的职务、权力和责任的划分，必须有严格的大家都要遵循的规章制度，必须运用各种物质手段来组织和协调人们的活动。图书馆系统也必须有稳定的输入和输出关系，即既有一定的物质、能量和信息输入，又有一定的信息产品和信息服务输出。这些看得见，摸得着的有形事物是图书馆管理赖以存在和进行的物质基础，离开了这些硬件，软件就失去了自身依托的物质外壳，任何方法、手段、指令、程序等都无法显示其功能，图书馆管理也就根本不能存在。另一方面，软件是硬件的灵魂。任何管理如果只有硬件而没有相应的软件，那么，硬件就只能是没有活力的"死东西"。一个图书馆系统，如果只有单纯的组织结构形式，只有一些硬的规章制度，而组织成员缺乏共同的目标、愿望、动机等软件，那么，这样的图书馆是无法进行有效的管理活动的。管理的核心因素是人，而人总是有着自己的需要和追求，有着自己的情感和意志，这些"软件"是图书馆的各种结构和形式等"硬件"的灵魂，它规定着硬件的组成形式，引导着硬件的发展方向。在图书馆管理活动中，硬件和软件不但相互依存，而且可以相互转化。这种转化包括了硬件的软化和软件的硬化两个方面，它们是和图书馆管理过程紧密联系在一起的。

3.利益与责任

利益是标志人的物质和精神需要能否满足以及满足程度的范畴。人们有各种各样的需要，也就有各种各样的利益。人的需要有高低不同的层次，利益也有根本和非根本之别。责任是一种对自己采取的行为以及行为的社会意义的自觉意识和实践。对于自己责任的自觉意识通常称为责任心或责任感。责任感一般从激发和控制两个方面将自己的行为确定在与自己的地位和职务相适应的范围内。激发行为是对应尽责任的鼓励，控制行为则是对超越责任的限制。利益与责任在图书馆管理活动中是一对矛盾。首先，二者在方向上相互分离，有时甚至呈现出相互排斥的倾向。利益反映了整个图书馆、图书馆各部门。部门内各小组或馆员的需要，由外向内具有收敛性；而责任则要求整个图书馆、图书馆各部门，部门内各小组或馆员付出（劳动、努力等），是由内向外发出的影响，具有发散性。其次，利益与责任相互包含，表现了二者的一致。任何利益中都包含着责任成分，没有责任的利益是根本无法满足的，也是不存在的；任何责任中也都包含着利益，责任中如果不包含一定的利益，所谓履行责任就没有了动力和基础。图书馆尽管是一个"清水衙门"和公益性的服务机构，但其中或多或少存在一定的利益，因此，图书馆管理活动不应该掩盖责任中存在利益的问题，而应该使馆内各组织和全体馆员认识到这一点，这有利于调动他们对工作认真负责的积极性。最后，利益和责任能够相互转化。利益在实现的过程中必然转化为责任，不尽责任，就没法也不能取得利益；而责任在履行的过程中也必然转化为利益，这是尽责任应得的报酬。图书馆管理者在管理实践中的两个基本任务就是：一方面，将个人的、小组的部门的或整个图书馆的利益获得过程设计为履行各自职责的过程；另一方面，把履行职责的结果同个人、小组、部门或整个图书馆的利益结合起来。

二、我国现代图书馆管理建设

（一）现代图书馆管理的内涵

对于图书馆管理概念的研究，中西方学者采取了不同的态度。西方学者在自己的论著中对图书馆管理的概念均无明确的定义。而我国学者采取的做法则截然不同。因为在传统的各学科基础理论的研究中，对于概念的研究是一项重要内容。众所周知，概念是组成判断的基本要素，而推理和论证又是由判断组成的。所以，概念是思维形式最基本的单位。概念所反映出的事物本质属性（或特有属性）的思维形式，是人们在实践的基础上，经过感性认识上升到理性认识而形成的。概念是用词或短语表达的，是词和短语的思想内容，而词和短语是概念的语言形式。一般情况下，概念有内涵和外延之分。概念的内涵是指概念所反映的事物的特殊性或者事物的本质特征，它反映概念质的方面，说明概念所反映的对象是什么样的。概念的外延反映出包含在概念中的不同种类的事物，它反映概念量的方面，即概念的适用范围，它说明概念反映的是哪些对象。

当前图书馆的管理概念是因各学者或组织的出发点及角度的不同而产生的不同看法。但依据管理的基本原理来看，其内涵都具有一定的共同之处，只不过，由于将管理的基本原则同方法、技术、手段混为一谈，而产生了一些偏颇，因此有必要对这些主要的图书馆管理概念相互关系加以分析，对其概念中所具有的内涵加以理解把握。具体可以从以下几个方面入手。

首先，图书馆管理是管理学的基本原理在图书馆领域的具体表现，如图书馆管理中重视人力的作用，是管理学基本原理中人本原理的运用。充分使人力、财力、物质等资源在管理活动的影响下发挥其最大作用，是系统原理和效益原理的充分体现。对图书馆管理活动进行计划、组织、指挥、协调和控制是动态原理的适用。其次，图书馆管理中要注意把管理学中的各项人本原理、系统原理、动态原理和效益原理等相关理论有机地结合起来，以尽量避免因为认识上的偏差而使它们在实际运用中人为地割裂开。最后，在实际图书馆管理工作中，要使管理的基本原则同管理的方法，技术、手段等有机地联系起来，在基本原理的指导之下，针对图书馆管理工作中出现的新情况、新问题而采取相应的方法、技术和手段。所以，图书馆管理不过就是图书馆在正常运转过程中为了实现图书馆的工作目标，完成图书馆的工作任务，而对其系统内的各种资源进行利用的活动。

（二）现代图书馆管理的特点

图书馆管理是一种存在于社会中的特殊的实践活动，是人类在进行文献信息资源的收集、整理、储藏、利用过程中形成的管理活动。因此，图书馆管理除了具有一般社会实践活动的如客观性、能动性和社会历史性等共性特征外，还具有自己特有的特点。

1.综合性

管理是以研究企事业单位中人的活动规律，用科学的方法改进管理工作，充分调动人的积极性的一种行为。它主要是以人为中心的各种管理行为为对象，发现活动规律，并通过合理的组织和配置人、财、物等因素，提高企事业单位中的工作效率，调动人的积极性，最终达到提高生产力的水平的目的。图书馆服务工作的主体是读者，以读者为中心，维护图书馆服务工作的正常运行和发展进步，图书馆的管理者无非是要解决好人与环境、人与人之间的各种关系问题。所以说，图书馆管理实质上是围绕管理和服务进行的，是多种综合的结果。

2.理论性

图书馆管理是一项特殊的管理活动。在管理的实际运行中，可以借鉴多种基础理论的研究成果，如管理学，图书馆学、情报学、经济学、心理学等一系列学科。这些学科的某些优秀成果与图书馆管理相结合，并具体运用到管理的实际运行中去，使图书馆的管理以深厚的理论为基础，以便能更好地推动图书馆事业的发展，提高图书馆在人类社会进步中的地位和作用。

3.科学性

图书馆管理是一项具有科学性的活动，从图书馆产生之初，人类就知道采用一些方法以便更方便地查找文献信息。因此，在图书馆管理的过程中，人们发现了很多的方法管理和利用文献信息资源，这些方法逐渐形成了图书馆管理工作的规定，有些甚至上升为标准和法律。

4.组织性

随着图书馆事业的发展，图书馆已经逐渐规模化，图书馆管理活动也复杂起来。管理活动中涉及的各种资源也越来越多，人力、物力、财力、文献信息等因素交织起来影响着图书馆的管理活动运行。对这些资源的管理的好坏直接影响着图书馆的正常运行，所以在图书馆管理中要有计划、有目的地去进行管理，图书馆管理是一项系统的、有组织的管理活动。

5.动态性

管理活动的本身就是要在不断变化的环境中进行。为了应对不同的读者需求图书馆管理要变化，为了文献信息的形式改变管理要变化，为了随时改变的社会环境管理活动也要变化。所以，图书馆管理是一项要随着服务对象、工作环境和社会环境等因素变动而进行改变的活动。只有跟上时代的变化，随时适应影响图书馆发展的各项因素，才能使图书馆符合社会发展的需求，不被时代所遗弃。

6.协调性

图书馆管理涉及图书馆各项业务活动和行政管理活动等方方面面具体的活动。这些具体活动直接影响着图书馆管理能否正确、正常和有序地进行。图书馆管理就是要使这些具有关联性的各种业务活动和行政管理活动中的人际关系、利益关系处于一种和谐、平衡的状态，消除管理活动中的各项不利因素，从而减少内耗，降低摩擦，发挥组织的协同作用，使图书馆有限的人力资源、信息资源发挥出最大的效用。

（三）现代图书馆管理环境

1.图书馆管理的外部环境

（1）一般环境

一般环境是图书馆管理的外部环境之一，又称为宏观环境，是指对图书馆管理活动产生影响，但其影响的相关性不强或间接相关的一些因素。这些因素对图书馆的影响虽然不是直接的，但有可能对图书馆产生某种重大的影响。具体包括：

1）政治环境，政治环境的稳定是图书馆发展的基础因素，国家对图书馆的重视程度直接决定着国家对图书馆的宏观调控政策、财政对图书馆的支持和图书馆管理的对外交流情况。

2）经济环境，指的是包括社会经济结构、经济发展水平、经济体制和宏观经济政策等几个方面，它们构成图书馆生存和发展的社会经济状况及国家经济政策。

3）法律环境，指的是与图书馆相关的社会法制系统及其运行状态。当前，越来越多的国家将图书馆和图书馆管理纳入法治化管理渠道，为图书馆的发展提供了稳定发展的基础和保证，我国目前的图书馆和图书馆管理还没有上升到法律层面，有必要向此方向发展。

4）科技环境，是指图书馆所处的社会环境中的科技要素及与该要素直接相关的各种社会现象的集合，包括社会科技水平、社会科技力量、国家科技体制、国家科技政策等。科技环境对图书馆的影响巨大，现代图书馆的快速发展与科技发展密切相关，所以关注科技环境有利于图书馆的发展。

5）社会文化环境，包括一个国家或地区的人口、家族文化教育、传统风俗及人的道德和价值观念等。这些因素影响着图书馆的数量、文献信息资源的收集方向以及图书馆的服务对象等方面。

（2）特殊环境

特殊环境，又称微观环境或任务环境。它是指对图书馆的组织目标实现产生直接影响的外部环境因素。与一般环境因素相比，这些因素对图书馆的影响更频繁、更直接。包括：读者或用户，是指利用图书馆文献信息资源的人群，是图书馆服务的对象，是图书馆存在的必要条件，对图书馆的影响起着决定性的作用。

文献信息资源的供应者，包括出版社、图书馆经销商、数据库的开发者和经营者、信息设备的开发和生产，当然也包括各种信息、技术和服务等。这些供应者提供的产品或服务的数量、质量和价格直接影响着图书馆的文献信息资源的保藏程度、水平和服务的质量。图书馆的竞争者和合作者，网络信息服务使图书馆的发展面临着巨大的困难，它的方便、灵活、丰富性影响着传统图书馆的管理，为此，图书馆的管理要向网络信息服务的管理模式借鉴以及调整自身的战略目标。同时，与网络信息服务合作，发展自身特色的网络信息服务平台，促进自身发展。业务主管部门，多数类型的图书馆都是受一定部门的领导。与这些部门的良好沟通，是保证图书馆朝着既定目标前进的基础之一。以上这些环境因素构成了图书馆管理的外部环境。外部环境的不确定性和复杂性使图书馆在存在和发展过程中要不断密切这些因素的变化、建立一定的缓冲机制和弹性机制以适应这些因素的影响，并加强自身对外部环境的控制，努力调适图书馆管理使外部环境对图书馆的负面影响降至最低。

2.图书馆管理的内部环境

图书馆管理的内部环境一般包括图书馆文化（图书馆内部气氛）和图书馆的基础条件两个部分。

（1）图书馆文化是处于一定经济、社会、文化背景下的图书馆，在长期的发展过程中逐步生成和发展起来的日趋稳定独特的价值观，以及以此为核心而形成的行为规范道德规则群体意识、风俗习惯等。一般可分为三个结构层次，即：表层文化即物质文化层，包括馆舍馆貌、工作条件、工作设施配备情况等是图书馆内层文化的物质体现和外在表现。中层文化即制度文化层，是指对馆员和图书馆自身行为产生规范性、约束性影响的部分，主要包括工作制度，责任制度和其他特殊制度等，是图书馆物质文化和精神文化的中介。内层文化即精神文化层，包括用以指导图书馆开展读者服务活动的各种行为规范、价值标准、职业道德精神风貌及馆员意识等。以上三个结构层次的文化互相联系、互相依赖、互相影响和互相转化，构成图书馆文化的统一体。对图书馆的管理起到了导向功能、凝聚功能、激励功能、规范功能以及渗透功能。

（2）图书馆的基础条件是指图书馆所拥有的各种资源的数量和质量情况，包括人员素质、文献信息资源的储备情况、科研能力等。这些因素与其他因素一样，影响图书馆目标的制定与实现，还直接影响图书馆管理者的管理行为。

（四）图书馆管理的职能

图书馆作为一种提供信息服务的社会机构，对人类社会文明的贡献是巨大的。17世纪德国的 C.w.莱布尼茨就将它归结为人类的"百科全书"，甚至称誉它是"人类灵魂的宝库"。从古代的哲人到现代的科学家、文学家、思想家等，凡是在历史上为各个学科领域的发展提供了某种新思想做出某种创造性贡献的人，其成功无一不是与充分利用图书馆文献信息资源息息相关的。图书馆无论在历史上，现今社会还是未来社会中，都是对人类文明的进步和发展起着不可替代作用的组织。图书馆之所以能获得如此高的评价，图书馆管理工作在其中起到了决定性的作用。图书馆管理的职能指的是管理在图书馆的业务、政务管理和职工生活管理过程中所发挥的作用，是管理职能在图书馆的具体执行和体现。

1.决策职能

决策是行动的先导，是最重要的管理职能。一般来说，这项职能是图书馆领导机关的主要功能。当然，为了在图书馆管理的过程中最大限度和最有效地发挥决策职能，还应该实现管理决策的科学化、民主化，还必须建立健全民主决策制度，注重信息的公开化。因为决策不仅仅是方案的一次性选择，实际上行政决策贯穿于图书馆管理过程的始终，管理的其他各项职能都离不开决策活动，整个管理实际上是一系列决策的总汇。可以说，管理就是决策。

2.计划职能

计划职能是指图书馆各个部门为了实现既定的行政决策目标，对整体目标进行科学分解和测算，并筹划必要的人力、物力，拟定具体实施的步骤、方法以及相应的政策、策略等一系列管理活动。具体包括计划的制订、计划的执行和计划的检查监督等环节。

其目的是使图书馆的各项工作能够有计划、有步骤、有方法地进行，以杜绝领导工作的随意性，避免对图书馆管理的消极影响。

3.组织职能

图书馆管理组织职能的目标就是具体落实与实现决策和计划，是实现管理目标和管理效能的关键性职能。组织职能具体包括：对图书馆各种工作机构的设置、调整和有效运转；各机构职权的合理划分；对全馆工作人员的选拔、调配培训和考核；对资金、固定资产和其他物品的安排和有效利用；对执行活动中的各项具体工作进行督促、检查和指导等。

4.协调职能

图书馆管理中的协调职能是指对图书馆行政部门，业务部门以及全体工作人员之间的各种工作关系进行调整和改善，使它们按照分工协作的原则，互相支持、密切配合，步调一致，共同完成本馆内预定的任务和工作。现代图书馆管理是专业化协作的管理，没有协调要达到共同目标是不可能的。因此，协调是管理运行过程中的一项职能，具体内容包括：协调行政管理机构之间，业务管理机构之间，行政管理和业务管理机构之间，工作人员之间，工作人员与行政管理部门、业务管理部门之间，与本单位之外的政府、企事业和其他组织之间的关系。

5.控制职能

控制职能是指管理按照行政计划标准，衡量计划完成情况并纠正计划执行中的偏差，以确保计划目标的实现。图书馆管理的控制职能贯穿于行政管理的各个方面和全过程。做好控制职能一般要注意以下几个方面：第一，确立控制标准，使各项工作有可衡量的指标，以采取正确的纠正措施。第二，对管理行为的偏差进行检查和预测，对图书馆管理工作的实际结果与质量标准监测，获取管理工作的偏差信息，为下一步采取控制措施提供依据。第三，采取相关措施对图书馆管理工作的行为和过程进行调解。即判断管理行为偏差的性质和层次，确定偏差的程度和范围，找出产生的全部原因，制定相应具体的纠正措施。第四，实行有效的监督。即根据行政目标、计划和控制标准，监察、督导行政过程的正常发展和行政系统的有序运转。总之，图书馆管理的职能是图书馆各个机构设置和改革的重要依据，也是管理运行的必需环节，科学地认识、确定管理各方面、各阶段的职能和保持它们之间的有机联系，并适应环境和形势的变化及时地转变职能，对图书馆进行有效的管理具有十分重要的意义。

第三章 公共图书馆古旧文献管理

第一节 古旧文献管理概述

一、古旧文献管理的含义

在 21 世纪以前，信息知识以纸质文献为主，公共图书馆收集的文献主要是纸质图书、期刊、报纸等，统称为文献资源。21 世纪以后，以磁、光、电介质为代表的数字资源迅猛发展，改变了公共图书馆的资源结构，文献资源被信息资源所取代。因此，我国图书馆界关于文献管理的概念，主要出现在 20 世纪八九十年代。进入 21 世纪后，图书馆界更多的是使用信息资源的概念，开展信息资源管理的研究。古旧文献是以纸质为媒介的文献资源，古旧文献的管理，可以借鉴信息资源管理。

1979 年霍顿（F.W.Horton）最早提出了信息资源管理的概念，认为信息资源管理是对一个机构的信息内容及其支持工具的管理。其中强调信息资源管理属于资源管理，不仅包括信息的管理，还要注重支持工具、环境的管理，包括人员、资金等的管理。霍顿提出的信息资源管理概念是认识信息资源管理的基础，此后又有许多学者从不同角度对信息资源管理概念进行了表述。有观点认为，信息资源管理从广义上是指，对信息内容及与其相关的资源（如设备、设施、技术、投资、信息人员等）进行管理的过程。狭义的是指，始于信息资源的开发而终于信息资源的利用，所依据的是信息资源的生命周期，即在信息生命周期内对信息资源分布、组织、配置、开发和服务所进行的管理。探讨微观研究视角下，公共图书馆围绕馆藏古旧文献资源开展各项相关业务活动，对其全流程进行科学、周密的计划、组织、领导、控制，协调资源配置与利益相关者之间的各种社会关系，以有效实现公共图书馆古旧文献的合理保护、建设、开发和利用，以及服务用户。

古旧文献管理包含了三个基本因素：管理对象、管理者、管理方法。古旧文献是古旧文献管理的对象，是不可再生资源，是古旧文献管理的客观物质条件。没有古旧文献，就不存在古旧文献的管理活动。管理者，就是履行管理职能，对实现组织目标负有贡献责任和指挥或协调他人完成具体工作的人。

管理者是管理行为过程的主体，具有一定的管理能力，拥有相应的权力和责任，从事现实管理活动。管理者最具有主观能动性，在管理活动中起主导作用。管理方法主要指，管理活动中为实现组织目标所运用到的计划、组织、协调、控制的方式方法，包括制定的计划、制度，以及运用的现代技术手段等。管理的方法包括行政方法、经济方法、法律方法、社会心理方法等。在一个管理活动中，管理者应根据具体对象、环境、时机摸索和采取适当的管理方法，以产生应有的效果。公共图书馆是政府出资保障公众基本公共文化权利的机构，公共图书馆开展了各项业务活动，组织管理是公共图书馆的基本工作内容。公共图书馆对古旧文献资源的管理活动一直都存在，进行科学规划，完善管理体系，促进古旧文献资源自身的发展和用户满意度提升，是加强管理的主要目的。

二、古旧文献管理的发展历程

人类文明产生之后，由于知识的产生和积累而产生了文字。用于记录文字的载体就形成了文献。随着人类社会的发展，产生的文献越来越多，就出现了文献的保存和管理的问题。中国历史悠久，一些古旧文献从产生、历经古代万千变化发展到现代已经有几千年的历史。对古旧文献的管理活动主要经历了三个阶段。

（一）古代萌芽到发展、繁荣阶段

早期的文献，又称为典籍。我国在夏朝就出现了文献。文献产生后，需要保管保存，就产生了早期的藏书活动。随着社会生产力的发展，人类文明史的延续，社会上积累的文献越来越多，对文献进行管理的需求就越来越复杂多元，古代文献管理活动便逐渐形成了完善的管理体制、管理制度、管理方法。我国古代藏书经历了夏商时期官府收藏文献，两汉时期官府藏书机构正式确立，到隋唐、两宋时期藏书活动飞速发展繁荣，元明时期藏书事业达到高峰，清代藏书由盛转衰这样一个过程。

古代藏书萌芽就是从官府开始的，并贯穿整个古代藏书史。官府有专门的藏书管理机构，专门的藏书地点，专门的管理人员。这种官府管理体制，随着社会形态的演变越来越精细复杂。藏书机构越来越多，分层分级，而且功能细化，职能复杂。殷商时期史官管理藏书，两汉时设置专职管理藏书的机构—秘书监。唐朝时，形成了以三馆（弘文馆、史馆、集贤院）为中心的藏书管理体系，以及以藏书为中心的庞大行政队伍，包括抄书、扩写、绘制、工艺、装裱及后期制作人员。宋朝时设置了三馆秘阁制藏书机构，后来又改为秘书省。到明朝，撤秘书监，将藏书划归翰林院管理，取消了独立的藏书机构。

清朝，最终形成由宫廷藏书楼、官办藏书楼、中央机构藏书处、地方政府机构藏书处组成的官办藏书格局。从春秋战国时期开始，官府藏书体系之外，私家藏书就已经出现。唐代开始，寺院藏书得到了发展。宋代时期，书院藏书兴盛繁荣。到明清时期，已经形成官府藏书、私家藏书、寺院藏书、书院藏书四大藏书体系。藏书机构除了藏书、刻印，还有编撰校勘、培养人才、学术研究等多项职能。从有政府藏书起，有关图书的征集就受到重视。西汉时曾三次在全国范围内大规模征集图书，并派朝廷官员四处访书，还制定了一系列的奖励献书政策。到了隋代，有关政府藏书的聚散问题已引起相当重视。秘书监牛弘上《请开献书之路表》于皇帝，一方面阐述了图书事业的重要性，并列举了隋之前图书事业遭遇的"五厄"；另一方面建议在全国广开献书之门，得到隋文帝重视。

以后，明代胡应麟又有"十厄"之说，延续了牛弘的观点。对于图书征集，除了朝廷派官员四处访书、搜书或利用战争进行抢掠之外，宋代郑樵又提出了"求书八法"，从理论上总结了公、私藏书中访求图书的八种途径与方法："即类以求、旁类以求、因地以求、因家以求、求之公、求之私、因人以求、因代以求"，极有见地。在寺院宫观藏书中，北朝李廓《元魏众经目录》中单列"未译经论"一类，专门收录西城传入中土尚未翻译的原始佛典，以供各寺院抄录、供奉、翻译。这种带有新书预告性质的目录，在其他藏书类型中尚未见到。

最初的藏书活动中，就存在零散的、碎片化的管理行为。殷商时就有了对文献的分类收藏、出入库的管理等初级的管理方法。周朝，设置详细的职官制度来管理文献。两汉时期，开创了以货币征集图书的藏书建设制度。隋唐时期，注重藏书的制作与装帧质量，有了典藏保管的保存本制度。唐朝时，藏书进出库管理非常严格，有详细记录。宋朝，雕版印刷术得到推广，政府重视对社会上出现的文献进行收集，出现了类似现代图书馆的呈缴本制度。设立书籍点检制度，以加强重要典籍的保管，藏书流通制度也不断完善。

明清时期，书院藏书事业繁荣，书院图书借阅制度逐步完善，和官府藏书相比更具有公共性、开放性。藏书管理制度的形成，从无到有，从单一到细化，从政府制定到民间机构形成，反映了古代文献管理需求的变化和选择。藏书管理中一项重要的工作就是文献整理。社会和藏书机构文献数量积累到一定数目后，就需要进行分类和编目，以便于文献的保存和利用。在商朝，就有甲骨文献按物质形态和用途设官进行分类的做法。周代以官为类，分官明目，以官秩为部次，以官职为图书分类的标志。到了春秋时期，孔子以图书特征分类，易、书、诗、礼、乐、春秋分类编次。西汉刘向、刘歆父子创立了"七分法"体系，以学术分类为基础，一直沿用到魏晋南北朝时期，形成我国古代图书分类史上一大派别。魏晋南北朝时期产生的"四分法"，从甲、乙、丙、丁到经、史、子、集，极盛于唐宋，集大成于清朝《四库全书总目》，衰退于清末鸦片战争西学输入之后，是一种历史最长、应用最广、影响最深的中国古籍图书分类法。我国古代产生的图书分类法有200多种，但是最主要的还是"七分法"和"四分法"两大体系，还有宋代郑樵的"十二分法"。

关于目录的起源，存在先秦说和两汉说两种说法。先秦说认为，殷商甲骨上的编号就有目录的作用，孔子为《诗》《书》作序是目录学的萌芽。《诗》《书》的序是一书的目录。两汉说则是以刘向的《别录》作为中国目录学的起源。《别录》是综合性群书目录的开创性著作，《七略》是比较正规的综合性群书目录。在刘向、刘歆父子编纂《别录》《七略》之后，历代封建帝王都重视建立国家藏书机构，并编纂官修目录。《汉书·艺文志》则开创了史志目录的体例。汉武帝时，出现了我国第一部专科目录《兵录》。

到魏晋南北朝时期，已经有了官修目录、私家目录、史志目录和专科目录等书目类型。晋朝时《晋中经簿》《晋元帝四部书目》则确立了四部书目分类体系，此后一千多年国家藏书目录分类都沿用这个方式。著名的佛教目录有东晋释道安的《综理众经目录》和梁释僧佑的《出三藏记集》。唐至明代，国家书目向大型化发展，如唐代《群书四部录》、宋代《崇文总目》、明代《文渊阁书目》等。史志目录有了进一步的发展，《文献通考·经籍考》形成了一种新的提要编辑体例—辑录体。私人编制藏书目录形成了风气。特别是两宋时期，如《直斋书录解题》收录的书籍数目超过了南宋政府编撰书目《中兴馆阁书目》，《遂初堂书目》开创了我国目录书著录版本的先例。专科目录有了更专门更深入的发展，佛经目录的编制达到了高峰。一些学者开始从理论上对目录工作进行探讨和总结，目录学理论的种子开始萌芽。

清代学术繁荣，书目工作活跃，书目的数量和种类很多。清初钱曾的《读书敏求记》，是我国第一部研究版本目录的专著。清康熙时开始了补撰艺文志的工作，为今天整理古籍提供了依据。清乾隆时期编纂的《四库全书总目》是封建社会最后也是最大的一部官修图书目录，最终完善了四部分类法。历代藏书均是通过政府和私家的大力征集，才得以形成规模。书收集来后，各藏书机构都采取尽可能的保护措施，保证藏书持久传递。在对藏书保护的技术和措施上，也不断进行改进和完善。从最初的藏书活动开始，殷商就有了专门的藏书地点以集中保存文献。秦汉时期，政府修建专用藏书楼。魏晋南北朝时期，开始分类、分复本设置藏书处。隋朝图书分库管理，还大力发展各类专藏。

唐朝时严格出入库手续，并使用藏书以防遗失。宋朝藏书机构注重书库建造，设有围墙防盗，并有巡查人员。配有防火器材，制定防火制度。为了防潮，五月一日至七月一日组织曝晒书籍。元朝时，私家藏书保护措施更加完善，把图书藏于高楼，既可以防潮，又可以避免外人和孩童接触。一些藏书家为使图书免于兵祸与偷盗，还特地开辟石室藏书。在建造藏书楼时，为防火还注意挖池塘、位置临河。明代官私藏书十分兴盛，对藏书楼建筑及典籍保存方式的创新性发明，对藏书的保管起到了关键作用，体现了藏书管理新的进步和发展。明清时期的皇史宬，四周上下全用砖石，书柜用铜皮鎏金，书柜设置于石台之上，在防火、防潮方面起到积极作用。私家藏书在防火、防盗、防潮方面都积累了不少经验。

明代在书籍防蠹方面有重大的创造，广东南海（今佛山）发明了一种叫"万年红"的防蠹纸，可以较长时期防止蠹虫蛀蚀书籍。当时广东所刻书，在扉页和封底各装一页，以作防蠹之用。清代藏书家们在文献保管方面，书库建造和管理更加精细，并且形成了完善的管理制度和理论体系。清代某些大藏书家，在藏书安排上把一般的书与精刻名抄区别开来。有的藏书家藏书增多，分列各种专室，方便藏书使用和管理。清代藏书家孙从添《藏书纪要》、叶德辉《藏书十约》中都阐述了藏书管理的内容，比如书库藏书提倡以书橱存放；强调不同类别、不同种类，或不同丛书分装成组；排列方法上按重要性、时代、地区等排列。藏书保护方面介绍了装订书籍经验、防潮防虫之术、曝书的方法等。

（二）近现代和西方图书馆学思潮融合阶段

清末到民国年间，铅印术取代传统雕版印刷术，近代平装书取代古籍线装书。西方图书馆思潮对传统藏书楼的影响和冲击，西方图书馆分类法和管理技术的引进，社会对藏书意义和功能的再认识，使中国开始了古代藏书楼向近代图书馆转变的过程。古旧文献管理活动从自然发展状态，到受到外来思想和技术方法的影响和干预，近代化进程加快，管理方法和管理水平产生了质的变化。文献管理理念出现大转变。早在清末，改良派与维新派就指出了古代藏书为藏而藏的弊端，并积极推介西方国家的藏书理念和技术，构建近代藏书楼模式，突出信息交流和社会教育的功能。民国初年，一大批进步人士如蔡元培、李大钊、陶行知等，提出图书馆要向中国普通老百姓开放，在中国图书馆发展史上有开创意义。

管理体制变革。由封闭式官办藏书楼为主向近代开放式图书馆为主转变，全国各地呈现出多元化的藏书格局。学会，学堂开始兴办藏书楼。1895年康有为，梁启超创办了强学会，成立了强学书局。之后，各地学会也纷纷办起了藏书楼。1897年，张元济创办了通艺学堂，附设图书馆。通艺学堂图书供外人借阅制度的设立，是我国对外开放图书馆的标志。1902年创办的古越藏书楼，是我国第一个面向社会开放的私家藏书楼。1898年光绪皇帝推行新政，设立京师大学堂，也就是北京大学图书馆的前身，是为学校师生服务的学校图书馆。在北京大学图书馆的带动下，各地各类学校图书馆迅速发展起来。1917年，直隶省天津社会教育办事处举办儿童图书馆，这是目前所知我国最早的儿童图书馆。1922年前后，北方工人运动的中心天津，出现了工人图书馆。

古代藏书楼的藏书以我国古代文献、古籍线装书为主，近代图书馆顺应时代潮流，收集了国内外出版的各类平装图书报刊。区别于古籍线装书的铅印平装书、报纸、期刊出现，形成新的文献类别-民国文献，充实了古旧文献的内容。大学图书馆尤其重视外文书刊的收集。民国时期的外文藏书主要集中在北京图书馆等部分知名大学图书馆及一些宗教图书馆和私人图书馆。管理制度发生大变化。民国成立后，图书馆一直隶属教育部门。中央政府和各地教育部门颁布了很多有关图书馆设置和管理的法令和章程。

（三）当代管理理念创新和信息技术融合阶段

近代图书馆出现之前，藏书楼一统天下，藏书理念以文献整理、收藏为主，重藏轻用。中华人民共和国成立以后，图书馆事业快速发展。20世纪80年代以来，我国的经济发展水平大幅提升，国内学术研究国际化步伐加快，我国图书馆界在实践中努力思考，不断探索，图书馆学发展理念不断创新。在管理理念上，开始注重人本理念和人文精神。图书馆的管理，首先是对人（既包括图书馆员也包括服务对象即读者）的管理。随着个人本体意识的觉醒，图书馆提出了"以人为本"的管理思想，即人本理念。这是对传统的"以书为本"理念的重大变革。

而人文精神则是在图书馆工作实践和理论研究中体现以人为本的思想，以满足人的需求，实现人的价值，追求人的发展，体现人文关怀。与以往相比，最具有显著时代意义的变革在于，由于现代信息技术的参与，古旧文献管理进入新的阶段。现代信息技术主要包括复印技术、缩微技术、计算机技术、高密度存储技术、通信技术、多媒体技术、数字化技术等现代化手段，对古旧文献上的信息进行存储、加工、处理、传输等自动化处理，加强了古旧文献的开发和利用。图书馆业务、管理和服务越来越受到技术的深刻影响，古旧文献管理活动中技术的主导作用越来越明显。计算机技术。1946年2月，世界上第一台数字式计算机在美国宾夕法尼亚大学诞生。改革开放以后，我国计算机技术得到了日新月异的发展。1974年8月，国家批准了"汉字信息处理系统工程"研制工作，通称"748工程"。中国图书馆界的自动化研究正是从此起步的。

中国图书馆界最早成立计算机工作部门的是中国科学院图书馆。1976年，该馆即设立了计算机组。1978年，北京图书馆成立了电子计算机筹备小组。此后，图书馆的自动化管理取得了一系列的成果：开发了流通管理系统、联合目录系统、集采购编目和检索为一体的综合管理系统等。20世纪90年代以后，随着计算机技术与网络技术的发展，数字图书馆建设在我国推广开来。古旧文献在图书馆的流通管理、联合编目和特色资源库的建设与发布等，都与计算机和网络技术息息相关。

缩微技术主要应用于馆藏善本、手稿、家谱等珍贵文献的复制保存，对古旧文献的保护起到了关键性作用。数字资源是指以数字形式存储在光、磁等非纸介质的载体中，通过网络和计算机等再现出来的资源，其表现形式可以是文字、图像、声音、动画等多种形式。

古籍数字化就是从利用和保护古籍的目的出发，采用计算机技术，将常见的语言文字或图形符号转化为能被计算机识别的数字符号，从而制成古籍电子索引、古籍书目数据库和古籍全文数据库，用以揭示古籍文献信息资源的一项系统工作。

三、古旧文献管理的方式

古旧文献管理活动可以分为宏观和微观两个层面。宏观的管理视角，把古旧文献的管理活动放到社会整体环境中去考虑，提升到与社会发展相关的高度。作为现代社会重要的信息资源的古旧文献，其管理与国家社会经济文化发展密切关联，应在国家统一指导下进行。微观的管理，着眼于基层组织内部的管理活动。比如关注的古旧文献收藏部门-公共图书馆作为独立的组织机构，对自身所藏古旧文献实施的具体管理活动。

（一）宏观的管理

宏观的管理，可以视为国家或政府层面的顶层设计，一般利用行政力量施行。古旧文献作为重要的社会资源，只有合理分配和管理，才能实现社会价值和效益最大化。宏观管理的节奏慢，作用周期长，影响深远。

1.古旧文献资源配置和组织资源配置

即人类社会和大自然中各种相对稀缺资源在各种可能的用途中进行选择、安排和搭配的过程。简单地理解，资源配置是指资源在时间、空间、数量以及类型上的合理配置。古旧文献资源配置，就是以用户需求为依据，调整当文献资源的分布和分配，按照一定的原则和模式，将古旧文献资源合理分布和存储在不同信息机构的活动。古旧文献资源的配置也有广义和狭义之分。广义的古旧文献资源配置包括古旧文献资源以及相关的设施、设备、组织、人员和资金等要素的分配和重组。狭义的古旧文献资源配置则只涉及古旧文献资源本身。在我国，古旧文献分布于各公藏单位、私藏单位及个人手中，分布广泛和不均衡特性同时存在。古旧文献在全国范围内都有分布，但是数量大、价值高的文献往往集中于少数地区的单位手中。同时，对古旧文献的需求也往往集中在少数地区。古旧文献自然分布的影响因素有历史、地域、文化、经济发展等。历史上产生文献数量多的地区，遗留下来的古旧文献会多一些。经济发达、重视文化发展的地区，产生的文献数量会多一些，质量会高一些。历史上地位特殊、有特殊事件发生的地区，拥有大量特色文献。比如，北京作为三朝古都，是全国政治、经济、文化中心，古旧文献大量集中于此。上海是我国近代对外开放最早的城市之一，也是南方经济文化重地，古旧文献数量巨大。

江浙地区是历代刻书、著述、藏书的传统地区，积累了大量古代文献。重庆在抗战中是陪都，全国的出版文化事业均转移到此，民国文献特别多。全国范围内对古旧文献的合理配置和组织，对古旧文献的空间分布、行业分布、机构分布进行掌握和规划，进行整体布局调整、优化配置，推动了文献资源的信息保障和服务工作的发展。古旧文献不同于现代信息资源，现代信息资源源源不断地产生、交换和流通，进行干预和调节的必要性更强，除了应对现有的资源进行合理分配和存储，还需要对新产生的和潜在的资源进行分配。古旧文献数量不再增加，收藏地点相对稳定和集中，不会产生大规模流动和剧变，不会有新产生的古旧文献需要合理分配。对古旧文献资源的配置和组织，主要在于全面掌握分布状况、保存状态、存世数量，加强保护和利用的科学指导，建立统一合作组织，协调地区、机构之间的合作。特别是加强整体规划，减少盲目投入，避免资金、人力资源浪费，减少重复开发利用。

2.古旧文献资源流通和交换

古旧文献资源的流通和交换，是指文献载体在收藏机构、收藏个人之间的单向或者多向流动，并不是指文献在用户之间的传播，也不包括文献中信息的流动和传播。古旧文献资源的配置是预先计划的全国范围内的整体性、系统性调整行为；古旧文献资源的流通与交换是区域局部调整行为，是计划的落地和执行。较大规模的古旧文献流通方式有整体捐赠、托存、购买、合并等。古旧文献以纸质载体居多，保存环境和条件也受到限制，并不适合频繁流动。从目前国内形势来看，古旧文献的流通存在私藏向公藏流动、民间向重点文献保护单位缓慢集中的趋势。古旧文献已经失去其作为普通文化商品广泛传播信息内容的社会职能，不存在广泛普遍的市场。不存在全社会用户之间的流通。古旧文献很大部分已经成为珍贵文物，收藏在公藏单位，较大规模的流通受到国家层面的管理和干预。

近年来，国内私人藏书环境弱化，私人藏书家相继离世，一些民间遗留下来的藏书楼、私人藏书，经常被后人以捐赠或出售的方式移交给公藏机构，这样也便于长期保存。还有古旧文献托存的情况。有些收藏单位没有保护古旧文献资源的物质条件，导致古旧文献资源损坏或者慢慢被侵蚀，也没有转移文献信息内容的资金和技术。为了延续古旧文献的生命周期，转移信息内容，通过机构之间的协调合作，把古旧文献资源整体托存至有保护和开发条件的收藏单位。还有一些收藏单位因为机构调整，古旧文献资源实行整体合并，造成整体大量流动。零散的流动方式包括征集、购买、拍卖、私人捐赠等。公藏单位资金相对充足，也经常通过拍卖、民间征集的方式，收集散落于市场上的零散古旧文献，以充实馆藏。多年积累，馆藏也在缓慢增长。古旧文献跨地区、跨行业、跨部门之间交换，需要跨系统管理和组织，实现难度较大。古旧文献资源交换的情况有：组织协调下的资源互补性交换；一些收藏单位通过与对方交换副本，换取本单位没有的古旧文献种类，增加本单位馆藏数量和种类，实现双方的资源互补；收藏单位为了充实特色资源馆藏，协调交换双方需要的特色文献资源，实现分类专藏。古旧文献资源的珍贵性、特殊性，决定了古旧文献资源在全社会的流动不能自由进行，国家和政府部门要进行监管和指导。加强古旧文献流通和交换的管理，需要各级政府、各系统单位的配合。

3.古旧文献相关政策与法律

《辞海》中对政策的定义是："国家、政府为实现一定历史时期的路线和任务而规定的行动准则。"图书馆政策是国家机关、（团、工会）组织、图书馆、国内国际图书馆行业组织及其他相关组织，为调控和引导图书馆系统的运行和发展，按照一定的程序所制定的不属于法的范畴的行为规范、准则或行动计划。图书馆法是指由国家机关制定或认可、以国家强制力保证其实施、调整图书馆活动中的各种社会关系并平衡相关活动主体利益的行为规范系统。政治手段和法律手段，是古旧文献管理的两种基本手段，需要国家行政机构来实现。

（二）微观管理

古旧文献微观的管理，可视为对其收藏机构内部运行的各项活动进行控制，包括对古旧文献自身生命周期的全过程进行管理，也包括对古旧文献各相关物质、人力因素的管理。微观的管理作用更直接，成效快，可调整空间大。

1.古旧文献收集与整理

从古旧文献进入收藏机构，就进行计划和组织，是管理的第一步。公共图书馆的古旧文献馆藏，是一个长期积累、不断增长的过程。在历史上，历代古旧文献的收集有两个基本方向。一是收集前朝历代积累的古旧文献，一是收集市面上新产生的文献。前朝积累的文献，有政府机构继承的历代文化遗产，也有私人藏书楼的传承。市面上新产生的文献，主要集中在经济发达地区、教育文化事业发达地区、刻书机构发达地区。很多近代省级公共图书馆在成立之初，接受了一些传统藏书楼的旧藏，以及其他文化单位的收藏，或者政府的调拨，分配，馆藏很快得到大的扩充。同时，从民国延续至今，不间断收集民间的各种古旧文献资源，累积了不少成果。

目前，对公共图书馆来说，除历史遗留和已经形成的古旧文献馆藏之外，要收集入藏新的古旧文献并不容易。不同于现代出版物在市场上大量流通，容易采购，古旧文献资源稀缺，公共图书馆需要有专门的计划、特殊的渠道、专业的收集人员、专项资金，才能收集到市面上已经罕有的古旧文献。同时，古旧文献还有个辨别真伪、判断价值的过程。目前，古旧文献收集的方法有征集、购买、交换、捐赠、拍卖等。不断访求古旧文献，是公共图书馆古旧文献管理必不可少的一步。古旧文献整理，是正确保存古旧文献，为用户服务，发挥古旧文献价值的前提。历史上，古籍产生后就开始了古籍整理工作。史学家黄永年教授称："古籍整理者，是对原有的古籍做种种加工，而这些加工的目的是使古籍更便于今人以及后人阅读利用，这就是古籍整理的含义，或者可以说是古籍整理的领域。"

河北大学时永乐教授称：所谓古籍整理，就是对古籍本身进行校勘、标点、注释及今译等各种加工，使之出现新的本子，以便于今人和后人阅读利用。这是历史文献学和古典文献学中，对古籍整理的阐述。图书馆学界理解的古籍整理通常包括两个方面：一是对古籍进行分类编目，使之易于被读者检索利用；二是对古籍进行典藏，使之得以长久保存。如图书馆学家王世伟教授称："首先要区分一下图书馆古籍工作与一般意义上的古籍整理的不同，一般意义上的古籍整理所指的古籍范围比图书馆古籍工作所指的古籍范围要大得多，前者包括标点、注释、今译、校勘、辨伪、辑佚等，而后者一般不涉及以上内容。"在本次研究中，主要采用的是图书馆界的古籍整理概念，即对古旧文献进行清理和揭示，包括清理数量、分类、分级、编目，以及古旧文献典藏。

2.古旧文献开发与利用

古旧文献开发，是指公共图书馆在对古旧文献进行收集整理和基本流通的基础上，运用多种技术手段对文献内容进行深层次加工，并根据用户需要和市场环境形成多样化的产品和服务。古旧文献作为一种资源，具有生产和使用的双重不可分性，即开发和利用。近年来，现代信息技术与古旧文献的深度融合，扩展了开发和利用的专业领域。古旧文献的收集、整理、修复，是对文献载体的管理活动。古旧文献的开发和利用是对文献资源自身所包含的知识信息进行管理，即采集、加工、存储和输出全过程。

古旧文献的开发，包括分类编目、复制缩微、整理出版、数字化及数据库建设、文创产品开发等等。分类，就是将大量的文献信息，根据它们在内容性质、形式体裁、立场观点和读者用途上的异同，按一定的体系加以区分。这样就可以把相同、近似的文献集中在一起，不同的文献则区别开来，整理成有条理的系统。文献编目是将不同学科、不同专业、不同语种、不同形式的文献按照它们之间的内在联系，并通过一定的方法组织起来，形成一个可供检索的体系，使分散的文献集中，便于用户查找和使用，包括编制各种出版发行目录、读书目录、藏书目录。复制，是以一定方式对作品进行翻版再制的行为。它通常是对原件的重制，也可以是针对复制品的再次重制。

复制是以静态的文字、图像或动态的声音、图像等物质形式将作品原样再现出来。公共图书馆对古旧文献进行复制往往是开发利用的第一步。复制品可以直接提供给用户使用，也可以作为进一步开发利用的底本，而不是直接使用原本。缩微技术，是以光学和电学原理为基础，使用专门的缩微摄影机，把比较大的档案文件、图书、情报信息、技术图纸等资料以几倍、几十倍甚至几百倍的缩小比例拍摄在缩微胶片材料上，经过化学或物理的加工方法制成缩微品。使用时，必须借助于一定的放大还原设备（例如阅读器、阅读复印机等），才能阅读和利用。即缩微技术在长久保存古旧文献信息内容上，具有不可替代的位置。整理出版，就是将古旧文献进行各类加工，包括影印、校勘、标点、注释及今译等，重新出版成现代出版物，以便于读者阅读和使用。

目前，古旧文献开发的主要成果之一就是整理出版。在大数据、云计算、区块链、5G 技术等日新月异的信息技术推动下，古旧文献数字化和数据库建设迅速成为重要发展方向。

文创产品是以满足人们精神需求的文化符号和创意内容为核心，经设计师的智慧、天赋和技巧将文化内涵创造性地转化在某种物质载体上，通过产业化方式形成消费性产品，具有文化性、创意性和实体性三个特征。公共图书馆文创产品开发是以公共图书馆为主体，以产生的社会效益为首位，更注重对图书馆特色文化资源全面梳理、有效挖掘和合理转化，形成图书馆特色鲜明、形式多样的文创产品体系。国相对于传统藏书理念，现代公共图书馆更侧重于对古旧文献的开发和利用。古旧文献资源的开发和利用存在广阔的需求市场，市场价值潜力巨大。随着新科技、新领域的不断开拓，古旧文献开发和利用的前景也更广阔。公共图书馆可以借助社会力量，建立多方联合开发机制，加强对古旧文献的开发利用，提高经济效益和社会效益。

3.古旧文献管理技术

图书馆对古旧文献进行管理，需要借助现代技术，而现代技术的发展也提供了这种可能性。在古旧文献管理过程中应用的技术有基础性信息技术和专业性保护技术。现代化管理中的基础性信息技术，是普遍应用于公共图书馆管理活动中，提高管理效率的技术，包括计算机技术、通信技术、网络技术、数字资源存储技术、多媒体技术、物联网技术、大数据技术、云计算技术等。古旧文献处理的专业性保护技术有缩微技术、修复技术、书库恒温恒湿技术、纸张脱酸技术等。管理技术可以渗透到古旧文献活动的各个领域：文献管理，在古旧文献生命周期的各个阶段实现保存、分类、检索等功能；内容管理，实现对知识信息的转移、揭示、发布等功能，支持多媒体知识的生成和管理；过程管理，实现业务流程的自动化；项目管理，支持项目活动与资源的管理；等等。日新月异的新技术为图书馆的管理与服务提供了强大的助力和支撑，图书馆借助新技术提高了图书的可用性和易用性。新技术优化了传统古旧文献的管理，拓展了新的服务，提供了更多个性化、泛在化的服务。在古旧文献管理中使用新的技术，不能完全秉承拿来主义，要通过实践促使技术与管理活动融合，形成促成古旧文献活动的新帮手。现代信息技术发展和推广很快，普遍适应于图书馆的各项工作。而古旧文献的相关专业性技术，进步和成熟较难，投入大、成本高，对古旧文献保护和管理的促进作用更显著。古旧文献管理过程中需要建立一个总体的技术框架，将各项管理技术综合起来应用才能达到好的效果。

4.古旧文献用户管理

在信息领域，用户指那些接受或可能接受信息服务的个体或群体，是人们所扮演的众多社会角色之一。公共图书馆的信息用户即公共图书馆的服务对象-地区居民。用户是图书馆的服务对象，图书馆因用户而存在，用户的存在和需要是图书馆生存和发展的动力。图书馆用户群体的复杂性、多变性和信息需求的多样性，决定了用户管理是图书馆管理中最活跃的要素。管理者要树立"用户至上"的思想，一切管理活动要以用户文献信息需求为出发点和归宿，最大限度地满足用户日益增长的知识信息需求。公共图书馆向来注重对用户群体的研究，特别是在阅读推广活动、参考咨询服务中，要对用户群体进行分析。

21 世纪以来，用户对古旧文献的需求，从单一的阅览需求转化为多元化的信息需求。公共图书馆更加开放活跃，古旧文献服务方式发生变化，从传统的阅览、复制，到开展各项展览、讲座、鉴赏等阅读推广活动，提供课题咨询、整理出版等知识服务，及与其他机构合作，进行多媒体宣传活动、互动体验式活动，等等。用户群体也呈现出多层次、多类型、复杂化的趋势。古旧文献的用户除了学习研究型个人用户，还有机构用户、集体用户和其他利益相关者，等等。对这些不同经济目的主体的区分和管理，成为古旧文献管理活动中的重要环节。公共图书馆需要通过科学严谨的系统观察，来建立起有关用户的认识，指导图书馆的具体服务管理工作。主要包括：用户人口属性结构、用户信息需求内容结构、用户与公共图书馆关系、信息渠道及市场结构、用户信息成本等。

四、古旧文献管理的原则

古旧文献是公共图书馆的特色资源，古旧文献服务是公共图书馆的日常服务。加强古旧文献管理，提供更优化的服务，是公共图书馆不断追求的目标。古旧文献管理的基本原则是对古旧文献管理活动的基本要求，是古旧文献管理方针的具体体现，贯穿于整个管理活动中。

（一）保护原载体原则

保护古旧文献的原载体，就是加强古旧文献的原生性保护。古旧文献的珍贵性和不可再生性，之前已有论述。古旧文献的自然损毁和衰亡也都是不可逆的，载体一旦损坏将无法修补。因此，在古旧文献管理活动中，首要原则是优先保护原载体。水灾、地震等自然灾害可能造成古旧文献毁灭性损失，而微生物腐蚀、虫鼠蛀咬等生物灾害可能造成古旧文献缓慢性侵蚀。尽可能采取有效的技术手段和管理措施，保护古旧文献载体的安全，是古旧文献管理的基本原则。保护古旧文献原载体，预防比事后弥补更有效果。在条件允许的情况下，应尽可能满足保存条件，减少使用、及时修复。古旧文献在全国范围内总藏量巨大，其收藏全部都满足保存条件不太现实。退而求其次的方法是，甄选最有价值的文献优先保存。副本和价值较低的文献先排除在外。减少使用的替代方式就是再生性保护，尽快进行数字化以取代原件的提取和使用。及时修复破损、散页、虫咬、受潮、纸张酸化等问题，也可以延缓古旧文献的衰亡时间。虽然古旧文献的再生性保护可以解决文献知识信息的传递问题，但是古旧文献载体本身具有的文物价值和历史价值不可替代。保护古旧文献原载体，是古旧文献管理活动中必须坚持的原则。

（二）可持续发展原则

可持续发展的定义运用比较广泛的是 1987 年联合国世界环境与发展委员会在《我们共同的未来》报告中提出的，即：可持续发展是既满足当代人的需要，又不对后代人满足其需要的能力构成危害的发展。可持续发展包含了公平性、持续性和共同性原则。公平性，意味着在古旧文献开发和使用过程中，保证本代人公平和代际公平，满足本代人对古旧文献资源的信息需求，公平分配古旧文献资源与服务的同时，不损害后代人使用古旧文献资源的权利。资源是人类生存和发展的基础和条件，离开了资源，人类的发展就无从谈起。可持续性发展的核心，是人类活动不超过资源的承载能力。可持续性是限制性原则，限制古旧文献的过度开发和利用，是实现可持续发展的关键。共同性原则强调古旧文献的管理与开放利用，需要采取联合行动。机构之间、地区之间、国家之间应从实际出发，共同配合行动，保护和利用好古旧文献资源。古旧文献是不可再增长的文献资源，文献总量呈不断衰减的趋势，但是古旧文献所包含的知识信息可以通过转移，实现价值开发和增值。

（三）利益均衡原则

利益均衡，是在一定的利益格局和体系下出现的利益体系相对和平共处、相对均衡的状态。一定的社会存在不同的利益主体，包括利益个体和利益群体。同时，一定的社会也存在一定的利益差别和反映不同利益关系的利益体系。在公共图书馆古旧文献活动中，代表不同利益立场的利益主体之间存在利益冲突。利益冲突具体表现为，利益主体由于追求的目标不同而产生的利益纠纷和利益争夺，这是利益主体之间存在利益矛盾的激化形态。人类社会中存在着广泛的利益冲突。由于利益在本质上根源于一定的社会物质生产关系，而人们的利益都是在一定的有限的资源条件下实现的，利益冲突的根源也正是在于不同的社会利益主体对有限的社会资源的满足的有限性和条件性。古旧文献资源作为一种稀缺资源，不可能完全满足全社会所有人的信息需要。

用户之间、用户与公共图书馆之间、用户与其他利益相关者之间，由于争夺古旧文献资源、维护自身经济利益，会产生各种矛盾。我国的公共图书馆代表国家拥有古旧文献的所有权和使用权，维护的是公共文化利益。用户中有个人用户，有集体用户，分别代表个人利益和集体利益。集体用户中还存在商业出版用户，代表了垄断利益。这些利益主体为了各自的立场和目的，争夺古旧文献的使用权，必然会损害其对立主体的利益，产生矛盾。而公共图书馆对古旧文献活动的管理，要缓和这些矛盾，使各方利益平衡，才能推动古旧文献各项活动的顺利进行。公共图书馆对不同利益主体所追求的权利义务进行有效分配，尽可能实现各利益主体的利益最大化。同时，各利益主体之间形成一定程度的权利妥协，才能达成利益平衡。利益均衡的本质就是不同利益主体的利益形成对立统一。

第二节 古旧文献收集整理

一、古旧文献收集

古旧文献收集，就是公共图书馆通过各种方法和手段，把市面上或其他机构的古旧文献采集到本单位进行保存，形成专业体系和特色馆藏的过程。古旧文献的收集是文献管理的开端，古旧文献在公共图书馆的一切活动都要以此为始。

在古代，历代统治者在建立政权之初就注重收集文献。一方面接收前朝的官府藏书，一方面收集散落在民间的图书，形成本朝的官府藏书基础。在近代公共图书馆形成之初，社会剧变，馆藏文献资源主要来源于旧时藏书楼，还有一些政府征收后移交的机构或个人藏书，以及机构合并得到的大宗文献资源，战争中收集得到的文献，等等。近代公共图书馆成立后，经过民国时期的发展，基本形成了其主要的古旧文献特色资源结构。

中华人民共和国成立后，公共图书馆对古旧文献的收集处于一种缓慢积累的状态，大宗的收购和接管主要集中在建国初期，之后收集和访求民间散落的古旧文献成为主要的方式。在中华人民共和国成立之初，经济基础比较薄弱，文化事业发展水平不高，普通民众对古旧文献的认识和保护意识还不强，民间散落的古旧文献还比较多。进入21世纪后，全国的经济文化发展水平进入新的阶段，古旧文献成为受到重视和关注的重要资源。古旧文献在市面上的流通范围越来越窄，价值越来越高，公共图书馆进行收集的难度越来越大。

（一）收集方法

1.市场采购

各级地方财政为公共图书馆提供资金支持，文献资源建设经费是其中的重要组成部分。市场采购是公共图书馆扩充馆藏资源的最基本方式。和现代出版物采购渠道不同，现存古旧文献稀少，特别是古籍，不能通过现代出版机构购买。公共图书馆采购市面上现存的古旧文献，需要去特殊的交易市场，比如文物市场、古玩市场、旧书市场、传统的古籍书店，以及通过熟悉的关系网从机构和私人藏家手中购买。

民国文献与古籍的来源渠道不尽相同。在公共图书馆萌芽和形成之初，古籍已经成为过往文献，稀缺而珍贵。而公共图书馆大多在民国时期建立，当时的民国文献还不属于稀缺资源，只属于普通出版物和其他文献类型。公共图书馆所藏民国文献，很多都是在民国时期收集、累积起来的。当时，公共图书馆用自身购书经费大量购买了图书、期刊、报纸等出版物，并在战争时期仍不间断收集各类民国文献资料。民国时期，京师图书馆除了注重善本古籍的搜访外，还比较留意当时普通图书、期刊、报纸的搜集，一方面与商务印书馆、中华书局等出版机构建立并保持了较为密切的联系，一方面通过北平佩文斋书店等中介机构采购了大量中小书局、社会机构及个人的出版物。中华人民共和国成立后，北京图书馆也先后数次通过中国书店、上海书店等旧书店采购了多批民国文献。南京图书馆在成立后，购书经费大部分用来购置重要科学著作和工具书、参考书，如辞典、字典、论文索引、年鉴、人名地名录、百科全书、世界名著等，西文期刊也遵照此原则进行采购。

2.拍卖

1994 年，中国嘉德国际拍卖有限公司举办了中国第一场真正合乎国际规则的古籍善本拍卖会。从那时到现在，二十多年过去了，中国古籍善本拍卖已经成为一个行业。全国大大小小的古籍善本拍卖公司和拍场已有 30 余家，每年全国各地的古籍拍卖会有近百场。进入 21 世纪以来，古籍市场升温，总成交价越来越高，成交率却越来越低。古籍的春秋大拍成为古籍的主要购买渠道。私人藏家和古籍书店的库存古籍，都被放在拍卖场上，以求取高价值。古籍拍卖越来越盛行，也说明古籍的经济价值越来越高，数量越来越稀少，已经不再是市面上普遍流通的商品。特别是近年来，众多公藏机构加盟，古籍拍卖价格不断攀升。古籍拍卖种类繁多，有名家抄校稿本、宋元名刻、明清刻本、名人书札、碑帖法书等，后来还细分成不同类别的专场拍卖。

公共图书馆已经意识到古旧文献的稀缺性、采访渠道的变化，而积极参与到古旧文献拍卖中来。各公共图书馆根据自身资金实力，选择参加古旧文献拍卖会，采购价格在可承受范围内的古旧文献。国家图书馆专门制定了《国家图书馆文献竞拍工作管理办法（试行）》，规范了鉴定、限价、竞拍的流程，成立拍品专家鉴定小组，严格选择参加竞拍的人员，使竞拍工作规范化、制度化，最大限度地保证竞拍工作顺利进行。

3.接受捐赠

捐赠是指个人或团体、单位向图书馆主动、自愿地赠送图书资料以充实馆藏，它是图书馆珍贵图书的重要来源之一。事实上，现有图书馆的馆藏中有很大一部分是通过捐赠获得的，有的图书馆甚至是以捐赠的藏书为基础创办的。自京师图书馆时期，为扩充馆藏，就已开始向社会广征书籍。私家藏书由于保藏条件有限，易毁于刀兵水火之灾，又有子孙后代不能保守之虞，且有流落海外的危险，多种因素使得许多具有爱国之心的社会贤达纷纷捐献珍藏文献于国家。目前，很多省级公共图书馆的古旧文献馆藏基础，主要是在民国期间形成的。社会捐献往往是系统特色古旧文献资源的主要来源。民国时期，具有近代意义的图书馆兴起，社会的动荡不安和战争的频繁，使图书馆的捐赠主体更加广泛。以藏书家和其他社会各界著名人士为代表的私人捐赠，还有以书局、报社、政府机构、学校、外国团体为代表的团体捐赠，构成了这一时期图书捐赠的主体。根据单宗收赠数量，图书馆实体文献资料的收赠工作可分为零散收赠和大宗收赠两种类型。在大宗收赠中，有时单宗收赠的内容是某人或某机构全部或近乎全部的收藏，或者其中关于特定主题或领域的全部收藏。前者如清华大学图书馆接收张肖虎先生的收藏、广东省立中山图书馆接收秦牧先生的收藏等，后者如清华大学图书馆接收周本初先生的"保钓、统运"文献资料及接收林国炯先生的联合国裁军文献等。整体捐赠文献资料的个人收藏者通常兼为搜集者，多为专家学者、知名人士，捐赠者多为其家人或亲属。机构进行整体捐赠多缘于机构完成研究任务之后面临被解散、撤销、调整等状况。

4.调拨

公共图书馆的上级主管部门，可以因为业务需要，进行上下级图书馆之间、跨部门之间、跨系统之间、跨地区之间的文献资源调拨。这种调拨一般是有计划地进行，以充实公共图书馆的馆藏，推动特色资源建设，提高资源利用率。不同地区、不同系统之间的公共图书馆，往往根据自身馆藏特色、服务人群，把自己不需要的复本或者本地读者利用较少的文献进行调拨。也可以是上级部门主持，对一些机构重组、合并、拆建后，将多余的文献并入公共图书馆。

5.交换

交换是指公共图书馆之间、公共图书馆与其他收藏机构之间的文献交换。与调拨不同，交换可以不是由上级主管部门主导，而是机构之间的协商和谈判促成。交换往往是双方自愿协商，达成共同目标的行为。交换彼此的复本，或者是不符合本馆馆藏资源建设发展方针的文献、自身不成体系和特色的文献，等等。公共图书馆古旧文献中的交换，以古籍的复本为多。公共图书馆馆藏古籍复本很多，有的古籍复本多达5部，有的甚至在10部以上，主要是因为在调拨和接受捐赠的过程中，造成了复本累积。公共图书馆通过交换，可以减少复本的堆积，减少典藏的成本，增加馆藏文献种类，优化馆藏结构。

6.征集

征集主要是指对非正式出版单位或收藏有文献的单位和个人，通过主动发函、上门访求，或采取登报、张贴告示，在某个合适的公共场合进行宣传、举办文献展览的方式获得文献的方法。古籍的采购有特殊的途径和方式，民国文献的收集却不太一样。民国文献近年来才受到重视，因为其价值不能与古籍相提并论。民国期间，公共图书馆可以通过大范围征集获得当时的文献资料。中华人民共和国成立之初，通过征集获得大量民国文献也非常容易。现在，公共图书馆仍然可以通过征集，收获到少量散落在民间的民国文献。

7.呈缴

呈缴也称缴送。它是为了保证国家文化遗产的完整性，由国家或地方颁布法规或法令，规定全国各出版社每出版一种新的出版物必须按规定的数量，无偿赠送给指定的图书馆收藏的做法。一个国家或地区为完整地收集和保存本国或本地区的全部出版物，往往通过立法或建立法规的形式，要求所有出版者或机构给指定的图书馆或出版主管部门呈送一定份数的最新出版物的制度称为出版物呈缴制度，而这些出版物称为呈缴本或缴送本。

8.民间收集

近年来，公共图书馆在民间收集到的古籍和民国文献已经非常稀少了。然而，中华大地上遗存的石刻浩如烟海、历史悠久、形制多样，有碑刻、摩崖、墓志、帖石、造像等，是具有中国特色的珍贵文化遗产。近年来，公共图书馆已经意识到石刻文献因为自然与人为因素的影响，不可避免会遭受不同程度的损坏，有的在不久的将来可能会消失，石刻的保护已到了刻不容缓的地步。很多地区的基层公共图书馆开始以石刻文献为研究课题，大量系统收集存在于山间野外的石刻拓片。制作拓片是对石刻资料进行保护和传播的有效手段，即用纸和墨通过打拓的方式，将摩崖、碑刻等器物上的文字或图形按 1∶1 的比例复印到纸上。这样能客观真实地反映器物原貌，便于后人了解其历史演变，也便于长久保存、开发利用、远途传递。四采集的拓片从载体上来讲是现代的，材质、墨水、工艺都是新的，但是内容是属于过去的，相当于古旧文献的再生性保护，将文献内容进行转移。广西壮族自治区的石刻文化历史悠久、内容广泛，广西桂林图书馆工作人员采取野外采拓的方式，对桂林及其周边的摩崖做了大量的拓片采集工作。山西省石刻资源丰富，石刻中寺庙碑刻所占比例较大。2010 年，山西省图书馆推动了"山西民间石刻文献拓制保护工程"。山西省图书馆以县域为单位开展工作，通过制定征集拓片协议的方式，委托各县文物局、文化局、图书馆等单位具体实施。经过几年的努力，抢救了一大批珍贵的民间石刻资源，已陆续征集到黎城县、大宁县、太谷县、古县、襄汾县等的全部或部分拓片约 3000 张。

（二）收集原则

1.应收尽收原则

公共图书馆古旧文献资源的收集工作，与普通文献资源、数字资源的建设有区别。古旧文献资源珍贵稀少，公共图书馆作为公藏机构，在经济能力可承受范围之内，要将能购买的古旧文献尽可能收入馆藏。古旧文献需要特殊条件保存，同时还需要适时修复。在私人机构和个人手中，往往难以实现长期、安全、稳定地保存，他们也缺乏修复技术，更谈不上科学地开发和利用。在私人手中，还可能出现文物外流的情况，不利于我国文化遗产的保护传承，不利于维护我国法律规定的文化权益。公共图书馆古旧文献资源采购经费来源于政府财政，在国家公共文化事业繁荣发展、公共图书馆采购经费逐年增长的情况下，采购古旧文献的专项资金有独立保障。公共图书馆在遇到可采购的古代文献时，在价值和价格相对对等的情况下，可以尽量完整购买。如果当时或当年资金不够的，可以先采购孤本、善本等价值更珍贵的文献，或者比较特殊的载体和文献种类，以及馆藏特色文献资源建设需要的文献。对于已有种类的复本，资金充足的情况下可以采购，再通过交换、调拨等形式划分给其他公共图书馆或收藏单位。

2.去伪存真原则

古旧文献中有一部分属于文物，年代久远，价值高昂。公共图书馆在采购过程中，要认真鉴别，去伪存真，保证有效采购。古旧文献产生的年代、版本、特色工艺，以及是否与名人有关等诸多因素决定了其价值。判断文献的价值，是一个复杂的过程，需要全方位综合考量。一般由资深专家进行专业辨认，再结合现行市场价格进行判断。公共图书馆自身需要培养能够辨别古旧文献的专家，在古旧文献收集过程中起到指导作用，避免采购到古籍伪本，以及价格超出价值的古旧文献，遭受经济损失。伪本是指那种经旧时代书商做过手脚，加工作伪，企图以新冒旧、以次充好、以假乱真的版本。伪本主要是伪宋本、伪元本，很少有人去假造明本、清本，因为古书版本的商品差价主要反映在宋元旧刻和明清新刻之间。伪本一般都是以元本充宋本，或以明本充宋、元本。清代刻本形式特征去古已远，作假很难。民国时代，北京、上海等地的某些书商专门雇佣工匠来制作假本，手段高明，专门研究版本目录学的行手里家也可能上当受骗。

中华人民共和国成立后，通过对旧书行业的改造，这种旧时代的罪恶才从根源上得以消除。但是，延续了数百年的版本作伪活动，在社会上留下了不少难以鉴别的赝品。这也正是公共图书馆在收购古籍过程中，需要辨伪的原因。同时，公共图书馆在采购古旧文献时，需要对文献有深入的认识和了解，包括文献的大致年代、载体类型、制作工艺、出版单位等，由此来判断文献的真实经济价值，避免卖家漫天要价。

3.特色化原则

特色化原则，是公共图书馆文献资源建设的通用原则之一。文献收藏的特色，是文献收藏机构根据本身的任务，在多年文献收集的实践中，形成的独具特色的文献资源收藏体系。特色化文献收藏意味着依据图书馆类型、任务、收藏范围、读者对象等特点，对文献收集采取区别对待的态度，使图书馆文献资源从内容到结构能最大限度地满足读者的实际需求。文献特色主要包括：文献学科专业特色、文献地域特色、文献类型特色、文献语种特色、文献载体特色、电子文献和网络文献特色等。

4.合作与协调原则

在全球化发展环境下，世界各经济体与机构之间存在千丝万缕的联系。在我国推进公共文化服务体系建设的社会环境下，各级公共图书馆之间、图书馆界各机构之间、全国文化收藏单位之间，存在共同的利益与立场。各公共图书馆不再是孤立的个体，这样的图书馆也没有发展的空间。各公共图书馆之间是有机联系的整体。只有实现全社会范围内各单位和机构之间的合作与协调，才能实现古旧文献资源的合理保存和发展。

二、古旧文献整理

（一）分类

文献分类就是以文献分类法为工具，根据文献所反映的学科知识内容与其他显著属性特征，运用文献分类规则，分门别类地、系统地组织与揭示文献的一种方法。文献分类法有体系分类法与分面分类法两种基本类型。体系分类法是以科学分类为基础，依据概念的划分与概括原理，把概括文献内容与事物的各种类目组成一个层层隶属、详细列举的等级结构体系的文献分类法，亦称列举式分类法、枚举式分类法。中国图书馆分类法（简称中图法）、中国科学院图书馆图书分类法（简称科图法）、中国人民大学图书馆图书分类法（简称人大法）、杜威十进分类法、美国国会图书馆分类法等都是体系分类法。分面分类法是依据概念的分析与综合原理，将概括文献内容与事物主题的概念组成"分面-亚面-类目"的结构体系，通过各分面内类目之间的组配来表达文献主题的文献分类法，亦称组配分类法、分析-综合分类法。冒号分类法（CC）、布利斯书目分类法第2版（BC2）等就是分面分类法。公共图书馆对文献资源进行分类的目的，在于组织分类排架与建立分类检索系统。分类排架，就是让海量的文献有一个明确的排列位置。分类检索系统，就是建立手工分类目录与计算机分类检索系统。公共图书馆古旧文献数量也是惊人的，少则几万册，多则几十万、几百万册，要将这些文献进行分类、组织，才能合理摆放，并便于查找。

（二）编目

文献编目是指根据一定的著录格式和规则对馆藏文献进行著录，并按多种方法将各种款目组织成不同目录的工作过程。第一步是文献的项目著录，第二步是款目编排，两者合一，就称为编目。编目工作的基础是文献著录，它利用若干著录事项，把各种文献的基本特征和内容准确无误地揭示出来，以备识别某一文献。著录出来的款目，通过组织成为有机联系的各种目录，以供检索之用。编目这个环节，也有两道工序。章学诚说的"辨章学术，考镜源流"，既是对中国传统目录著作功能的高度概括，也是对编制这种传统目录的明确要求。"辨章学术"，主要指的是图书的学科分类；"考镜源流"，主要指的是同类图书的排列体系。两者一横一纵，纲举目张，条分缕析，目录著作的学术性也就表现出来了。我国的文献目录编制已有两千多年的历史。封建时代，我国馆藏目录以书本式分类目录为主。在这个阶段，著录方法逐渐完备，出现了论及编目理论的著作。清乾隆时期，我国最后也是最大的古典官修书目《四库全书总目》由纪昀主持完成。书前列凡例 20 条，评论了前代官私书目的收书、分类和著录方法，进而确定了《四库全书总目》的编纂原则。晚清至中华人民共和国成立，在外来西方编目思想的冲击和影响下，为满足大众检索文献的需要，卡片式目录、书名目录、著者目录和主题目录应运而生，具有中国特色的中文文献著录条例逐步形成。20 世纪 80 年代以来，我国文献著录工作重新与国际文献著录标准化工作接轨，先后颁布了一系列文献著录标准。图书馆目录组织方法，主要有系统组织法和字顺组织法两种。系统组织法是按文献的学科性质体系进行组织，形成分类目录，也叫分类目录组织法；字顺组织法则是按标目的字顺对款目进行组织而形成目录，题名目录、责任者目录、主题目录等都属于字顺目录。

第三节 古旧文献安全管理

一、古旧文献典藏

文献典藏就是将已分类、编目、加工、整理好的文献，按照一定的馆藏分布原则，进行合理的保存和管理。典藏是对已经入库的文献及藏书进行组织管理。

（一）馆藏布局

馆藏布局就是把入藏的全部文献按学科性质、文献类别、读者对象、文种等特征划分成若干部分，形成各种功能的书库（包括阅览室），为每一部分文献找到最适当的存放位置。各文献收藏机构有类型和方针任务的差别，又有规模大小的不同，因而其文献的布局是不尽相同的。但是尽管如此，在划分文献布局时，还是应当遵循一些共同原则，才能建成一个科学的文献收藏体系。馆藏文献布局主要有三个原则：方便用户利用的原则、充分发挥文献功能的原则、文献运转灵活的原则。目前我国图书馆的藏书模式主要以三大块模式和三线制模式为主。三大块模式是我国图书馆的传统布局模式，按照文献的利用率及服务方式把文献库分为基本库、辅助库、专门库。基本库收藏所有类型的文献，辅助库入藏具有现实针对性、利用率较高的文献，专门库保存一些需要特殊保管的文献。

三线制模式是按照文献利用率高低、新旧程度、服务方式，将馆藏文献依次划分为三个层次：一线为开架辅助库，存放利用率最高、针对性最强及最新出版的文献，供读者开架借阅；二线书库为闭架式或半开架辅助书库，存放利用率较高、参考性较强及近期出版的文献，供读者借阅；三线书库为典藏书库，存放利用率低、过期失效、内部控制的各类文献。按照我国图书馆的三大块模式，古旧文献要入藏专门书库。按照三线制模式，古旧文献应放在典藏书库，属于利用率低、内部控制的文献。

在文献布局的空间结构上，现在公共图书馆使用面积越来越大，藏书总量越来越大，功能越来越多，文献空间布局多采用复杂混合的交叉模式，古旧文献保存书库与阅览室位置水平或垂直都是可以的。但是由于古旧文献的特殊价值，特别是珍本善库、字画库等，出于安全的考虑，应该选取公共图书馆馆舍中相对隐秘的位置，避开读者人流多的地方。古旧文献不同于现代出版物，不能开架流通。公共图书馆应该设置特别的书库来保存，通常称为特藏文献库。特藏文献库也称专门文献库，是为适应某一类型出版物和某类特藏文献在管理与使用中的特殊要求而设立的。特藏文献库的收藏范围包括珍本、善本、手稿，地方文献、民国文献等，它们可在一定程度上反映文献情报机构的收藏特色，多是长期积累起来的。特藏的文献主要用于专门参考，一般是特种文献，对其使用往往有特殊规定，一般不外借。公共图书馆的古旧文献，可按文献的类型设立特藏文献库，如金石库、舆图库、善本库、报刊库等。也可以按文献内容特征来设立，比如地方文献库、名人文库等。公共图书馆可按照本馆古旧文献的实际情况来设置书库，把同类型的古旧文献与其他类型的古旧文献区分开来，以方便分类排架。同时，数量有限、不形成特色专藏、不具备单独设立专藏条件的古旧文献，可适当选择存放方式。如国家图书馆设有手稿专藏及抄本、刻本、善本专藏等。上海图书馆典藏历史文献的书库有善库、普通古籍书库、碑帖书库、家谱书库、近代文献珍本库、近代文献流通库等。大中型公共图书馆有地方文献专藏、历史文献专藏、古籍善本专藏等。

古旧文献设立分类典藏书库，可以便于分类排架，便于库房设施设备建设，便于库房条件控制，也便于工作人员查找利用。同时，古旧文献特藏书库也要适当预留空间，为将来补充入库的文献留下存放位置，以免造成倒库的压力。

（二）文献排架

文献收藏机构将所收藏文献按一定的次序存放在书架上的工作活动，称文献排架。文献排架的目的是将馆藏文献有序地排列在书架上，并形成一定的检索系统，使每一种文献在书架上都有固定的位置，工作人员和读者根据排架方法，能准确地查找到所需文献并将文献归架。馆藏文献排架方法，按文献的特征，可分为两种类型：一种是以文献的内容特征为标志的内容排架法，包括分类排架、专题排架，其中，分类排架是主要的；另一种是以文献的外在特征为标志的形式排架法，包括字顺排架、登记号排架、固定排架、年代排架、书型排架、文种排架和文献装帧形式排架等。其中，字顺排架、登记号排架、固定排架是最常见的几种排架法。

古旧文献采取不同的方法进行分类，其作用之一就是便于馆藏分类排架。给古籍排架，如果选用的是《四库全书总目》分类法，就直接按经、史、子、集的部类排列，同一类目下可按作者的朝代顺序排列。因为《四库全书总目》分类法本身没有分配号码，有的图书馆就直接用类目名称按字顺排列，也有的图书馆自己配上号码代表相应的类目名称，如用阿拉伯数字"1、2、3、4"或用干支"甲、乙、丙、丁"、汉字数码"一、

二、三、四"等。考虑到古籍数字化检索的需要，在使用数字配号时，还是采用阿拉伯数字为宜，这样便于计算机处理。如果选用的是《中国图书馆图书分类法》等新式分类法，则有下列两种排架方法。一是按古籍的内容属性排架，即分类排列法。它是依《中国图书馆图书分类法》等新式分类法对古籍进行分类，按分类号依次对古籍进行排列；同类的古籍，再依种次号排列。所谓种次号，就是表示同类书排列先后次序的号码，可按著者姓名字顺、书名字顺、出版年代顺序或登记号顺序排列；同一古籍的复本，注释、考订之作，再在种次号后面加上其他区分符号，如复本号等。

分类排架法是图书馆采用比较普遍的一种古籍排架方法。其优点是：藏书排列有一定的逻辑体系；同一类古籍及其复本、不同版本可以集中在一起，便于按内容系统取书和归架。其缺点是：索书号由分类号、种次号、复本号或其他区分符号组成，显得过于冗长；有的分类号下并没有古籍，但必须预留书架的位置，造成书库空间的浪费；每增加很少的几种古籍，都有可能造成倒架。不过由于古籍是历史遗留物，其品种和数量的增加都极为有限，大多数图书馆都采用这种排架方法。二是按古籍的形式特征排架，主要有登记号排架法、固定排架法、字顺排架法、年代排架法、地区排架法、版型排架法等。登记号排架法，就是直接把古籍的财产登记号作为索书号，依次上架的排列方法。它又可以分为一部一号与一册一号两种。实践证明一册一号优于一部一号，原因是前者更符合财产登记的规范，而且对于大部头的多册次古籍而言，按原有的卷次顺序加上登记号排列，操作相对简单得多。固定排架法，即按古籍到馆的先后顺序，编成固定的排架号上架，其索书号由架号、层号、列号组成。

（三）文献保管

收藏文献的目的是利用，而利用则必须以文献资源的有效保管为前提。有效地保护好馆藏文献，延长其使用寿命，为现在和将来的人们利用这些文献资源创造条件，发挥文献资源潜在的使用价值，是文献保管单位的重要任务。各种类型的文献载体都会受其保存环境的影响。热量、水分、光照和各种污染物可能会制造并催化一些破坏性的化学反应，温暖或潮湿的环境可能会加速霉菌及昆虫的繁殖，这使得文献资料，尤其是纸制品，容易受环境影响而损坏。依靠对各种环境因素的控制，构建适当的文献保存环境，可以在一定程度上减缓文献的损坏速度，延长文献的保存及使用寿命。对文献载体产生影响的主要环境因素包括温度与湿度、光照、空气污染、生物侵害等，因此，构建文献保存环境也需要从这几个方面综合考虑。

二、古旧文献修复

古旧文献是以物质载体记录知识信息，物质载体存在形成、发展、衰退的自然过程。

加上难以预料的各种自然灾害和人为因素，古旧文献经常会出现破损，慢慢破旧，处于趋于毁灭的境地。对古旧文献进行修复，就是要采用传统的手工修复技艺，结合现代科技方法，把古旧文献损坏部分进行修补，恢复其原来面貌，挽救濒危文献，延长古旧文献的寿命。古旧文献载体形式不一，修复方式方法也存在较大差异。

（一）古籍修复

古籍最主要的载体是纸张。古籍用纸多通过手工，将植物纤维原料经由石灰或碱处理制成，因其含碱性高，加以韧皮植物纤维韧性较强，因此耐久性较好，具有保存时间长的特点。所谓"纸寿千年"，一些古文献历经数百年甚至上千年，仍能完好地流传于世。但是随着时间的推移，多重因素造成了文献损坏。为了保护这些宝贵的文化遗产，千百年来，人们进行了不懈的研究探索，总结出了许多精湛高超的修复破损古籍的技艺，古籍修复逐渐成为一门独立的专业技术。明万历时期，出现了专门讲述书画、古籍、碑帖修复装潢的著作-周嘉胄的《装潢志》。清乾隆年间孙从添编撰的《藏书记要》、1911年叶德辉编撰的《藏书十约》分别介绍了几种古籍修复技术。

20世纪中期以来，中国古籍修复工作发生了较大变化，古籍和古籍修复人员都向大中型图书馆集中，古籍修复的规模化和集体化成为常态，修复师修复古籍的目的由原来书店的销售转向图书馆的保存和利用。一些高校也开设了古籍修复专业，比较系统地培养修复技术人才，古籍修复工作的科学化、标准化和规范化正在逐步推进。2007年中华古籍保护计划实施以来，中国古籍修复及其技术应用都是政府主导的。国家古籍保护中心承担着古籍修复标准的制定、古籍修复经验的总结、古籍修复教科书和标准使用手册的编制以及古籍修复实验和研究的职责。《古籍修复技术规范与质量要求》的颁布实施，把中国古籍修复技术体系的构建推进到了一个新的阶段。该标准分为六部分，以明确、具体的规定构建了古籍修复工艺、检验和质量等级等核心技术的指标体系，指导了全国的古籍修复工作。古籍修复的相关标准还有《古籍特藏破损定级标准》《图书馆古籍修复人员任职资格》等。截至目前，我国已公布全国古籍重点保护单位180家。为进一步加强古籍修复工作，在各地申报和专家实地考察、评审的基础上，经审核，国家图书馆、上海图书馆、南京图书馆、浙江图书馆等12家具备较好修复工作条件的全国古籍重点保护单位被文化和旅游部确立为国家级古籍修复中心，承担国家珍贵古籍的修复工作。

（二）民国文献修复

我国民国期间印刷出版的文献损毁现象较为严重，其中纸张酸化造成的文献损毁尤为典型。相较于宋元明清时期的文献，民国文献存世不长，但它们却比古籍文献更趋近"死亡"，约70%酸化严重，部分已经无法利用。古籍所用的宣纸大部分采用植物纤维制作，纸张呈中性或碱性，并且在制作时就考虑到了防虫、防蛀等问题，加入了中草药成分，成书一般还有函套在外保护，因此保存相对要好得多。民国正是手工造纸向近代机械造纸过渡的时期，造纸材料混杂，机械造纸制浆工艺落后，文献用纸多为机械磨木浆纸和酸性化学浆纸，酸性强，质量差，保存期短。另外，这一时期的图书装帧形式多数是西式装订，即装订线放在书皮里面，但由于当时的这种装帧工艺还很落后，在使用过程中很容易造成破损。由于资金、场地所限，时至今日，大部分民国图书仍裸露放置在非恒温恒湿、不避光、不防尘的书库中，与当代普通图书"享受同等待遇"。在一些革命老区和基层图书馆里，保管条件甚至更差。根据研究，民国普通报纸的保存寿命一般为50-100年，图书的保存寿命为100-200年。一些大型文献机构的民国文献库中许多图书的纸张已发黄变脆，严重的已经散成一堆，无法装订。因此，纸张去酸是民国文献保护工作中的重要内容。

1.脱酸法

目前处理纸张酸化的方法主要是脱酸，包括液相脱酸法（水溶液脱酸法和有机溶液脱酸法）、气相脱酸法、固体脱酸法。这些方法的基本原理是使用碱性物质中和纸张中的酸性物质：将弱碱渗入纸页内部，中和掉已经产生的游离酸，并使脱酸后的纸页保留一定的弱碱性，抑制纤维进一步水解，防止或延缓保存环境中可能的酸性气体对纸张的侵蚀，尽可能恢复纸张的柔软度和耐折度。这对延缓纸张老化大有帮助。为开展民国时期文献原生性保护，国家图书馆民国时期文献保护中心开展了一系列科研工作。2015年，国家图书馆古籍保护科技重点实验室在民国时期文献保护计划的支持下，承担了"民国时期文献脱酸研究与脱酸设备研制"项目，2016年成功研制出一套有效的脱酸工艺和设备，自主研发去酸液并应用于批量文献的去酸。文化和旅游部组织的2015年度国家文化科技提升计划项目，由南京博物院与南京工业大学、南昌八一起义纪念馆、南京瑞升激光技术有限公司合作承担了"智能化脱酸技术在整本图书保护中的应用研究"项目。该项目以整本图书为研究对象，以具有脱酸、加固、固色等功能的纳米级碱性物质为脱酸剂，采用自动翻页和雾化喷涂相结合的技术，实现对整本图书的智能化脱酸。图书、档案、文物等领域近几年相继都在开展纸张去酸的研究，研究内容主要包括去酸剂的筛选、设备的开发和应用效果的研究等，去酸剂的研制是其中的核心。

2.加固法

民国文献因为酸化，纸张的强度下降，文献上的字迹也可能因磨损而消失。因此，修复人员开始考虑采用加固技术提高纸张以及字迹的耐久性。托裱法是针对脆化书页而普遍使用的修补方式。民国图书由于纸张老化，书页变脆、变黄，甚至脱屑、掉渣儿，只能利用托裱法将脆化的书页整页托裱起来，利用托纸的拉力强度增强被修复书页的强度。但是民国书基本属双面印刷，正反面均有文字，这时选取的托裱纸张一定要注意其白度、透光度、厚度等因素，以保证托裱后的书页依然可以辨识，既达到保护的目的，又不影响可读性。薄膜加固技术。薄膜加固是指在单张纸质文献的正反两面或者一面加上一层透明的塑料薄膜，以保护字迹和纸张、方便利用的方法。一些破损比较严重或者暂时难以处理的单页文献，可以采用这种方法进行加固。

薄膜加固技术主要有热压加膜和溶剂加膜两种。热压加膜是使用热加膜机在纸张的一面或者两面热压上一层棉纸和热塑性树脂薄膜（如醋酸纤维素薄膜、聚乙烯薄膜或聚酯薄膜），在热和压力的作用下，薄膜变软并渗入纸张和棉纸内，三者形成一个整体。溶剂加膜法是指使用有机溶剂，将透明薄膜黏合在纸张上的方法。薄膜加固技术的缺点是可逆性差，不透气。丝网加固技术能解决两面有文字且不能用传统托裱法修补的脆弱纸质文献加固问题。使用的丝网由单根蚕丝织成，丝网上喷涂热熔胶（如聚乙烯醇缩丁醛胶黏剂），在一定温度和压力下，使丝网与纸张结合在一起。使用时可按照丝网一待加固纸张一丝网的次序排列，放入两张氟塑料薄膜之间，用电熨斗熨烫，使三者粘连，然后取出摊凉并揭下氟塑料薄膜即可。蚕丝的主要成分是蛋白质，由纤维状丝素蛋白组成，耐热、耐酸，不易被酶分解。此技术操作简便，材料耐老化，纸张加固后手感较好，可逆性也好，用酒精水溶液浸涂后可以揭下来，应用于一般的纸质文物保护具有一定的效果。

3.补缺法

纸浆补书机由国家图书馆善本部图书修整组研制，主要用于修补破洞多的单页书页面。纸浆补书机修补有破洞的书页时，把需要修补的书页放入补书池中的托架上，然后再注入纸浆，补书机就会利用书页下方的负压抽吸作用，加速纸浆溶液下泄的速度，提高纸浆溶液下泄的力量，使纸浆附着在书页上。十几秒之后，书页上的纸浆排净，所有的破洞都被纸浆填满了，原本千疮百孔的书页，便完好如初。用纸浆补书机修补书页，既不会遮挡字迹，又能增强纸张强度。与传统的手工修复方法相比，纸浆补书机修补技术具有快速、美观及与原纸质同质融合性好等优点。纸浆补洞材质的选择，对于修复后文献的美观、稳定和保存有着至关重要的影响，修复用胶黏剂常作为纸浆补孔材料使用。

（三）特殊形式文献修复

1.唱片

发现唱片受潮后，应及时使用绒布或者棉花小心擦拭干净，并放在通风处风干，但不宜使用吹风机或者其他设备烘干，以防温度过高将唱片烘变形。应使用专用的唱片刷或脱脂纱布顺声槽方向轻轻擦拭，将尘埃扫去。如果能蘸上抗静电液使用，效果更好。也可使用唱片防护涂膜（可形成固体润滑型薄膜的喷雾剂），增加唱针和声槽间润滑度，减少静电产生和灰尘的吸附。唱片表面出现指纹、水渍、油渍或其他污渍时，可使用唱片黏膜（一种涂在唱片上的专用清洁液体）涂抹在唱片表面，待干透后将薄膜撕下，即可带走尘埃和污渍。金属模板唱片出现锈迹、斑点和氧化膜后，可及时用软刷蘸汽油洗涤，清洗干净，重新涂油包装；取拿模板时戴上手套，不能用手触摸板面的声槽，以防手上汗渍污染腐蚀模板。当发现唱片翘曲后，应立即停止使用，用两块厚玻璃夹住唱片，用夹子固定放置一段时间，使唱片恢复平整。但注意玻璃不能太重或夹得太紧，以防压力过大压裂唱片，同时由于唱片对热敏感，不能加温，否则虽然形状恢复，但是对长久保存不利。如果唱片表面声槽出现杂质、鱼眼，声槽明显发白、发亮，唱片表面有线状拉毛现象，都会影响音质。可选用清除器（一种特殊的电路装置）以补偿划伤部分的信号损失，滤去杂音。

2.缩微胶片修复

胶片文献是由透明软片为支持体（片基）的感光材料制成的，是记录声像信息的重要文献。公共图书馆藏有的胶片文献主要以缩微胶片为主。胶片文献在保管和利用过程中因自身制作材料和工艺、使用和保存等因素，可能会出现扭曲、变形、表面擦伤、撕裂、孔洞、乳剂层脱落等机械损伤，灰尘、油污、霉斑等污损，胶片上也可能出现影像密度下降、色彩变暗、胶片粘连等。根据不同的受损原因和损害程度，应采用不同的修复方法。

第四节 古旧文献信息管理

一、缩微复制

"缩微"是高倍缩小的意思。缩微技术，是一种利用摄影的方法，把经过编排和整理的原始文献缩小并记录在感光胶片上，经过冲洗加工制成拷贝的技术。采用缩微复制方法对历史遗留的古旧文献和稀有珍贵文献进行拍摄，是进行文献保护的有效手段，可赋予那些濒临绝迹的传世珍本新的生命，重新提供给用户使用。1985年由文化和旅游部图书馆司组织成立的全国图书馆文献缩微复制中心（简称"缩微中心"），协调全国公共图书馆对1949年以前出版的期刊、报纸、古籍善本开展抢救工作。该中心有计划地开展了普通古籍、少数民族古旧文献、外文古旧文献、传世稀少的金石善拓、古旧地图、旧平装书、革命文献、地方文献、中华人民共和国成立后报刊等文献的调研和缩微工作。

自成立之日至今，缩微中心在全国公共图书馆建立了23个缩微点，为几十个图书馆添置了上百台缩微设备。利用缩微技术保护复制古旧文献，可以将上万册纸质文献压缩为几张胶片，节省存储空间。由于缩微技术采用直接拍摄成像的记录方式，可以将古籍或其他纸质文献中的生僻字、繁体字、批注、图像等真实完整地记录在缩微胶片中。这不仅有利于读者查询检索，还有利于文献资料的出版等二次应用。同时，由于缩微胶片的使用，大大减少了古旧文献原件的翻阅率，减少了古旧文献的人为磨损概率，有利于文献的保护。把古旧文献通过缩微技术制作成的缩微胶片，形成了新的文献资源形式-缩微文献，可以满足用户的各种信息需求。

（一）缩微复制的特点

1.存贮密度大，便于存贮和传递

用缩微胶片代替普通纸张载体存贮，可将原件按一定的缩小比例记录在胶片上。一般缩率为17-1/48，超高缩小比率可达 1/00-/250，按其面积可将原件缩小至 10000-1/62500，这给现代社会档案、图书和情报资料的存储提供了方便，可以节约 90%-98% 的库房面积。由于缩微品的体积和重量比原件小，因此存储和传递十分方便，即使有战争或其他意外，转移缩微品也十分方便。

2.规格统一，查找方便迅速

普通文献的尺寸规格和形状各式各样，保管比较困难。而各种不同幅面、不同地基、不同形状的原件均可以缩摄在同一规格或仅有几种规格的缩微胶片上，不仅便于存贮，而且便于自动化检索。采用机械检索或计算机辅助检索，查找十分方便迅速。

3.记录准确，能保护原件

缩微胶片不仅能将文献原件的形状、格式、内容等真实地记录下来，还能再现文献原件的细微部分。当转录时不需要字字校对，绝不会出现遗漏现象，具有较高的可读性，其解像力和清晰度等指标远远超过其他的存贮复制技术。缩微品代替文献原件使用，可以起到保护文献原件的作用，可以延长文献原件的寿命。不易长期保存的各类文献资料一经制成缩微品后，只要是经过合理的加工是能长期保存的。

4.复制速度快，便于传递和使用

运用缩微技术能在短时间内拍摄大量原件的图形、文字和数据。例如：轮转式摄影机每分钟在规格统一的缩微胶片上可连续拍摄 600-700 页。文献资料的缩微品，只要配备一定设备，就能拷贝多代复制件，包括放大阅读和复印，方便易行，速度又快，可供大量分发和交流，从而大大提高了文献资料的利用率和经济效益。缩微品的容量大、体积小，邮寄传递十分方便，便于国内外传送和相互交流。缩微品能把分散在全国各地的文献资料信息集中起来，相互交换使用，也能把失落在国外的文献搜集回来。

5.成本低，保存寿命长

采用缩微品存储信息，节省了空间和时间，因而也获得了较好的经济效益，缩微品拷贝的价格要比硬拷贝低得多。文献缩微后，所需库房面积大大缩小，因而可以更有效地改善保管条件，延长缩微胶片的保存寿命。在保存时间上，现阶段没有可以超过缩微胶片保存时间的媒介。相关资料显示：醋酸片基缩微胶片的预期寿命超过 100 年，聚酯片基缩微胶片的预期寿命超过 500 年。文献资料摄制成缩微品存储，不仅可以保护原件和原底片的安全，还可以拷贝成多个副本，以便分散保存和利用，从而避免由于人为或自然的损害造成无法挽回的损失。

6.不足之处

需要专门的缩微摄影、冲洗加工、阅读复印、质量检查等设备，因此一次性投资较大。缩微胶片影像细微，必须借助于缩微阅读器或放大还原后才能阅读，在光学屏幕上阅读缩微文献，眼睛容易疲劳，需要一个习惯过程，操作阅读器进行阅读也不方便。在阅读纸质文件、书刊时，读者可随时在上面加批注，而缩微品就无法满足这些要求。缩微品是可以长期保存的，但是需要符合要求的保管条件，如果在湿度大、温度高的环境中保存，缩微胶片可能很快被损坏。一般来说，同纸质档案和书刊的保管条件相比较，缩微胶片的保管条件更高，对库房及环境条件要求更严格。

（二）缩微复制品的形态

1.卷式缩微品

卷式缩微品是以卷式胶片摄制，并最终以卷式胶片使用的，卷绕在片芯、片盘中的缩微品。它是缩微品的主要形态，使用历史也最久，至今仍在广泛使用。卷式缩微品按其宽度的不同可分为 16mm 卷式缩微品、35mm 卷式缩微品、70mm 卷式缩微品和 105mm 卷式缩微品等。古籍缩微以每页（即左右两个半页，下同）古籍为一个全格（以往亦有以每页古籍为半格者，现已很少再用），每卷 35mm 缩微胶卷可摄制 600-900 页。每卷 16mm 缩微胶卷可摄制 1200-1500 页。目前国际标准逐渐趋于 16mm 宽度。

2.片式缩微品

片式缩微品是指以单张胶片为单位进行管理和使用的散页缩微品。由于使用的目的和要求不同，常用的片式缩微品可以分为条片、封套片、开窗缩微卡片和缩微平片等几类。平片的贮存、检索都比胶卷更科学合理。每张平片上都有肉眼可以识别的标头或题款，标明每张平片的书名、著者、版本、卷次、平片号等，标头或题款在白色突起的导耳衬下可以看得很清晰。平片可以装在订成书本式的封套中，读者可以通过标头很顺利地将需要的资料取出或放回封套中。其检索的范围要比胶卷小得多，因而速度也就快得多。

一张平片在平片阅读机上可以被上下、左右任意查询，加快了检阅速度。同时平片还可免去胶卷倒片、装片等繁琐劳动。国内有关缩微制品的国家标准，可查阅由全国文献影像技术标准化技术委员会编写的《文献影像技术国家标准汇编》。该书汇集了截至 2007 年 6 月发布的现行国家标准、国家标准指导性技术文件共计 63 项，共分为两卷：《文献影像技术国家标准汇编：方法卷》收集国家标准 26 项、国家标准指导性技术文件 7 项；《文献影像技术国家标准汇编：基础、质量、设备卷》收集的均为国家标准，其中基础标准 11 项，质量标准 15 项，设备标准 4 项。

受国际文化遗产保护大环境的影响，以及我国文献保护行业理论和实践的深入，规范保护技术操作程序的重要性和必要性逐渐凸显出来，图书馆、档案馆和博物馆等文献保藏机构开始加快标准化建设的步伐，力图通过标准和规范，使各种文献保护技术、质量和安全有章可循并得到保障。在缩微复制品的制作方面，除了文献影像技术国家标准之外，还颁布了行业标准《缩微摄影技术在 16mm 卷片上拍摄档案的规定》和《缩微摄影技术在 A6 平片上拍摄档案的规定》加以规范。2002 年 11 月 29 日，国家档案局发布了行业标准《档案缩微品制作记录格式和要求》，对档案缩微品制作过程中记录的种类、基本内容及其构成和填写方法加以规范。所谓档案缩微品制作记录，是指在档案缩微品制作过程中产生的，记录各道制作工序实际工作状况的原始文字、表格等，其记录内容包括工序种类、使用设备型号及其参数、出现的问题及处理、缩微品质量检测、各工序负责人等。《档案缩微品制作记录格式和要求》包括 11 个资料性附录，规定了缩微拍摄前档案整理编排记录、缩微拍摄档案制作记录、缩微胶片冲洗制作记录、档案缩微品质量检测记录、档案缩微品拷贝制作记录、档案缩微品剪接加工制作记录，档案缩微品拍摄任务批准书、缩微拍摄档案原件证明书、缩微拍摄档案说明、缩微拍摄档案更正补拍说明、档案缩微品移交清单等的格式。

（三）缩微品的数字化

缩微技术及其文献具备的优势相对凸显，但是在利用效率上有待提高，所以要将其和计算机先进技术、网络先进技术加以融合，提供缩微技术长久应用的动力支撑。缩微胶片数字化技术是利用专门的胶片扫描仪、计算机软件将缩微胶片上记录的图文信息转换为数字图像的技术，即将缩微胶片上的文献资料进行数字化处理，直接存储到数字化存储介质中，以便于读者查阅和出版利用。

该技术优势在于将缩微技术与数字技术融合在一起，一方面可以继续发挥缩微胶片长期保存的优势，另一方面可以满足当下读者对数字图像的需求。目近年来，全国各大文献收藏单位利用现有的缩微品资源，通过缩微胶片数字扫描系统，使胶片上的模拟影像数字化，从而转存到光盘等其他数字介质上，并开发了诸多缩微古籍数据库，大大增强了缩微文献抢救工作的活力。中国国家图书馆的缩微文献数字化工作 1998 年即已开始实施，已经建立起一套缩微影像扫描系统，为读者提供了快速检索、浏览及资源共享、远程信息传递等便捷服务，使文献的利用率大幅度提高。全国图书馆文献缩微复制中心自 2003 年开始，仔细调研并引进了整套缩微胶片扫描设备，从 2005 年开始改进缩微传统技术，应用数字技术，启动了图书馆的缩微胶片数字化专项任务。在转换实验和实际工作中，缩微中心建立了一套具体而实用的缩微胶片数字化工作流程和严格、细致的加工操作规范。目前缩微中心正在全面开展民国期刊的缩微胶片数字化项目，是以缩微胶片上的文献内容为蓝本进行全部转换，最终呈现出近乎原始文献的全部数字图像。

广东省立中山图书馆作为全国图书馆文献缩微复制中心的成员馆之一，自1998年即开始引进缩微数字化设备，对缩微文献进行数字化，文件保存为图片格式，建成缩微文献全文数据库，使大量的缩微文献实现了计算机和网络利用。该数据库目前有民国时期旧报纸400多种，古籍善本300多种，共65万多幅图片，存储量达280GB。天津图书馆缩微文献影像数据库收录有民国期刊、民国报纸和古籍文献等缩微文献的全文影像。湖南图书馆缩微文献目录查询系统可以实现该馆缩微品文献目录检索，读者可在该馆局域网或互联网检索该馆缩微品文献目录数据。此外，江西省图书馆缩微品目录查询系统、重庆图书馆缩微目录查询系统也都很有特色。

二、信息检索

信息检索，指将信息按照一定的方式组织和存储起来，并根据信息用户的需要揭示、查找、传递相关信息的过程。狭义的信息检索仅指信息的查找，是指从信息集合中找出用户所需要的有关信息的过程。狭义的信息检索包括三个方面的含义：了解用户的信息需求；掌握信息检索的技术或方法；满足信息用户的需求。公共图书馆的古旧文献要提供给用户使用，需要建立起检索的途径和方法，在古旧文献和用户之间充当媒介。通过检索工具，使用户需要与文献内容相匹配。查找古旧文献需要用的工具书种类繁多，主要包括书目、索引、字典、辞典、年鉴、手册、年表、图谱、政书、类书和百科全书等。公共图书馆通过自行对馆藏文献进行组织，形成的检索工具主要有书目和索引。随着计算机技术和网络通信技术的发展，公共图书馆还可以建立古旧文献书目、文献资源数据库等网络检索系统，以满足互联网用户在数字终端检索的需要。

（一）古旧文献检索工具

1.书目

书目是图书目录的简称，是把一批相关文献按照一定方式编排起来并进行系统著录的检索工具，可以用来检索各类型、各时期的国内外文献的出版和收藏情况。作为一种检索工具，书目的基本功能就是描述和揭示文献以供检索，这是设立书目的宗旨。书目不仅著录书名，还描述文献的主要信息，从而提供篇名、主题、分类、著者等多种检索途径。随着书目向数字化、网络化过渡，书目的检索功能日益增强。

书目有很多类型，适用于不同的文献收藏机构和文献类型。与公共图书馆古旧文献相关的书目主要有登记目录、馆藏目录、联合目录、地方文献书目等。登记书目是为全面登记和反映一个时期、一定范围或某一类型文献的出版，收藏情况而编制的书目。国家书目是登记书目的主要类型之一，是全面系统地揭示与报道一个国家出版的所有文献的总目，反映了一个国家的文化、科学和出版事业的水平。我国数十名学者曾在1925-1942年续修《四库全书总目》，著录《四库全书》未收及其后出的古籍3万余种。查找辛亥革命时期出版的图书可以看《民国时期总书目》。这是一套大型回溯性书目，收录1911-1949年9月我国出版的中文图书12万余种，主要是北京图书馆、上海图书馆和重庆图书馆的藏书，按学科分为哲学、宗教、艺术、历史、理、医、农、工等，各册均附有汉语拼音书名索引。

登记目录可以为公共图书馆的古旧文献资源建设、管理等工作提供参考，为用户服务提供借鉴，公共图书馆也经常参与登记目录的编写工作。馆藏目录是揭示和报道一个图书馆或其他信息机构所收藏各种文献的一种书目，主要是为读者利用图书馆文献指引门径。过去以卡片目录为主，现在多通过联机公共检索目录（OPAC）提供服务。目前，大型公共图书馆对古旧文献各类资源的目录编制工作非常重视，编制了全面记录馆藏的卡片目录、财产登记目录、联机公共检索目录、书本式目录，等等。联机公共检索目录最大的特点就是比纸质目录更加方便快捷，为用户提供了更加迅速的网络检索服务。上海图书馆古籍书目查询系统，收录上海图书馆收藏的中文古籍，包括刻本、活字本、抄本、稿本、校本，民国年间出版的石印本、影印本、珂罗版印本及普通古籍阅览室开架陈列的影印本，共计12.9万余条。其中普通古籍8万余条，丛编子目28万余条，善本古籍1.3万余条（其中开架陈列的影印古籍10678条）。著录项为文献题名、责任者与责任方式、写刻出版地、写刻出版者、写刻出版年、版本类型、丛书名、批校题跋、存佚、补配、附件责任者、馆藏号。著录字体用标准繁体字。分类采用四库分类法。支持基本检索和高级检索两种检索方式，用户可通过导航区中的超链接进行选择。公开出版的书本式目录，可以作为馆藏古旧文献的全面记录，为众多用户提供随时检索，有利于文献信息的传播，提高馆藏资源的利用率。《国家图书馆藏民国时期抗战图书书目提要》收录抗日战争文献8000余种，包括统计资料、调查报告、年鉴、人名录、索引等工具类材料。以及笔记、日记、回忆录、访问记等记录性材料；不仅收录正式出版物，还收录当时涉密的内参和国民政府出版物、抗日根据地文献及伪政权、伪组织出版物。《国家图书馆藏民国时期毛边书举要》收录国家图书馆藏民国时期毛边书900余种，每种书都有题录，配有一幅书影。

联合目录是揭示和报道全国或某一地区或某一系统若干图书馆所藏文献的一种书目，作用是将分散在各处的藏书从目录上连成一体，开展馆际互借。近年来，公共图书馆参与编制联合目录成为一种趋势。查阅联合目录能够摸清楚地区珍贵文献的收藏现状，更广泛地满足地区用户的信息需求。2011年出版的《中国抗战大后方历史文献联合目录》

收录重庆 11 家机构所藏中国抗战大后方文献目录，涉及图书、期刊、图纸和报纸（包括缩微胶卷）。2013 年出版的《全国图书馆民国文献缩微品联合目录》收录全国图书馆文献缩微复制中心成立以来制作的民国文献缩微品 10 万余种，涉及图书、期刊、报纸。地方文献书目是为收录有关某一地区历史、自然和社会状况等文献而专门编制的一种书目。

地方文献目录可以是公共图书馆的馆藏目录，也可以是多个公共图书馆联合编制的联合目录，如《广西桂林图书馆馆藏广西地方文献目录》（上下册）。

2.索引

索引，我国古代又称玉键、针线、检目、韵检、通检、备检、引得，最先出现于明代。今知最早的索引，是明代张士佩所编《洪武正韵玉键》，分类检索《洪武正韵》所收各字，明万历三年（1575）刊行。现代意义的索引，始于 20 世纪初。"索引"一词，原是从日语引进的。一度据英文 index 译为"引得"，但通行和规范的术语是"索引"。我国最早提出"索引"这一术语的，是林语堂。1917 年他在《科学》杂志上发表《创设汉字索引制议》，不仅论述了索引的功用，还阐述了索引与学术演进的关系："近世学术演进，索引之用愈多，西人治事，几乎无时不用索引以省时而便事。"日索引是以多种书刊文献里的知识单元或事项为记录和检索单元。如字、词、人名、书名、刊名、篇名、内容主题名等分别摘录或加注释，记明出处页数，按字顺、汉语拼音或分类排列附在一书之后，或单独编成册，称为索引。索引的类型可从不同的角度和不同的标准来划分。

按索引的标引对象，可分为篇目索引、内容索引、书目索引、分类索引、主题索引、著者索引、语词索引、来源索引、号码索引、专名索引和引文索引。中华人民共和国成立后，我国的古籍索引事业得到了迅速发展。尤其是改革开放以后，古籍索引工作受到的高度关注，取得了重大进展。截至 21 世纪初，我国编制了 80 余种各类型的古籍索引。如《北京天津地方志人物传记索引》、《广西方志传记人名索引》。广西大学古籍整理研究室（后改为研究所）从 1984 年开始编制《古今图书集成索引》。经过多年的艰苦努力，从油印本、印刷版到电子版、网络版，取得了多项阶段性的成果。《中国古籍善目索引》是 2009 年 8 月上海古籍出版社出版的图书，作者是南京图书馆。《中国古籍善目》是一部中国大陆地区所藏古籍善本的总目录，分经、史、子、集、丛五部，著录了 6 万种 13 万部善本古籍。为更好地方便研究者利用这部大型书目，南京图书馆组织人员历时数载，编纂了"书名索引"和"著者索引"。两种索引的编成，无疑是对《中国古籍善目》的补充和完善。

20 世纪 90 年代后，计算机技术与古籍索引编制结合，古籍索引研究出现了前所未有的机遇，古籍索引的编制也迎来了电子化时代。古籍索引电子化是指古籍索引编制过程的计算机化，其内涵包括两个方面：一是用计算机编制的各种纸质形态的古籍索引；

二是用计算机表达的古籍索引系统。电子版古籍索引具有容量大、体积小、检索效率高等诸多优势，其一出现就受到索引界的高度重视。有关古籍文本的索引编制和自动化工作的探索活动一直在持续、稳步发展。1991-1995 年，由栾贵明等人编著的《全唐诗索引》30 种由中华书局陆续出版，该书是在中国社会科学院计算机室所编《全唐诗数据库》基础上编成的逐字索引，按作者分册，逐字标引该作者诗作，注明出处，非常方便查找唐代诗人诗作。这是大规模利用数据库编制索引的较早实践之一。

（二）古旧文献检索的常用工具

1.《四库全书总目》

该书亦称《四库总目》《四库提要》，清永瑢、纪昀等撰，成书于 1781 年。中华书局 1965 年据乾隆六十年（1795）浙江刻本影印出版，由王伯祥断句，附书名及著者姓名索引。在纂修《四库全书》的过程中，对收进《四库全书》的全部书籍和一些未收进《四库全书》的书籍均分别编写了提要。把这些提要分类编排所汇集而成的书目，就是《四库全书总目》。《四库全书总目》共 200 卷，著录书籍 10 254 种 172 860 卷，其中包括未收进《四库全书》的书籍 6793 种 93551 卷，附于每类之后，谓之"存目"。《四库全书总目》所收书籍包括从先秦至清初传世的绝大部分。《四库全书总目》分经、史、子、集四部，大类下根据需要各分设若干小类。如史部又分"正史、编年、纪事本末、别史、杂史"等。

《四库全书总目》的部、类前有大、小序，以说明该类书籍的学术源流，对"排章学术，考镜源流"具有重要意义。《四库全书总目》是对查找现存古籍、了解古籍内容十分有用的工具书。但它成书时间较早，收书较严，当时被禁毁、后来出现的古籍均未收录，同时，内容上也有不少错误，领查考其他著作或书目予以修改、补充。《续修四库全书总目录、索引》，《续修四库全书》编纂委员会、复旦大学图书馆古籍部编，上海古籍出版社 2003 年出版。《续修四库全书》收录了《四库全书》编纂完成后迄于清末（大体止于民国初年）的学术著述，其中包括《四库全书》失收（遗漏、摒弃、禁毁）、存目而确有学术价值的古籍，以及《四库全书》所不收的有重要文学价值的戏曲、小说，新出土的简帛类古籍而卷帙成编者。《续修四库全书总目录索引》的总目录按子目书名所属经、史、子、集四部分别编排。索引包括子目书名和著者人名两部分，均按四角号码分别排列。书名、人名后所标"第某某册"，为《续修四库全书》书脊所印之册次。

2.《中国丛书综录》

《中国丛书综录》是中华人民共和国成立后国家编修的首批大型古籍工具书之一，由上海图书馆编，顾廷龙主编，中华书局 1961 年出版，上海古籍出版社 1982 年新版。该书收集了北京、上海、南京、杭州、广州、武汉等 41 个中国主要图书馆（1982 年重印时增加了 6 个馆）所收藏的古籍丛书 2797 部共 7 万多种。全书分三册。第一册《总目分类目录》，分汇编、类编两大部分，附有丛书书名索引、全国主要图书馆收藏情况表；第二册《子目分类目录》，按经、史、子、集四部编排；第三册《子目书名索引》和《子目著者索引》，以四角号码检字为序。《中国丛书综录》比较完备地反映了历代出版的古籍丛书概况，是我国历史上收辑范围最广的一部古籍目录书。为使其更臻完善，湖北省图书馆的阳海清将多年所聚资料整理成册，编成《中国丛书综录补正》，江苏广陵古籍刻印社 1984 年 8 月出版。此后，阳海清又编成《中国丛书广录》，1999 年湖北人民出版社出版。《中国丛书广录》除了收录目前实存的古籍丛书外，也收录今已仅存书目的古籍丛书，还包括近几十年之整理本以及国外和中国港澳台地区出版的古籍丛书，共 3279 种，含子目 50 780 种。《中国丛书广录》踵武《中国丛书综录》而作，但又极力避免与其重复。凡《中国丛书综录》已收者，《中国丛书广录》不再收录（书名、著者、卷数、版本不同者仍予收录）。《中国丛书综录》和《中国丛书广录》两部书目索引是学者查找古籍丛书必备的工具书，合《中国丛书综录》与《中国丛书广录》二者，可以较完整反映我国古籍丛书的面貌。

三、整理出版

中国的文献整理，有着悠久的历史和传统。从孔子删《诗》、刘向校书，直到清人编定《四库全书》，大规模的古籍整理持续不断，影响深远。随着印刷技术的进步，中华书局、商务印书馆等近代著名出版机构，编纂出版了《百衲本二十四史》《四部丛刊》《四部备要》《丛书集成》等大型古籍丛书，在近代出版史上形成了一个古籍整理出版的热潮。中华人民共和国成立后，和国家对古籍整理事业给予了高度的重视和巨大的支持。1958 年，专门设立了古籍整理出版规划小组。1960 年，第一个"国家古籍整理出版规划"，即《三至八年（1960-1967）整理和出版古籍的重点规划》正式制定。1981 年 9 月，发布《关于整理我国古籍的指示》，为古籍整理工作指明了方向，提出了明确的目标。2007 年，《办公厅关于进一步加强古籍保护工作的意见》提出，进一步加强古籍的整理、出版和研究利用。据统计，中华人民共和国成立以来我国整理古籍近 2.5 万种，近年来平均出版 2000 多种。几十年来，推出了一大批能够体现国家水准、传之久远的精品工程，如点校本"二十四史"和《清史稿》《中华大藏经》《甲骨文合集》《敦煌文献合集》《新中国出土墓志》《中国古籍总目》《续修四库全书》等。国中华人民共和国成立初期，人民出版社、上海文艺出版社影印出版了民国时期共产进步刊物、文艺类进步刊物，以零星出版为主，不成体系。

2000 年后，民国文献的整理出版日渐活跃，出版风格呈现大型化、规模化、专题化、系列化特点；资料来源从以期刊、图书为主，扩展到索引、日记、书信、手稿、调查报告、公报、法规、制度、公库、会议汇编、档案史料等多种类型。2007 年 8 月，国家图书馆专门成立民国文献资料编纂出版委员会，并以"民国文献资料丛编"和"民国期刊资料分类汇编"的形式，出版了《民国大事史料长编》《民国时期图书出版目录汇编》《文献丛编全编》等 40 余种丛书，收录民国文献书目 1000 多种。

（一）影印出版

在文献整理中，影印出版是一种重要的方式。影印文献忠实于文献原貌，使文献的真实性、完整性、原生态性得到高效、充分的揭示，对整理出版和研究传统文化典籍起着不可替代的作用，是对古旧文献进行再生性保护的重要手段。

影印古籍是古籍整理的一部分，专指采用按原本照相或电脑扫描制版复印的方法出版的古籍。主要适合于珍本、善本和大型丛书，以及基本古籍的整理出版。有些古籍的孤本、善本，要采取保护和抢救的措施，散失在国外的古籍资料，也要设法复制，同时要有系统地翻印一批孤本、善本。对于研究者必需的大型古籍图书和丛书，有的不必标校整理，有的虽然需要标校整理，但非短期能完成，可采取影印的办法。

近代以来，随着西方照相技术的传入，通过拍照获得古籍文本图像，再以石印技术、珂罗版技术复制出版，解决了古籍易丢失、易损坏、难保管、难借阅的问题。近代商务印书馆便以石印技术影印了《四部丛刊》初、续、三编，百衲本廿四史等。与此同时，中华书局为了与商务印书馆竞争，也影印了《古今图书集成》等书。古籍的影印可分为两大类型。一是保存古籍原貌的仿真影印，版框尺寸、开本大小、装帧形式还是和旧式保持一致。

（二）校释出版

校释，主要是指对古代文言文的点校、注释、翻译、考论之类古籍整理工作。校释出版，主要是针对非白话文的古籍，使用白话文的民国文献一般不采用此类方式。同种古籍原文往往可以产生数十种乃至数百种不同的出版物。这是校释类古籍出版特有的现象。历代文献工作者前仆后继，在校释类古籍整理著作中投入了辛勤的劳动，取得了丰硕的成果。这类古籍出版，在保存和传播中华民族优秀文化遗产方面起到了重要作用。其中的注释体古籍在有关古籍的推广和普及方面所发挥的作用，更是其他体式的古籍整理著作所不能取代的。校释类古籍整理体式可以分为点校体、注释体、翻译体、总论体、考证体、释例体、图解体七类。

（三）编辑出版

整理编辑加工后出版主要指对某一类文献进行整理，通过选辑、摘录、重新排印等方法，将文献重新组织后出版。绝大部分编辑类书籍所收只是原文、原书。编者一般不做或很少做加工处理。编辑类出版的著作主要有汇编、丛书两大类。

（四）数字出版

数字出版是建立在计算机技术、通信技术、网络技术、存储技术、显示技术等高新技术基础上，融合并超越了传统出版内容而发展起来的新兴出版产业，它将所有的信息都以统一的二进制代码的数字化形式存储于光盘、云盘中，信息的处理与接收借助计算机等终端设备进行。它有两种保存和传播方式。一是电子出版，数字化内容在光盘等介质上存储或读取，比如全国古籍整理出版规划领导小组办公室编的《新中国古籍整理图书总目录》，就随书附赠了存储全书内容的光盘，还有以 U 盘的形式出版的张希清等主编的《宋会要辑稿数据库》等。二是互联网出版，也叫网络出版，是一种在线传播行为，互联网信息服务提供者将数字化内容通过互联网发送到客户端，供公众浏览、使用或下载。比如中华书局的《中华经典古籍库》，所收全部为经过整理的点校本古籍图书，可全文检索，与既有的单纯图像文件互为补充，是今后多元开发的重要基础。而且有镜像版、网络版（在线版）、微信版等形式，不仅可以阅读、检索，还将文字与原书图像进行对照，方便读者了解版式信息。

数字化对图书馆等古旧文献保存机构来说解决了保护和利用的难题，以较低的成本扩大和丰富了馆藏，提升了图书馆的服务能力；对研究者而言则可以使他们获得更多文献，特别是能利用一些稀缺文献，同时，从海量文献中提取和整理信息也更为方便，因而受到了广泛欢迎和重视。

第四章 公共图书馆的阅读推广与宣传

当前，利用社会化媒体构建图书馆宣传推广新模式，为公共图书馆打造服务品牌，适应读者需求，转变服务理念以及图书馆与读者的交流方式提供了新的途径。与此同时，公共图书馆也不断创新传统媒体宣传手段和方式，提升公众关注度。有效的媒体宣传有助于树立图书馆人性化和时代感的正面形象，因此，本章主要阐述公共图书馆的阅读推广与宣传。

第一节 图书馆阅读推广

一、图书馆阅读推广的涵义

"阅读推广"也可以称为"阅读促进"，是在"阅读辅导""导读""读书指导""阅读宣传""阅读营销"等概念的基础上发展而来的。由于阅读推广活动涉及面广、灵活性强、可拓展空间大，所以有狭义和广义之分。

狭义的阅读推广主要指围绕某一主题开展的具体阅读活动。阅读推广是一种新型的、介入式的图书馆服务，其目标人群是全体公民，重点是特殊人群，活动化、碎片化是主要特征，其主要目的是使不爱阅读的人爱上阅读，使不会阅读的人学会阅读，使阅读有困难的人跨越阅读的障碍。图书馆的阅读推广是图书馆利用其信息资源、设备设施、专业团队和社会关系等各种条件，鼓励各类人群成为图书馆的读者，并培养其阅读兴趣、养成阅读习惯或提升其信息素养的各种实践。

阅读推广并非图书馆独家专利，其他各类机构组织也通过各种手段，利用其自身的特点和优势，向目标人群施加影响，使其形成阅读兴趣或习惯，或从事与阅读相关的各类活动，这些都是阅读推广。教育机构往往着眼于"学会"阅读，掌握阅读技能即可，而图书馆是提供终身学习的场所，不仅致力于全面满足各类读者的阅读需求，也提供各类阅读的"全程监护"，同时在阅读内容、手段和方法上都能给予配合和指导，这也就是致力于信息素养的培育工作。当今数字时代，图书馆更应该承担起"数字素养"的培育和保障职责，这也是其他任何机构开展阅读推广所无法比拟的，是图书馆在阅读推广方面的核心竞争力。

二、图书馆开展阅读推广的主要方式

（一）书目推荐

图书馆在进行推荐的时候以馆藏推荐为主，但是并不完全限定在馆藏，大概有以下几种方式：

1.借阅排行

借阅排行是图书馆采用得比较多的一种方式，很多图书馆提供周期为一个月一个季度或者一年的借阅排行榜。有的馆按类提供借阅排行。

2.新书推荐

新书推荐也是图书馆采用得比较多的一种方式，有以下几个途径：一是设置专门的新书书架，二是对新书进行定期巡展，三是网络上推荐。

3.编制主题书目

编制主题书目指图书馆根据需要，将本馆关于某一个主题的资源进行揭示和宣传，尽管称之为主题书目，但是实际上涵盖的范围除了图书之外，还包括报纸、数字馆藏等。

4.馆员推荐

图书馆员对资源比较了解，让馆员推荐图书可以充分发挥馆员的作用，并激发馆员的热情。

5.读者推荐

读者是图书馆非常重要的资源，图书馆一定要有意识地将读者资源组织起来，具体到阅读推广中，可以充分地让读者进行推荐。让读者进行推荐的方式多种多样，比如苏州独墅湖图书馆在阅览室放置图书推荐圣诞树，在树上挂满了小卡片，读者可以把他认为值得推荐之书的书名和推荐理由写到上面。这里要强调的一点是推荐方式一定要适合读者群体的特点。

（二）常规读书活动

除了馆藏推荐，公共图书馆经常采用的阅读推广方式就是举办各种各样的读书活动，在这里我强调常规，主要是希望我们的读书活动常态化，它应该是公共图书馆的一项基本的服务内容，而不是临时性的偶然性的活动，因为阅读习惯的培养不是一次两次阅读活动就能达到的，必须是一个长期的过程。公共图书馆服务的人群比较多样，其中儿童、青少年和老年人是图书馆进行阅读推广的重点人群，针对不同的人群，会有不同的方式。

1.面向儿童

公共图书馆面向儿童的读书活动主要是"故事时间"，"故事时间"主要由专门的儿童图书馆员或者图书馆聘请的志愿者"故事妈妈"或者"故事姐姐"等来负责。国外对于儿童划分得非常细，大概分为 0 至 1 岁，2 至 3 岁，4 至 5 岁这么几个年龄段，各个公共图书馆，不管是总馆，还是分馆，每个星期至少安排一次面向不同年龄段的"故事时间"，"故事时间"中，儿童图书馆员用非常夸张的语气和表情讲故事，并且故事结束后一般有和故事相关的延伸活动，比如做手工、画画等。国内很多图书馆都开展了"故事时间"，也非常生动，稍显不足的是儿童年龄细分不够，另外对 3 岁以下儿童开展的"故事时间"比较少。"故事时间"的安排视图书馆的具体情况而定，现在很多馆都有这种设想，但是苦于图书馆人力资源不够。针对这种情况可以考虑请志愿服务人员，比如江苏吴江图书馆就请在吴江的一些台湾妈妈担任志愿者，定期在图书馆为孩子们讲故事，取得了很好的效果。

2.面向家长的指南、讲座

要培养一个热爱阅读的孩子，首先要让家长认识到给孩子阅读的重要性。因此公共图书馆必须跟进对家长的指导。很多公共图书馆请教育专家或者阅读方面的专家开展面向家长的讲座并进行现场辅导。同时很多图书馆和阅读推广机构推出面向家长的手册和指南，帮助家长了解、掌握给孩子阅读的基本方法和技巧。这些指南一般篇幅短小，言简意赅，设计明快，配有插图。对于幼儿来说，一切都意味着行动。通过让他们亲身参与从而使他们的语言能力持续进步并喜爱书籍及阅读。每一天都要有让他们参与到对话中的机会。公共图书馆可以从国内外阅读机构的网站上获得大量的给父母的建议，把它们制作成精美的宣传单或者小册子，在公共图书馆、超市、银行等场所发放，一方面提升图书馆的影响力，另外一方面切实促进儿童的阅读推广。

3.针对青少年

公共图书馆一般采用以下 3 种方式促进青少年的阅读。

（1）读书俱乐部

读书俱乐部和"故事时间"稍微有些区别，读书俱乐部侧重的是青少年之间阅读经验的交流分享和互动。这些读书俱乐部除了采用现实的方式，还有很多采用网络讨论的方式。

（2）主题读书活动

针对青少年的特点，开展各种不同主题的读书活动，比如北欧一些公共图书馆开展的动漫之夜.侦探之夜、音乐之夜、幻想之夜等等。侦探之夜会把场景布置成案件发生现场，请侦探小说家来和青少年进行交流等。

（3）竞赛和挑战

很多阅读推广活动开设了各种书评比赛、视频制作比赛，比如洛杉矶公共图书馆向青少年推出的书签设计大赛、四联漫画比赛（用漫画的形式描绘出他们心目中的图书馆）。除了竞赛，还有一些阅读推广项目是以个人挑战的形式进行，并不比出名次，而是设定一个目标，只要青少年达到目标，就给予相应奖励，比如看完两本，学生会得到一个铜牌，看完四本学生会得到一个银牌。

4.面向老年人

老年人的阅读需求相对比较集中，关注保健信息，公共图书馆有时会和老年中心等机构合作，面向老年人的阅读服务主要有读书俱乐部、重温旧时图书、用方言朗读等方式。

（三）大型宣传活动

除了常规的读书活动、公共图书馆每年都会搞一些大型的宣传活动，一般在世界读书日或者重大节日，比如"六一"儿童节、国庆节等，邀请政府部门领导和相关人员，举行比较隆重的仪式。对于这类大型宣传活动，目前业内有不同看法，但很多专家认为这种广场式的活动是有必要的。我们知道，内容重要，形式也非常重要，关键是形式搞好了，内容同样要提升上去。

三、图书馆阅读推广的特点

图书馆的阅读推广，无论是以馆藏为中心还是以读者为中心，与其他行业的阅读推广相比，有四个方面的显著特点。

1.全面性

阅读推广就是对现代图书馆基本理念的实践，虽然从具体的阅读推广活动来说它应该是有确定人群和主题的，但总体而言图书馆阅读推广的对象应该是全体公民，是全方位、全覆盖的。其普遍均等的全面性尤其体现在对特殊人群和弱势群体的强调和重视，因为这些人群往往是被边缘化的，常常处于被主流社会忽略的角落。

2.系统性

与其他机构的阅读资源相比，图书馆馆藏最大的不同在于其是经过有序组织的，凡是纳入图书馆馆藏体系中的资源，均是经过筛选和加工的，有一定的质量保证和权威性，本身就带有许多知识之间关联关系的描述。因此，图书馆实施的阅读推广可以做到如同它的馆藏发展一样有体系、有规划，涉及各个学科领域各种类型和层次的读者。

3.职业性

图书馆本身就是因阅读而存在，提供阅读是图书馆的天职。长期以来，图书馆虽然并不注重主动开展阅读推广活动，但图书馆作为一种制度设计，其长期存在本身就是推广阅读、推崇知识的象征。现在图书馆已经意识到阅读的危机就是职业的危机，开始主动地将阅读推广活动纳入其业务流程，开始将阅读推广作为图书馆的一项基本服务，依靠整个事业的力量，将图书馆的职业能量空前释放。

4.专业性

图书馆工作长期积累的对于资源、载体、组织、描述、揭示、检索以及业务管理等方面的专业知识，构成了图书馆学的丰富内容。阅读推广需要针对不同的资源类型、内容特征、组织方式，以及不同的读者对象，采取不同的推广策略、方式，以不同的指标进行评估测量等。在这方面图书馆学的既有研究成果就能发挥一定的作用，不仅有助于提高阅读推广工作的水平，而且能使阅读推广的研究一开始就具有一个很高的起点，使其更加具有科学性和专业性。总之，阅读在数字媒体时代被赋予了比传统媒体时代更多的含义。图书馆通过环境、工具、材料的提供，以及介绍、示范、体验、介入、参与等方式进行影响和诱导，让读者能够通过上网，使用软件和各类应用，利用各类数字终端设备接触到最新的数字环境。这也是阅读推广的工作内容，是图书馆义不容辞的责任。让读者在图书馆提供的环境中进行交流学习，培养创新能力，及建立众创空间也成为一种必然，这样也赋予了图书馆空间服务新的内容和意义。只有把阅读推广与图书馆服务有机地结合起来，才能推动业务发展，反过来真正地将阅读推广纳入图书馆的主流业务中去。

第二节 图书馆阅读推广的内容

一、公共图书馆阅读活动的组织

（一）按时间节点来组织主题阅读活动

1.年节性阅读活动

年节性的阅读活动，是指在国际性、国家性或地区性的读书节、阅读日等时间点，以及在一年中的国际性，国家性的节假日的时间点上举办的阅读活动。

（1）国际性/国家性/地区性读书节（读书日、读书月）活动

国际性年度主题阅读活动通常是指一些国际组织发起的全球性主题阅读活动，如"4.23"世界读书日、"4.2"国际儿童阅读日等。国家性年度主题阅读活动是由国家公共管理部门、非政府组织等发起的全国范围的年度阅读活动，许多国家都有自己的全国阅读日，如美国、英国等国的全国朗读日等。地区性的主题阅读活动是由地方政府、非政府组织等发起的全地区范围内的主题阅读活动，最常见的是阅读月、阅读周活动等。比如，杭州市"西湖读书节"就是一个已经持续数年的年度性阅读活动。

（2）世界性、国家性节假日的阅读活动

世界性节假日是世界各国都承认并庆祝的节假日，如元旦、国际妇女节，国际劳动节、国际儿童节等；国家性的节假日是由一个国家的政府确认的节假日，如中国的"五四"青年节、春节、端午节、中秋节等。这类配合节假日而举办的阅读活动往往没有统

一的主题，需要各地或各个图书馆自己设计活动主题。一般根据每个节假日的特点设计阅读主题，如儿童节以儿童为核心设计主题，妇女节以女性题材为阅读主题，中秋节以家庭、亲情、团圆为阅读主题等。

2.季节性阅读活动

季节性阅读活动就是跟随一年四季的季节变换来组织阅读活动。季节性阅读活动仍然属于主题阅读活动，只是其主题策划围绕季节特点，包括气候、自然景观与人文特点等。

（1）春季阅读活动

在这个季节里设计阅读活动，春天只是一个设计元素。可以单独以春天为题形成阅读主题，如"春天里读书"、"放松春天"读书活动等；也可以在春天这一元素之外再融入别的元素共同形成阅读主题，如"春天，诗之美"阅读活动。以"春天"为设计元素应该强调春的意境，如春绿、万物复苏、繁花似锦等自然景观，以及人们渴望走进大自然去踏青的心境等。在主题设计的时候，春天可以仅仅是一个背景，只是把阅读放置于春天这个背景之下，以体现阅读使人如同放飞于春景中的效果。

（2）秋季阅读活动

秋季阅读活动的策划思路跟春季是一样的，只是变换了季节而已。而秋天的主题元素是收获落叶与五彩色，这同样也可以成为阅读活动的背景，如"以落叶为书签：读书之秋"主题活动"秋天正是读书天"阅读活动等。此外，也可以用秋天再加别的元素形成阅读主题，如"秋天的图画"阅读活动、"秋天的童话"主题阅读活动等。

（3）冬季阅读活动

一寒暑假阅读活动寒暑假是公共图书馆开展阅读活动的黄金时间点，尤其是漫长的暑假，在许多国家已经形成了品牌活动—暑期阅读挑战，公共图书馆在一个暑假期间举办的阅读活动多达数十项是十分常见的情形。

公共图书馆为什么普遍重视寒暑假阅读活动呢？首先，寒暑假时间与学校学习时间不冲突，公共图书馆举办的阅读活动往往能获得较高的参与率，从这个意义上讲，寒暑假是公共图书馆做阅读促进的最有效率的时机。其次，研究表明，"暑假现象"特别值得关注，暑假因为时间较长，许多学生会出现学习倒退的现象，表现为词汇遗忘、阅读能力下降、算术能力下降等，来自贫困家庭的孩子其阅读能力下降、学习成绩下降的现象更加普遍。开展阅读活动是有效阻止学生学习倒退现象发生的手段。最后，寒暑假阅读活动丰富了学生的假期生活内容，避免学生因为空虚而受到不良社会活动的侵袭。公共图书馆寒暑假计划应该从两个方面入手，即主题与活动形式策划和活动的宣传推广，以便动员更多的学生来参与。

（二）按参与者来组织阅读活动

按照参与者来组织阅读活动的时候，参与者的划分并无特定标准，实际上，参与对象的划分是不可穷尽的，如按年龄、按性别、按地域按职业、按兴趣、按年龄与性别的组合、按职业与性别的组合按职业与年龄的组合、按兴趣与年龄的组合、按地域与年龄的组合等。不同划分方式的作用表现为：一方面有利于按特征细分参与者，以便提高阅读活动的针对性与适宜性；另一方面也能更广泛地吸引当地居民参与阅读活动。由于无法一一讨论各种划分方式的阅读活动，以下只对按年龄划分进行粗略的讨论。

1.儿童阅读活动

尽管联合国《儿童权利公约》将儿童定义为年满18周岁以下人群。但IFILA《儿童图书馆服务指南》从图书馆服务的特性出发将儿童定义为年满13周岁以下的人群。由于在0~13岁这一年龄段的孩子中，其阅读能力上的差异相当大，所以在举办阅读活动的时候也必须分年龄段来组织活动。

（1）低幼儿童的阅读活动

低幼儿童通常指0-3周岁的儿童，这一年龄段的孩子需要在成年人的辅助下才能进行阅读，所以阅读活动也以辅助阅读为特征。针对这一年龄段孩子开展阅读活动的主要目的是让他们认识书本，培养与书本的亲近感以及培养阅读兴趣。活动的组织方式以故事会、亲子阅读为主。这类活动不需要特别的策划与组织，只要做到以下几点：

1）有固定和独立的场所。固定场所能够给低幼孩子以认同感，独立场所给低幼孩子以安全感。固定和独立并非一定是独占性的，只需要在低幼孩子活动时间内是固定和独立的即可。

2）"故事时间"的主讲人应有较好的技巧，能吸引孩子并受到孩子的喜爱。

3）选择适当的读物，并将适当而又有趣的读物向参与亲子阅读的家长推荐。低幼儿童读物的选择是一个十分关键的问题，要做好这一环节的工作就必须了解低幼儿童的生理特点。押韵的文字是最佳选择，据研究，这是因为孩子最早听到也最熟悉的声音是母亲的心跳，而押韵的文字与心跳的节奏很相似。

（2）学龄前儿童的阅读活动

学龄前儿童一般指3-6周岁的儿童，这个年龄段的孩子初步具备对世事的理解能力，甚至能略微识字，在阅读能力上介于需要辅助与独立阅读之间的状态。他们的阅读活动仍然以培养孩子与书本的亲和力和阅读兴趣、开启心智为主要目的。阅读活动的组织形式除了故事时间亲子阅读等以外，可以适当组织自主性阅读活动，如在家长或馆员的启发下让孩子自主阅读绘本等。学龄前儿童阅读活动的组织要注意以下几点。

1）有固定与独立的场所。

2）"故事时间"仍然是这一年龄段孩子主要的阅读活动之一，组织方式与低幼儿童的故事时间相似，但故事的选择要适合于这一年龄段儿童。

3）亲子阅读对这一年龄段儿童仍然重要，亲子阅读活动无须特别组织，但需要向家长推荐合适的读本，并对家长进行亲子阅读技巧培训。

4）绘本阅读：通过提供绘本、激励等方式鼓励孩子自主阅读。

（3）学龄儿童的阅读活动

学龄儿童通常指6~13周岁的儿童。这一年龄段的儿童已经具备一定的理解能力，同时识字能力正在逐年提高，相当多的孩子已经具有阅读兴趣，他们能够阅读的读物类型也大大增多。对他们开展阅读活动的目的是进一步培养阅读兴趣，扩大阅读范围与阅读量，提高阅读技能。所以针对这一年龄段孩子的阅读活动，在内容上以文学阅读科普阅读为主，可以根据这类作品开展各种主题阅读活动。

学龄儿童阅读活动的组织包括以下内容。

1）直接阅读活动。直接阅读活动就是以阅读为主要内容的活动，不管采用的阅读方式如何，如朗读、主题阅读、作品解析等，阅读始终是这类活动的主线。

2）间接阅读活动。间接阅读活动就是以促进阅读为目的的活动，表面上看或许并不是"读一"的活动，但完成活动需借由阅读的帮助，比如需要通过阅读去了解一段历史，了解某种专门知识、了解某个典故、了解某地风土人情等，或者通过经历一个活动而激发阅读的欲望，如由探访著名作家的故居而激发儿童阅读该作家作品的兴趣，或因为参与一个写作竞赛活动而必须阅读某等。

2.老年人阅读活动

世界各国对老年人年龄划分的标准并不统一，联合国曾经将老年人定义为60周岁以上，我国通用的标准也是60周岁。老年人这一群体在国内外公共图书馆的服务中是一个受到高度关注的群体，因为随着年龄增大，人的生理和心理都会发生变化，即生理上出现衰老现象，心理上随着身体的衰老会表现得较为脆弱，且年龄越大，生理上的衰老特征越明显，心理脆弱也越来越严重。因此，老年人需要受到更多的照顾。为此，许多公共图书馆特意将老年人从成人服务区域隔离出来，单独形成老年人阅读空间，以方便针对老年读者开展活动。针对老年读者开展阅读活动，其关键点是充分了解老年人的生理与心理特点以及老年人的生活规律。

（1）老年人身体状况与心理特点

老年人的身体通常状况是：随着年龄的增长，身体各个器官的功能都呈现衰退的迹象，如四肢灵敏度降低，行动迟缓，体力下降；由于大脑神经系统的退化以及视力与听力的减退而出现记忆力衰退，接受外界信息的能力变得较弱，等等。

老年人的心理特点是：由于结束了职业生涯以及子女离开家庭而容易产生孤独感与

失落感；由于身体的逐渐老化接受新知的能力较差，因而不愿意学习甚至抵触新知识；由于学习上的障碍故更加固守以前的习惯，表现出保守与固执；比任何时候都更关注健康与保健。

老年人的生活特点是：因不再工作而自由支配的时间增多；因经济收入减少而更加节俭；生活空间变得狭小，故家庭和社区成为主要活动的空间；因更加注重保健，故生活比较有规律。

（2）老年人阅读活动的组织

首先，要为老年人的日常性阅读提供阅读环境与资源。由于公共图书馆对于老年人而言或许是一个社交场所，许多老年人喜欢每天到图书馆来坐一坐，根据老年人的身体状况，最好能设置专门的老年人阅览空间。老年人阅读空间的布置应充分照顾老年人的生理特征，如舒适的灯光与座椅等。专门的阅览空间的另一好处是可以将老年人喜欢阅读的资源如报刊和书籍集中起来，以方便老年读者阅读。此外也应配置可以上网的电脑等，以满足老年读者上网以及利用多媒体资源的需求。

其次，组织适合老年人的主题阅读活动。这类活动在选题上需更切合老年人的身体与心理状况，照顾老年人的阅读兴趣，比如老年人通常对爱情、武侠等作品的兴趣不如反映社会现实、亲情、历史等题材的作品感兴趣。主题阅读活动的形式包括：作品讨论、作品解析、知识竞赛等。最后，为阅读困难的老年人开展朗读活动。许多老年人由于视力逐渐下降，致使阅读存在困难，而且随着年龄增大会越来越困难。图书馆可以组织朗读活动来满足这部分老年读者的阅读愿望。朗读的内容可以是报纸，也可以是小说或保健类书籍等。

3.成年人阅读活动

成年人指18-59周岁年龄段的人，由于年龄跨度较大，故成年人群体数量十分庞大。成年人这一群体的构成十分复杂，仅从公共图书馆服务的角度，可以将其分为两类：有阅读习惯且阅读能力较强的成年，人和没有阅读习惯且阅读能力较弱的成年人，后者是公共图书馆阅读促进的重点人群。成年人阅读活动应以主题阅读为主要形式，而主题的策划几乎没有任何限制，可以针对职业群体、兴趣群体、年龄群体、身份群体等人群特征形成各种主题。细分人群特征有利于集中兴趣高度相关的群体，使阅读主题更具有针对性。

细分人群的方法往往具有多角度、多侧面，如按年龄段细分人群也包含着对兴趣群体的粗略划分，在每一个年龄段里再细分兴趣群体就容易形成兴趣相似度高的人群。常见的成年人阅读活动的方式有以下几种。

（1）主题阅读与讨论

成年人的阅读活动重点在"阅读"本身，但如果辅之以主题讨论有利于动员更多的人参与，如"一城一书"活动就很好地兼顾了阅读与讨论这两个环节。

（2）讲座与读者沙龙

讲座或读者沙龙是成年人阅读活动的重要形式，其内容不受限制。以阅读促进为目的的讲座或读者沙龙可以围绕作品进行，如邀请作家对自己的作品进行解析，或邀请文化名人讨论热点作品等。

（3）亲子共读

亲子共读的主要目的是促进儿童阅读，但家长或监护人在陪伴孩子的同时也拿起书本阅读是一举两得的事情，公共图书馆提供场所、布置阅读环境和陈列相关书籍是促进亲子共读的举措。（4）书评

邀请成年读者撰写书评，并对优秀作品予以奖励这也是促进人们阅读的方式。应该看到，组织成年人阅读活动有一定的难度，难在如何提高参与率上，因为这个群体正处于职业与家庭负荷最重的人生时段，很多人尽管曾经有阅读爱好，也有较强的阅读能力，但工作与家事的拖累使他们无暇阅读，久而久之阅读就从他们的生活中消失了，这种状况下要想吸引他们来参与阅读活动难上加难。所以针对这些忙碌的成年人，图书馆有义务"提醒"他们阅读。浙江温州图书馆设置"亲子共读阅览室"取得了较好的效果，实际上图书馆这一举措就起到了提醒的作用。因此，根据成年人的状态对这一人群进行细分，然后用最具有针对性的方式展开活动是成功的关键。

二、阅读推广人的培养

开展高质量的阅读推广活动，必须依赖高水平的阅读推广主体，阅读推广主体最终表现为一个个具体的阅读推广人。阅读推广人是阅读推广活动方案的策划者和执行者，其素养和能力直接影响着阅读推广对象的态度和阅读推广活动的实施。阅读推广实质上是一种服务，从理论上说，服务者的素养接近等于或大于被服务者的素养，其服务活动成功的概率就会随之增加。因此，作为阅读推广人，必须在几个方面不断提高自己：一是爱读书，会读书，有深厚的阅读积累，能给读者以参考意见；二是懂读者，易沟通，能取得读者的信任；三是能策划，善组织，能充分获得和调配阅读推广资源。2005 年，中国图书馆学会成立了科普与阅读指导委员会，这标志着中国图书馆学会在推动全民阅读上有了专门的组织机构。2009 年，科普与阅读指导委员会更名为阅读推广委员会，下设 15 个专业委员会。近年来，中国图书馆学会集聚了一批从事全民阅读与阅读推广研究和教育培训等方面的专家，形成了推行阅读推广活动的长效机制。

1.阅读推广人的涵义

步入 21 世纪，中国图书馆界开始注重阅读推广，随着十几年的发展，阅读推广人的概念逐步产生。中国图书馆学会 2014 年全民阅读推广峰会暨"阅读推广人"培育行

动启动仪式上将"阅读推广人"定义为：具备一定资质，能够开展阅读指导、提升读者阅读兴趣和阅读能力的专职或业余人员。阅读推广人的概念可以分两个层次。广义的阅读推广人概念可以理解为无论通过何种形式，使用何种内容，出于何种目的，凡是从事阅读推广工作的人就是阅读推广人，无论是图书馆员、学校老师、作家、书店老板等从事相关行业的人，还是参与志愿活动，帮助阅读推广活动实施的人，或是由于个人爱好向别人推荐一的人，都可以是阅读推广人。

狭义概念可以解释为出于促进他人阅读的目的，用具有专业性的方式，从事阅读推广工作，经过学习或培训以及实践，具有一定阅读推广能力的人。具有专业知识、专业能力和实践经验，是阅读推广人专业化的体现。至于是否是公益行为，做阅读推广工作的方法、载体、渠道等并不应该有所局限。图书馆馆员是图书馆阅读推广活动的策划者、组织者和实施者，其相关能力直接影响着图书馆阅读推广活动的成果与实效。图书馆阅读推广活动的开展，离不开高素质的"阅读推广人"。

2.中国图书馆学会阅读推广人培训

2014 年中国图书馆学会设立"建立图书馆阅读推广人机制研究"项目。阅读推广人专业化培训课程体系庞杂，涉及多学科、多专业角度，需要专业人员进行系统规划。在培训实施过程中，组织专家对课程体系进行设定。课程分级分类着重考虑需求，划分出热点、重点专题方向 6 个，包括基础工作，基础理论、经典阅读儿童阅读、时尚阅读、数字阅读等，后续还将根据需求增加专题方向。由于阅读推广形式的多样性和内容的丰富性，每个专题每级的课程不仅局限于图书情报学专业，吸收跨专业跨系统内容，如文学、语言学、心理学、艺术学、管理学、编辑出版学、营销学等专业的基础知识。满足学员需求，课程固定设置与学员选课相结合，按照学员选课结果进行培训。同时，组织专家编写教材，在编写教材的过程中，进行课程体系的再探讨。教材浓缩培训内容精华，能够为培训提供基础，也是学员自学和课外拓展学习的指导手册。教材随课程体系的完善不断丰富，形成培训的理论成果。2015 年出版了《图书馆阅读推广基础工作》《图书馆阅读推广基础理论》《图书馆经典阅读推广》《图书馆儿童阅读推广》《图书馆时尚阅读推广》《图书馆数字阅读推广》六部教材。

3.阅读推广人专业化培训的前景

宣传阅读推广人的工作与活动，既是向社会大众展示阅读推广活动的社会效应，也是为业界同行做示范。设立"职业阅读推广人制度"有助于强化阅读推广人的责任感，提高阅读推广活动的专业水准。"阅读推广人"培育行动致力于将图书馆打造成培育推广人的摇篮，学员可参与从基础实践到理论研究的一系列课程，并在特定时间内完成课程报告、实践考核等内容。中国图书馆学会将"阅读推广人"培育行动作为重点工作之一，今后将会有更多的职业"阅读推广人"在图书馆学校等广阔天地中发挥更大的作用。

第三节 公共图书馆宣传推广实务

一、公共图书馆宣传推广的类型

公共图书馆的宣传推广活动是一种在实践中自发而起的活动，能够在实践中通过不断的经验积累而得到自行优化。主要分为以下类型。

（一）按宣传推广的目的划分

公共图书馆功能的宣传推广，即以宣传公共图书馆的功能为目的，通过对公共图书馆功能的描述，并通过适当的宣传方式和途径，让公众获得对公共图书馆的了解和认识，从而培养公共图书馆意识，学会使用公共图书馆。功能宣传的内容就是让公众知晓公共图书馆能够做什么，或者通过利用公共图书馆能够解决什么问题。公共关系宣传推广，即以塑造公共图书馆社会形象、建立与各方良好的社会关系、提升公共图书馆知名度为目的。为了达到上述公共关系宣传的目的，根据公共关系理论，通常可以从三个方面来策划宣传活动：

1.通过大众媒介正面而直接地宣传公共图书馆，如通过撰写新闻稿、拍摄电视报道等方式宣传图书馆。

2.通过策划"专题活动"制造新闻，吸引媒体报道，达到宣传图书馆的目的。

3.利用社会性的庆典或纪念日举办活动，或通过"名人"效应来提升公共图书馆的知名度，如浙江图书馆请阿里巴巴总裁马云作为浙江网络图书馆的形象代言人并拍摄宣传广告在电视上播出。通过公共图书馆功能的宣传推广和公共关系的宣传推广，能够改变公众对公共图书馆的认识和了解，能够使公共图书馆在公众中建立良好的印象，这将有助于扩展公共图书馆的用户群，即把潜在用户发展为现实用户。

（二）按宣传推广的受众特点来划分

1.倡导式宣传推广

宣传推广的受众就是公共图书馆的服务人群。如果一个地区的公众对公共图书馆的利用还没有形成习惯，不少人甚至不知道公共图书馆的存在，或者虽然知道它的存在却不知道公共图书馆是一个怎样的地方，也或者一个地区刚刚建设了图书馆的分支机构，很多人不知道这个分支机构是否能提供与中心图书馆同等水平的服务，或者一个地区的公共图书馆因为新馆舍的建成而使环境、设施、服务等都有极大的改变，但公众对该公共图书馆的了解还停留在以往的印象中等，这些情况都需要通过适当的方式将相关信息传达给公众，使他们或许因为产生了新的了解而萌发走进图书馆的愿望。因而，针对这一公众群体的宣传推广以倡导式宣传为主，即倡导人们去使用一个叫作公共图书馆的机构，去使用它所提供的良好的学习和休闲环境，以及它的馆藏资源和各种信息服务。

2.提醒式宣传推广

提醒式宣传推广是针对那些对公共图书馆有所了解，也曾经喜爱阅读，只是由于工作和家务耗费了主要的时间和精力，加之社会提供的休闲方式越来越多样化，因而逐渐疏于阅读，更无暇利用公共图书馆的人们。对这部分民众，需要通过多种多样的提醒，以唤醒他们重新走进图书馆、重新拿起书本阅读的意识。与倡导式宣传推广不同的是，提醒式宣传推广需要用资源和服务来吸引用户，这实际上是考验公共图书馆的竞争力的问题。面对社会各种休闲方式的竞争，公共图书馆能否以自己免费的优势、丰富的馆藏资源、丰富多彩的活动、优质的服务来争夺民众，在很大程度上与宣传推广的力度有关。

（三）按宣传推广的途径划分

1.媒体宣传推广

媒体宣传推广，即利用报纸、电视、广播、网络四大媒体进行宣传推广。通过媒体进行公共图书馆宣传推广通常有两种方式：一种是图书馆与媒体合作，吸引媒体对图书馆的资源与服务等进行报道；另一种是借助公共媒体平台，由图书馆自助式地进行宣传推广，这多见于网络媒体，如在 BBS（电子公告板）发帖子，在博客门户网站建博客或微博等。

2.人际宣传推广

人际宣传推广是在人与人之间通过面对面的交流直接进行，不需要借助第三方机构或媒介的宣传推广。作为宣传推广的受众，既可以是单个的人，也可以是群体。人际宣传推广的方式有：咨询接待、新闻发布、读者座谈会、宣讲等。

3.活动式宣传推广

活动式宣传推广，顾名思义，就是通过组织举办各种形式的活动，把宣传推广的意图，或直接或间接地传达给参与者，使参与者在活动中获得对公共图书馆的了解，了解公共图书馆是一个什么样的场所，了解公共图书馆的馆藏资源，了解公共图书馆的各种服务等；另外，让参与者对公共图书馆产生好感，感觉到公共图书馆对个人的学习、工作与生活方方面面的支持，感觉到对阅读兴趣的培养，尤其是对未成年人阅读兴趣的培养所具有的独特作用，以及感受到公共空间环境对身心的修养作用等。活动内容和形式可丰富多样，内容上可以是文化类、阅读类、休闲类、娱乐类等；形式上可以是讲座类、联谊类、阅读类、竞技类等。

（四）按宣传推广的策略划分

1.体验式宣传推广

体验式宣传推广，即通过一些体验活动、便民措施激励措施等，激发和唤醒民众对公共图书馆的兴趣，从而将潜在用户发展为公共图书馆的现实用户。体验式宣传推广与商品促销有类似的地方，即用一些"好处"来诱导民众，使其产生使用欲望。但公共图书馆的宣传推广与商品促销又有着本质的区别，公共图书馆的所作所为是为了促进公众去使用他们有权使用的资源与服务，是以促进阅读，促进知识与信息的获取，倡导健康的休闲方式等为目的的；而后者是以"小利"来诱惑潜在消费者，最终促使消费者花钱购买产品或服务，是以盈利为目的的。

2.间接感知式宣传推广

间接感知式宣传推广，即公共图书馆通过组织一些看似与图书馆功能没有直接关系的活动，如游艺、联谊、民俗欣赏、歌舞戏剧表演、手工制作、书法绘画等，一是可以提高公共图书馆的知名度，吸引民众走进公共图书馆，这是他们利用公共图书馆的第一步；二是可以在活动中有更多的机会接触其他用户，其他经常使用公共图书馆的用户能诱导很少使用图书馆的人产生利用公共图书馆的愿望。

（五）按宣传推广的内容划分

1.图书馆宣传推广

图书馆宣传推广，即以某一公共图书馆整体为对象的宣传推广，目的是提高公共图书馆在本地区的知晓度，进而提高公共图书馆的办卡率和到馆率，即提高公共图书馆的利用率。

2.图书馆服务宣传推广

图书馆服务宣传推广，即针对图书馆服务的宣传推广，目的是提高本地公众对公共图书馆现有服务项目的了解，促进他们对这些服务项目的体验与利用。服务项目的宣传推广既包括常规项目，如文献借阅、查询、用户培训、各类阅读活动、新书信息等，也包括新型项目的宣传推广，在公众尚未广泛知晓的情况下，都需要努力地宣传推广。

3.图书馆活动宣传推广

图书馆活动宣传推广，即针对公共图书馆开展的各类活动进行宣传推广，以提高图书馆活动的参与人数。由于图书馆活动越来越成为图书馆的核心业务，且活动的举办量也越来越大，正如提高图书馆的文献借阅率一样，提升这些活动的"人气"也同样不可忽视。

二、公共图书馆宣传推广的媒介

（一）印刷品

把公共图书馆的简介、图片，资源，服务项目、活动类型等内容印制在纸质载体上，形成宣传画册、宣传页等，广为散发，这就是经由印刷品的宣传推广途径。根据宣传推广的内容，印刷品包括图书馆简介、用户手册/图书馆指南、资源专册、自办刊物等形式。

1.图书馆简介

当一个公共图书馆面向民众介绍自己的时候，首先需要明确的对象，即图书馆简介是给谁看的，针对自己、同行、还是政府主管部门的管理者确定不同版本。确立了阅读对象以后，还需要确立普通阅读者最希望看到的是哪些内容，站在他们的角度，一般而言，他们只是需要知道这是一个什么样的公共图书馆，有什么样的资源和服务，哪些内容有可能吸引他们等等。制作图书馆简介时，要避免出现下列问题。

（1）内容太长

如果读者需要花费太多的时间和耐心才能读完一份图书馆简介，他们通常会选择放弃阅读。内容太长的另一个弊端是容易把读者真正想了解的信息分散和屏蔽掉，影响他们对图书馆的了解。

（2）使用专业术语

由于面对的是普通民众，他们中大多数人不熟悉专业术语，哪怕是已经使用较为普遍的专业术语，比如"检索"，显然不如"查找"更容易理解。

（3）炫耀政绩

避免在图书馆简介中叙说自己做了什么、获得了哪些荣誉。图书馆做了什么是关系到图书馆自身的职业责任问题，它不是阅读者感兴趣和需要知道的内容。图书馆取得了荣誉，或许希望跟用户分享，但不能强行地向他们炫耀。

（4）叙述馆史

图书馆简介的主要目的是让阅读者了解图书馆现状以便决定是否使用，除非有进一步了解的需要才可能产生阅读馆史的愿望。是否需要进一步了解应该由阅读者自己来决定，所以最好的办法是在图书馆简介的页面给出链接。

（5）公文色彩

应该从两个方面避免公文色彩：一是内容，比如图书馆将来的发展目标、工作预期等；二是语言，严谨，刻板的公文语言会减弱其可读性，应该避免使用。

2.用户手册/指南

用户手册/指南是引导用户使用图书馆的辅助性工具，好的用户手册/指南应该使用户感觉信息完备，通过它可以顺利地使用图书馆。用户手册/指南的内容一般包括以下几点。

（1）告知

告知用户使用图书馆必须了解的信息，如开闭馆时间、交通、入馆须知、办证及借阅程序与规则等。

（2）服务项目介绍

包括常规服务与特殊服务，常规服务如文献借阅、预约、通借通还、日常阅读活动、培训项目、文化类活动等；特殊服务主要是针对特殊人群的服务，如为残障人士提供送书上门服务，企业、军营的团体借阅，送书下乡等。

（3）规约

图书馆与用户之间事实上存在合约关系，所以需要对读者的行为有一些约束性的规定，如遵守图书的借阅期限和册数规定，不能污损图书，不能在图书馆吸烟等。用户手册/指南的主要使命是引导用户使用图书馆，但它同时也具有宣传推广公共图书馆资源与服务的功能。在完成它必须传递的信息的前提下，提高可读性会使它的作用发挥得更好。提高可读性的方法有：让文字更简洁，增加文字的亲切感，某些内容可以图文并茂甚至以漫画的形式来表达。

3.资源手册

资源手册是有关馆藏资源信息传递的快速通道，其目的是提高馆藏资源的利用率。资源手册有两种内容：一种是馆藏资源的全面介绍，包括资源的种类、数量、特色等；另一种是新书信息快递。资源手册的目的是推动文献利用，因此必须以利用为导向。要避免炫耀重点馆藏的倾向，比如浓墨重彩地介绍镇馆之宝特色馆藏等，这类馆藏往往并不是大众用户需要的，以这类馆藏资源为主要或重点内容的资源手册起不到提高资源利用率的作用。

4.自办刊物

我国相当一部分公共图书馆都有自办刊物。自办刊物分三类：第一类以业务交流为主，以图书馆员和业内人士为阅读对象，如杭州图书馆的《图书馆情》；第二类以促进用户利用图书馆和促进阅读为主，以图书馆的服务对象为读者，如江苏江阴图书馆的《读读书》；第三类兼顾上述两种内容，如浙江萧山图书馆的《萧山图书馆工作》。真正具有宣传推广图书馆作用的是上述第二种馆刊，它是连接图书馆与用户的桥梁。从内容看，一方面可以传递图书馆信息，包括新书信息、服务动态、图书馆活动信息等；另一方面也可以表达用户的心声，如用户心得、感悟、书评、批评和建议等。从形式上看，可以采用多种文体，如随笔，纪实、评论、微型小说、诗歌等；还可以配以图片、插图等。

（二）实用性小物品（文创产品）

把图书馆的名称、Logo（标志）、宣传口号、服务项目等印制在物品上，作为赠品散发给社会公众，起到宣传图书馆的作用。由于这类赠品具有实用功能，故容易受到公众欢迎。经常被用作赠品的物品有：书签、笔、明信片、徽章、笔记本、手拎袋、U盘、雨伞等。用实用性小物品（文创产品）来宣传推广图书馆具有良好的效果，由于它们具有实用功能，使人们在使用该物品的时候就会看到该图书馆的信息，这种反复的刺激就是一种提醒，提醒人们不要忘了去图书馆。此外，具有使用功能的物品也让人们对图书馆产生一种亲近感。

（三）多媒体

通过制作视频、幻灯、动画等多媒体作品来介绍和宣传图书馆，由于所采用的媒介符号具有多样性特征，包括文字、声音和图像，其表现力丰富，要传达的内容直观易懂，因而具有较强的感染力，不失为最佳的宣传推广媒介。

1.视频宣传片

从形式上看，制作视频宣传片有两种类型：

（1）纪录片式即直接而全面地介绍公共图书馆的历史沿革、馆藏资源、服务、图书馆活动等。（2）微型故事式即由人物故事情节而形成的"故事片"，故事都是围绕图书馆展开的，如清华大学的《爱上图书馆》系列视频。后一种宣传片是近年来刚刚兴起的形式，在高校图书馆运用相对较多，因其形式活泼新颖，可看性强，颇受好评。视频宣传片的制作成本比较高，技术性也比较强，一般规模较大的公共图书馆才有条件制作。

2.幻灯片和动画片

幻灯片和动画片是制作相对简单的宣传片，利用电脑及相应的软件即可制作，尤其是幻灯片，基于 PowerPoint 制作已经相当普遍。在一些公共图书馆，幻灯片常用于制作图书馆宣传片或用户信息检索培训的课件；动画片的制作比幻灯片复杂一些，但平面动画比较容易实现且运用广泛，用平面动画制作图书馆宣传片简单易行，生动活泼，容易引起观众的观看兴趣。多媒体宣传媒介必须充分体现多媒体技术的特点：信息密度大、画面色彩丰富、画面变换节奏快，以及具有鲜明的时尚感。

（四）宣传画

宣传画又名招贴画，是以宣传鼓动、制造舆论和气氛为目的的绘画。宣传画的特点是形象醒目、主题突出、风格明快、富有感召力。从结构上看，宣传画通常是绘画与文字的结合体，即在画面上再配以有感召力、说服性的文字，以加强效果。宣传画制作要注意几点：

1.明确宣传的主题。如宣传本公共图书馆或宣传本馆的某一活动，宣传本馆新推出的服务项目，宣传本馆的服务理念等。

2.明确宣传的受众，即希望向谁宣传。

3.宣传画和文字的设计要符合画面优美、文字有感染力的要求。

（五）符号

符号，指具有宣传功能且对宣传主体具有识别功能的图形符号与语言文字符号等，通常是 Logo 和口号。

1.Logo

所谓 Logo，就是一种机构标志，也叫微标，以准确、精炼的视觉形象传达给观众一定的含义，同时也借助人们对符号识别、联想等各方面的思维能力，在看见它的瞬间能够联想到它所代表的机构。Logo 通过有意识的设计还能将机构的特征、使命、文化等内涵用抽象的图形符号等表现出来，因而 Logo 是一种很好的机构宣传媒介。图书馆领域引入 Logo 始于引入 CIS 理念，在 CIS 识别系统的视觉识别（VI）系统中，Logo 是一个重要的元素，也是一种重要的机构形象塑造手段。作为一个具有文化属性的公共机构，公共图书馆甚至比别的机构更看重 Logo 的文化映像作用。

2.口号

口号，就是图书馆的一种语言识别符号，包括图书馆的精神口号、图书馆形象口号、图书馆宣传语等。口号之所以被认为也是一种符号，是因为一个成为机构标志的口号同样具有识别功能，即人们一看到或听到某个机构的口号，就能识别该机构。口号分为图书馆识别口号、服务理念口号、新服务推广口号等。图书馆识别口号的符号特征突出，因而需要稳定，有些图书馆识别口号长达数十年甚至上百年不变，如纽约公共图书馆的口号"人民的大学"就是如此，这就要求图书馆识别口号的设计需要特别慎重。当然，这类口号也并非永远不可改变，图书馆是一个生长着的有机体，当图书馆有了一些革命性的改变以后，口号也需要跟着图书馆的变化而变化。另有一类口号，是为了推广新服务模式、服务举措等而提出来的，如佛山图书馆在全市实行通借通还、服务向街道社区延伸，因而推出的宣传口号是"同城生活，同城便利"。

三、公共图书馆宣传推广的组织实施

（一）人际宣传推广的组织

人际宣传推广包含两种内容：一种是日常化的人际宣传推广，另一种是主题活动式的人际宣传推广。

1.日常化人际宣传推广

日常化的宣传推广就是借助于公共图书馆的所有服务窗口进行宣传推广，每一位图书馆员都要承担这一宣传推广的任务，即当图书馆员面对用户时，利用可能的机会，适当地向用户推介图书馆的服务、资源以及活动。这一宣传推广方式还包括接待参观者时候的讲解，这无疑是效果最好的人际宣传推广方式。日常化的人际宣传推广不需要专门组织，只需要融入图书馆的日常工作中。正因为如此，这一类宣传推广是一项隐性的工作，能否实施依赖于图书馆员的意识和执行的动力。从组织实施的角度看，需要从如下方面入手。

（1）形成以图书馆利用率为评价指标之一的激励机制。

（2）周期性对图书馆员进行考核与培训。

（3）建立人人宣传图书馆的机构文化。

2.主题式人际宣传推广

主题式人际宣传推广是按照事先设计的主题与实施方式而进行的宣传推广，因而这类宣传推广需要事先做方案，然后按方案去实施。常见的主题式人际推广方式有座谈会、宣讲等。

（1）座谈会

座谈会的实施相对简单，但成功的座谈会仍然需要认真策划和组织，否则很容易流于形式而收效甚微。座谈会的实施需要把握如下几个方面。

1）确定一个主题确定主题是组织座谈会的第一个难关，一个能够引起人们兴趣的主题是吸引用户参与的关键。

2）邀请合适参与者邀请参与者是一个需要认真策划的问题，不同的目的就有不同的邀请方案。为座谈而座谈、为宣传推广图书馆服务而座谈，就有不同的邀请方案。如果为座谈而座谈，邀请的重点是对话题有研究、有兴趣的人，而如果是为了宣传推广图书馆服务，邀请方案就会考虑各种类型人员的搭配。

3）选定有经验的主持人有经验的主持人能够起到控制座谈的方向不偏离主题的作用，同时能够调节座谈会的气氛，避免冷场。

4）布置会场一个轻松而温馨的会场环境有利于增加愉快的氛围，甚至可以通过视频、展板、资料袋等方式展示相关资料，以利于参与者更容易进入话题。

（2）宣讲

比起座谈会，宣讲的效果更值得关注。宣讲，就是由图书馆工作人员、图书馆专家用户等面向社会公众宣讲图书馆知识，宣传图书馆的资源与服务，宣传阅读的意义、方法与感悟等。宣讲这一人际推广方式的优势有如下几点。

1）高效率。一个人宣讲，听众可以从数十到数百甚至上千。

2）内容按主题设计和撰写，有质量保证。选定宣讲主题后，可以充分准备演讲稿，以保证宣讲的质量。

3）选择有演讲能力的人主讲，可以保证宣讲的效果。在有基本演讲能力的前提下，还可以通过培训不断提高演讲水平。

4）走出图书馆，走向社会，更容易组织，影响面更大。跟其他图书馆活动需要把民众邀请到图书馆来参与不同，宣讲可以走出图书馆，走向社会，比如到学校、企业、军营等去宣讲。一方面，从组办的角度看，走出去的方式是更容易实施的方式；另一方面，走出去的方式由于可以面对更多的人群，故影响面更大。

（二）活动式宣传推广的组织

策划一个活动，最关键的就是吸引人们来参与，可以这样说，参与人数是衡量一个活动成功与否最重要的指标。宣传推广活动的策划主要表现在两个方面：一是主题策划，二是活动形式策划。

1.主题策划

主题策划也称内容策划。在进行宣传推广活动的主题策划时，有两种思路：一种是"我们需要搞一个什么样的活动"，另一种是"我们应该针对什么对象去组织一个什么样的活动"。二者的区别：第一种思路关注点在活动本身，无须了解对象的需求，往往由组织者按照自己的构想来策划主题；第二种思路是图书馆营销，针对一个特定群体来策划宣传推广活动。为此，首先需要了解该群体的生活状态和需求等，然后有针对性地根据策划活动。这两种策划方式有不同的目的。第一种策划方式面向全体服务对象，无特定对象，无指向性，关注点在活动本身，其目的是向所有的民众宣传推广公共图书馆，提高人们对图书馆的兴趣。所以在主题策划时不受参与对象的限制，选择面比较大，所以是许多公共图书馆乐意选择的主题策划方式。

（1）面向全体服务对象的策划

策划这类宣传活动的时候，选题是一个难点实践中，图书馆员们往往为想不出好的内容主题而犯难。那么，怎样才能产生好的主题呢？总结许多公共图书馆的经验，下列途径也许有助于解决这一难题。

1）关注社会各方动态，关注社会热点

只有从社会动态中和社会热点中去捕捉活动主题，这样的主题策划才能迎合社会大众的兴趣。比如，电视剧《蜗居》热播以后，上海图书馆举办小说《蜗居》作者六六与读者的见面会，杭州图书馆的文澜大讲堂做了一期以"《蜗居》中的女人"为主题的讲座活动，都取得不错的反响。

2）关注相关行业的活动策划

一些与图书馆行业相关的行业，如新闻、出版、学校、书店等，以及一些相关的机构团体如共青团、妇联、残联等，它们的活动策划往往与图书馆的活动有相关性，甚至比较近似，比如组织大众阅读活动等。如果它们策划的活动具有借鉴价值，就可以融入图书馆的活动策划中。

3）关注同行的活动策划不仅关注国内公共图书馆，也关注高校图书馆的活动策划，最好还能关注海外、国外图书馆的活动策划。有些好的活动是可以借鉴甚至照搬的，比如深圳南山图书馆在参观齐齐哈尔图书馆时了解到齐齐哈尔图书馆举办过"查字典比赛"并且效果很好，南山图书馆随后也借鉴了这一活动，与进城务工人员子弟小学合作，组织进城务工人员子女参加这一活动，取得了非常好的社会反响。当然，发动图书馆员来创造选题创意是最根本的解决之道，选题是一项创造性的智力活动，越是能调动"脑力资源"，所产生的创意就会越多。

（2）面向特定对象的策划

这种策划方式面向一个具体的对象群体，也是有着明显特征的群体，比如以某种生活状态为特征、以某种身体状态（年龄、性别、生理等）为特征、以某个生活区域为特征、以某种地域文化为特征等。在选定了具体的对象以后，甚至可以具体到对象的数量，即针对一个多大数量的特定对象策划宣传推广活动。在针对特定对象进行活动策划时，内容范围受到对象的限制，即内容必须是对象需要的、能被对象接纳的。在做活动策划时，事先了解活动参与对象的生活状态是必要的，可以通过观察、访谈等途径进行了解，从而帮助组织者判断对象的需求。这种策划方式源自图书馆营销，其程序性比较明显，即需要按照如下程序完成策划。

1）确定目标用户，了解他们的生活状态生理特征等，了解目标用户的具体数量。

2）确立宣传推广活动要达成的目的。

3）绑定一个服务项目，如阅读、信息查询与利用、沙龙、扫盲与培训等来形成活动的内容。

4）对活动举办的效果进行评估。上述两种内容策划的方式没有好坏之分，各有不同的作用。不针对特定对象的内容策划，因为是面向全体社会成员或某一部分社会成员的，所以活动的内容策划要考虑影响力，内容的适应面要广。而针对一个特定对象群体的活动，则强调内容的针对性，因而不考虑吸引更多的人参与，只要设法提高所确定的那个群体的参与率即可。

2.活动形式策划前述

主题策划最终还需要通过一定的活动形式来实现，所以，在完成主题策划以后，还需要有活动形式策划。形式是跟着主题走的，既要根据前述两种不同的主题来决定形式，并且要把主题实现得圆满。因此，对形式的策划也同样重要。所有的宣传推广活动的形式都是从无到有产生出来的，是图书馆员智慧的结晶。已经有的活动形式可以重复运用，新的活动形式还将层出不穷地产生。常见的活动形式有以下两种。

（1）户外型：探访、游览、游艺、运动等。

（2）室内型：讲座、展览、培训、演艺、鉴赏、沙龙故事会、制作、技能竞赛等。在大多数情况下，活动形式策划并不追求整体的创意，而是追求组合创意和细节的创意。

主题与形式的组合就可能产生创意，通常阅读活动都是室内活动，如故事会、阅读沙龙、讲座、作者与读者的见面会等，但如果打破常规就有可能产生新的阅读活动形式。西班牙巴塞罗那图书馆联盟举办的"文学之旅"活动，就是将以文学阅读为主题的活动策划成为一个户外探访活动，这项被命名为"文学之旅"的活动，活动主题是文学与阅读，活动形式是探访著名作家居住过或其作品中描写过的地方，并顺便访问沿途的公共图书馆，这一奇特的组合使该项活动充满趣味。另一种创意形式是细节创意，即仅仅是对整体活动中某一个局部进行了创新使其成为整个活动的"亮点"。一个从形式上看仍属常规的活动，因为有了一个、两个或多个"亮点"，仍然可以成为一个富有创意的活动。比如一个常规的暑假学生阅读活动，因为有了激励措施，就使得阅读变得大受欢迎。

3.宣传推广活动的组织

一旦选题确定，宣传推广活动就有了内容，这意味着活动的策划已经成功了一半，剩下的就是组织实施了。公共图书馆的这类宣传推广活动，就每一次活动而言，它都是"一次性"的，无论是成功还是失败，都只有一次机会，活动一旦进行，就不允许出现差错，因为任何差错在现场都很难弥补，所以，必须事先做好活动的实施方案，使整个活动能够在程序规范的前提下有条不紊地进行。活动方案包括如下内容。

（1）软件准备

所谓软件，就是实施程序与规则，以及应急措施。程序包括整个活动的所有环节，以及它们的先后顺序。而规则，则是保证程序顺利进行的控制手段。无论是程序还是规则，都必须做到：公平而人性化、完整而清晰、易于理解、可操作。

（2）硬件准备

硬件包括场所与道具，按照活动的需要进行准备。关键点是安全，如果是有小朋友参加的活动，安全问题要加倍小心，不仅是场所的安全，还包括道具的安全与无毒。

（3）人员准备

即参与活动组织的工作人员，以及他们的分工和责任。大型公共图书馆组织宣传推广活动往往由专门的部门来组织，人员相对固定。如果是大型活动，甚至需要调动其他部门的人员参与。事先分工并落实责任十分重要，这是保证活动顺利进行的重要条件。小型公共图书馆没有专门人员，那么人员安排和责任落实尤为重要。

4.宣传推广活动的宣传

宣传推广活动是为了宣传推广公共图书馆，促进公共图书馆的利用而举办的，但作为一项活动，它本身也需要事先宣传，通过广而告之，让更多的人来参与，否则就达不到宣传推广图书馆的目的。常见的宣传方式有以下几种。

（1）媒体宣传通过公共媒体提前广而告之。

（2）海报宣传即图书馆自己制作宣传海报进行广而告之。

（3）通信设备宣传如通过向注册用户群发短信的方式广而告之。

（4）网络宣传即通过图书馆网站、微信、微博等方式对活动进行宣传。无论是哪种方式的宣传，都应该对宣传推广活动的内容进行描述，而且，这种内容描述的好坏与详尽程度，对宣传效果有直接影响。越是对活动内容描述准确、渲染得当的，越能取得好的效果。

第五章　国外公共图书馆管理与服务经验借鉴

通过对国外国家公共图书馆发展现状及先进经营理念的梳理，总结出国外国家公共图书馆管理与服务特点，并提出对我国公共图书馆事业发展的启示，以尽快缩小我国与国外在公共图书馆服务方面的差距。因此，本章主要分析国外公共图书馆管理与服务经验借鉴。

第一节 国外公共图书馆的管理机构及管理模式

图书馆法是调节国家与图书馆之间、图书馆与其他组织之间及图书馆与用户之间在图书馆活动中所产生的各种关系的法律规范。在美国，适用于公共图书馆的法律体系相当完备，一直都是各国争相效仿的对象。为公共图书馆建立合理的法律法规，并且在其框架内进行建设、管理，这是美国公共图书馆事业一直都能够呈现出一派稳定、繁荣景象的根本原因之一。美国联邦政府、州政府以及美国图书馆协会等部门制定的各类图书馆法律法规一般都具有稳定性、连续性和权威性，不会被任意更改或者废除。

美国公共图书馆的管理机构有美国博物馆和图书馆服务协会、美国图书馆协会（American Library Asciain，简称 ALA）以及 ALA 的下属机构美国公共图书馆协会（Public Library Association，简称 PLA）。IMIS 是美国图书馆界唯一的政府职能部门，其作用为政策制定、提供资金支持以及进行数据和政策分析，同时还负责制定美国公共图书馆发展的战略计划。自从 1998 年以来，IMIS 每年都发布一次《公共图书馆调查》，其所提供的数据详细、及时且权威。

在具体的行业规范、业务指导以及人员培养等方面，美国图书馆协会及其下属机构美国公共图书馆协会对美国公共图书馆产生直接、重要的影响。

一、美国图书馆的立法

在美国历史上，第一部称得上是图书馆方面的法律是由马步诸塞州议会于 1848 年通过的《在波士顿建立公共图书馆的法案》。历经一百多年，在美国已形成一套完整的图书馆法律体系。美国公共图书馆立法由联邦图书馆立法、州政府（包括各郡县、市、地方政府）立法和行业立法三个层面构成。实际上，联邦图书馆法实施以后，联邦政府的作用仍然是非常有限的，原因是它的拨款并不多。相反，州政府能够为各级公共图书馆送去真金白银，所以州政府（包括各郡县、市、地方政府）制定的法律更具有权威性、可操作性，这些法律一般都是以维护知识自由为宗旨，以经费保障和改善服务为重点，并且所制定的法律条款都很具体、全面。

1.美国联邦政府的立法

为了保障图书馆能够正常、规范地运行，为更多的公民提供优质的图书馆服务，美国联邦政府先后颁布了 3 部与图书馆方面的法律。

（1）《图书馆服务法》《图书馆服务法》（Library Services Act）于 1956 年正式成为联邦法律，其主要目的是为乡村图书馆提供联邦资金，加强欠发达地区公共图书馆的服务力度。在该法律的支持下，许多乡村公共图书馆增加了馆藏、人员，图书借阅量大幅上涨。

（2）《图书馆服务与建设法》《图书馆服务与建设法》（Library Services and Construction Act）于 1962 年由美国国会通过，1964 年 2 月成为联邦法律。制定《图书馆服务与建设法》目的：为改善图书馆服务的项目或者建设项目提供联邦资金；重点照顾图书馆服务水平低的社区；照顾低收入人群。少数民族，残障人士及老年人。

（3）《图书馆服务与技术法》《图书馆服务与技术法》是《图书馆服务法》的延续，于 1996 年 10 月由总统克林顿签署为法律，用于代替《图书馆服务与建设法》。《图书馆服务与技术法》主要由美国图书馆协会和其他图书馆组织联合起草，是联邦政府为图书馆提供资助的指南。与《图书馆服务与建设法》相比，《图书馆服务与技术法》更加往重图书馆技术基础设施的建设。《图书馆服务与建设法》颁布后，对图书馆进行管理的政府职能部门由教育部（Department of Education）变更为博物馆和图书馆服务协会。《图书馆服务与技术法》适用于公共图书馆、学校图书馆、高校图书馆以及特殊图书馆。

《图书馆服务与技术法》有以下特点：支持低收入人群获得更好的图书馆服务关注图书馆服务水平较低的社区的图书馆服务，由各州的州图书馆管理资助款项；参照博物馆和图书馆服务协会所列出的名单进行资助。

2.各个州（包括各郡县、市、地方政府）的立法

各个州政府（包括各郡县、市、地方政府）也会出台一些图书馆建设与服务方面的法律法规，旨在监督图书馆利用好纳税人的每一分钱、保障更多的居民获得最基本的图书馆服务。其中，比较有代表性的是加利福尼亚州的图书馆法，它长达 200 多页，实际上是一部法律汇编，内容涉及财务、图书馆分布、外借服务、阅读推广、举办活动、馆舍设计、防火守则以及税收等等。经过修改后，该法于 2017 年 1 月 1 日再次颁布实施。

随着形势的变化，美国各地还会不断对原有的图书馆法进行修改或者颁布新的法规。例如，为了促进相邻公共图书馆资源共建与共享，最近几年加利福尼亚州实施了"加利福尼亚州图书馆服务法"计划，该计划由涉及 13 所图书馆的加利福尼亚州图书馆服务

董事会进行管理，该计划的相关款项划拨到加利福尼亚州合作图书馆系统。

该计划的工作内容主要有：根据流通情况进行报销（包括本馆借还和馆际互借）图书馆系统统一提供参考咨询服务；提供馆际互借、传真、邮寄、送货等方面的资金支持；为整个州的数据库提供资金支持（包括使用 OCLC 的费用、服务器的费用等）；支持个别馆的合并；图书馆系统统一提供参考咨询服务。

3.美国图书馆协会的立法

一百多年来，美国图书馆协会就一直在美国民众中享有盛誉，其品牌效应为自身赢得了社会各界的信任与支持。最有代表性的事件就是一百年前的"战时计划"-美国图书馆协会在一战期间发动两次捐款活动，在欧洲建立了 36 个营地图书馆，发放了将近 1000 万册书籍和杂志。从那个时期起，美国图书馆协会就在美国民众心中树立起了良好的形象。

美国图书馆协会是美国图书馆的行业代表组织，虽然不是政府机构，但是其影响力却不容小觑，在大多数美国图书馆从业人员眼中，它俨然是"图书馆界的政府"。美国图书馆协会制定的一些规范就具有"准法律"的效力，长期以来得到了图书馆行业和美国社会的高度认可。美国图书馆协会制定的重要行业规范有《图书馆权利法案》《美国图书馆协会道德规范》《图书馆：美国的价值》以及《观赏自由声明》等。

二、美国公共图书馆的管理机构及管理模式

（一）美国图书馆协会及其管理模式

1876 年 10 月 ALA 成立时总部设在美国第五大城市费城，1909 年起总部设在芝加哥。美国图书馆协会是世界上规模最大、历史最悠久的图书馆协会。作为一个世界级的图书馆重要组织，她历经一百多年的风风雨雨仍旧奋力前行，继续在图书馆事业管理、图书馆服务、扩大图书馆社会影响以及图书情报学教育等方面发挥领导者的作用。

ALA 是美国图书馆行业的专业组织，是美国图书馆界最具权威和行业影响力的机构，对全美图书馆及其从业人员起着指导与管理的作用。

1.明确使命及战略规划

在创建美国图书馆协会时，参会者定下的目标是"使图书馆员以最小的代价更轻松地完成目前的工作"。ALA 于 1879 年制定了协会章程，并在 1942 年进行第一次修改。

（1）ALA 的使命根据 ALA 的章程，ALA 的使命是：在发展、推动和改进图书馆、信息服务以及图书馆员职业方面发挥领导作用。促进每个人的学习并且保障他们能够获取信息。

（2）ALA 的重点行动领域

1）1998 年，ALA 理事会提出要有目的、有计划地工作，应该把更多的资源和精力放到以下 5 个重点行动领域（Key Action Areas）：

①多样性

②自由获取

③教育与继续教育

④知识自由

⑤21 世纪素养

2）2015 年，美国图书馆协会通过了新的战略规划，确定了以下 8 个重点行动领域：宣传图书馆及其职业

①多样性

②教育与终身学习

③公平地获取信息和图书馆账务

④知识自由

⑤读写能力

⑥ALA 机构优化

⑦图书馆变革

（3）战略方向

根据 2015 年（2017 年稍作调整）制定的战略规划，美国图书馆协会理事会确定了以下的战略方向；

1）宣传

2）信息政策

3）职业与领导能力发展

4）平等、多样性及社会融入

2.设立众多职能机构

ALA 的决策和立法机构是理事会。为了完成其使命，ALA 建立了完善的组织机构。各类机构在 ALA 总部的组织、协调指导下既有分工又有合作，能够有效地进行工作，展示出了 ALA 这个有机体的旺盛生命力。

（1）11 个分协会为了指导不同类型的图书馆展开工作，ALA 设立了 11 个分协会。

（2）17 个办公室出于工作的需要，美国图书馆协会还设立了 17 个办公室，这些办公室致力于美国图书馆协会会员感兴趣的众多领域或者回应会员关心的问题，它们是美国图书馆协会圆桌会议、委员会以及外部机构的联络机构。

（3）21 个圆桌会议美国图书馆协会还设立了 21 个圆桌会议（round tables）。圆桌会议是会员团体，有的需要缴纳会员费，有的发展一些项目，有的则出版刊物，有的还

与各地的相关团体有业务来往。

（4）州或地区分会美国的 50 个州及哥伦比亚特区设立有 ALA 的分会。

（5）其他机构 ALA 还在华盛顿特区设立了办事处，专门负责处理与国会和政府部门的联络事宜：在米德尔敦市设有《选择》编辑部。

3.广泛发展会员

ALA 是个开放的机构，全世界的各类人士（不局限于图书馆行业人员）只要认同 ALA 的宗旨，都可以申请成为会员。美国图书馆协会会员具有广泛的代表性。目前 ALA 拥有 5 万多名会员（包括个人会员、学生会员等）及 4000 多名团体会员。拥有众多的会员。ALA 就有了压力和工作动力，会员也为协会做出各方面的贡献，例如，在 2016 财年中，会员总共缴纳了 840 万美元的会费。

4.举办年会及展览会

美国图书馆协会已经成功举办了一百多次规模盛大、影响深远的美国图书馆协会年会暨展览会。对于来自美国本土及世界各国的图书馆行业人士来说，他们可以借此机会进行多方面的交流和沟通，有助于增长知识、开阔视野并提高自身的业务水平。对于美国图书馆协会来说，举办年会不仅能够提高该协会的知名度、权威性和影响力，还能够增加了不少收入，真可谓名利双收。美国图书馆协会年会是很有特点的。

（1）人气旺

1876 年，美国图书馆协会主办了第一届年会。一百多年来，几乎每年都举办的美国图书馆协会年会暨展览会是世界上规模最大的图书馆专业盛会，其展览规模也名列世界大型展览会前茅。数十年来，世界各地近千家图书馆系统、软件提供商、出版商、批发商、电子出版物公司、图书馆设备以及家具制造商等积极参会。

（2）规格高

众多知名人士到会发表演讲每一届大会都会有大批知名人士受邀到会发表演讲。

（3）活动内容丰富多彩

最近 10 年来，每年大约有 2 万人参加美国图书馆协会年会，大会一共有 2000 个左右的分会议，还有各类颁奖活动、文化活动等。有关公共图书馆的内容中将比较详细地介绍一部分会议。

（4）能盈利

举办一场大型的会议需要一大笔开支，只有广开门路才有盈利的可能。归功于该协会的品牌效应和科学策划，美国图书馆协会能够成功地通过举办大会盈利。

（5）可持续发展

美国图书馆协会年会历经一百多年依旧保持着强大的吸引力，真正走上了可持续发展的道路，确实令人欢欣鼓舞。

5.举办冬季大会

除了每年一度的美国图书馆协会大会暨展览会以外，美国图书馆协会每年还举办一届冬季会议与展览会。冬季会议为期 6 天，规模相当大，活动内容也非常丰富。

6.促进全民阅读

（1）主导"一书一城"阅读推广活动

十几年前，美国大地上掀起了一股举办"一书一社区"（One Book，One Community）阅读推广活动或者"一书一城"（One Book，One City）阅读推广活动的热潮。"一书一社区"阅读推广活动的方案是：选出一本市民或者本校师生比较能够接受的图书并让众多的市民同时读这，然后再通过讨论会、读书会、讲座或者作者见面会等方式进一步探讨、交流的内容。自从西雅图于 1998 年首次成功举办"一书一城"阅读推广活动以来，美国的许多城市（学校）已经连续十几年成功地开展了此类活动，该活动参加人数众多、涉及面广、影响极为深远。为了指导图书馆、图书馆员工以及图书馆合作伙伴更好地规划和实施"一书一社区"活动，美国图书馆协会公共项目办公室于 2003 年开始提供相关的指导和资料-"一书一社区"资料指南，并且还举办"一书一社区"专题培训班。

（2）举办全国图书馆周活动

1958 年，美国图书馆协会（ALA）和美国全国图书委员会发起了全国图书馆周活动。设立全国图书馆周的目的是鼓励人们把更多的时间和精力放到阅读上，同时提倡人们热爱图书馆、更好地利用图书馆。美国全国图书委员会甚至还提出通过阅读来提高居民收入、构建稳固而幸福的家庭生活的号召。全国图书周已经成为美国人民喜爱的一个纪念周，每年都有大批民众参加相关活动。广大民众将于 2018 年 4 月庆祝全国图书周 60 周年生日，届时将举办以下一些活动：4 月 9 日：发布《美国图书馆状况报告》，并发布最具有争议的十书目。4 月 10 日：庆祝全国图书馆工作者日。4 月 11 日：庆祝全国移动图书馆日（National Bookmobile Day）。4 月 12 日：庆祝"为图书馆采取行动日"。

7.发行出版物

编辑出版物是美国图书馆协会实现其宗旨的重要途径之一。例如，美国图书馆协会编辑出版的《美国图书馆》杂志是美国图书馆界最重要的刊物。该杂志掌握着美国图书馆界的话语权，体现了图书馆行业的发展潮流。该杂志为双月刊，发行量为 6.5 万册（全球发行）。

（1）美国图书馆协会编辑出版的部分杂志。

（3）美国图书馆协会的其他出版物包括多种专著、小册子、书目、标准和视听资料。

（4）网上书店美国图书馆协会在其网上商店中为各类人群提供大量的图书馆专业图书，有需要者可以自行购买。

8.提供教育指导、就业指导或者培训服务

作为全美图书馆行业的领头羊，为广大民众提供各类与图书馆有关的教育指导或者培训机会是美国图书馆协会义不容辞的责任。

（1）教育指导例如，美国图书馆协会为有意向从事图书馆方面的工作的民众提供了一些咨询服务。

（2）就业指导提供了美国各地各类图书馆从业人员的薪酬情况、各州的聘用情况等信息。

（3）提供培训服务美国图书馆协会一直引领美国图书馆行业的发展，与时俱进地为各类图书馆职工提供一些培训服务。例如，2014 年美国图书馆协会提出了"图书馆改变社区"（Iibnaries Transforming Communities）计划，目的是向图书馆员工提供新工具、新资源、新支持以便他们能够通过新的渠道更加深入地参与社区活动，使公共图书馆成为社区事务的领导者。

（4）提供在线培训

针对图书馆从业人员提供各类网络培训机会，培训方式包括网络研讨会、网络课程、研讨会以及电子论坛等。

9.制定各类标准和指南

作为美国图书馆行业的专业协会组织，美国图书馆协会担负着为各类图书馆制定各类标准和指南的重任。美国图书馆协会制定的各类标准和指南有效地对全美图书馆行业的建设与服务进行规范，起着非常重要的指导作用。

（二）美国公共图书馆协会及其管理模式

美国图书馆协会下属机构公共图书馆协会成立于 1944 年，目前拥有来自美国本土、加拿大以及世界各地的 90000 多名会员。公共图书馆协会总部设在芝加哥，一共有 15 名工作人员，与 25 个委员会或者咨询团队建立密切的工作关系。公

共图书馆协会的主要任务为提供继续教育机会、提出具有特色的公共图书馆倡议以及促进公共图书馆员工（或者机构）的合作。

公共图书馆协会是美国图书馆协会的一个下属机构并且两者的工作方式甚至工作内容是很相近的，为避免重复，在此只选择性地介绍公共图书馆协会的一些做法。

1.举办公共图书馆协会大会

自从 1983 年以来，公共图书馆协会几乎每隔两年就举办一次大会一公共图书馆协会大会。公共图书馆协会大会轮流在美国的一些大城市举办，一般为期 5 天，参会人数通常接近 1 万人。大会的形式、内容与美国图书馆协会年会暨展览会相近，包含嘉宾演讲、各类会议、培训项目以及展览等等。公共图书馆协会大会成功举办超过十次，为各

界人士提供了一个相互交流、相互促进的平台，有效地推动了美国公共图书馆事业的发展，它的积极作用得到了业界的普遍认可。

2.提供培训和继续教育机会

随着时间的推移，公共图书馆的馆藏内容、服务手段以及居民的需求不断地发生变化，员工们必须不断地进行学习才能够跟得上时代发展的步伐。公共图书馆协会努力通过举办（或者组织参与）各类会议、提供继续教育机会来提高员工们的业务水平。

（1）提供在线学习机会

公共图书馆协会常年提供各类在线学习机会，学习者足不出户就可以参加学习。例如，2018年年初学习者可以观看一个免费网络直播研讨会，全国对话和协商联盟将探讨公共图书馆为中小型社区或者乡村社区提供服务的各类模式。

（2）提供现场培训机会

美国公共图书馆协会提供了各种各样的现场培训机会，培训内容涉及领导能力、规划以及社区参与等等。

3.强化领导能力培训及加大宣传力度

（1）领导能力培训

公共图书馆面临的形式是复杂多变的，图书馆的领导必须具备应对各种变化的能力，因此，公共图书馆协会一直都对图书馆领导或者职工进行领导能力方面的培训。公共图书馆领导能力学会（PLA Leadership Academy）是提供培训的主要机构，2017年底提供的培训主要有：

现场体验式培训（An Immersive In-Person Event），

城市（或者国家）管理特别观察（Unique City/County Management Pespecctve）

专业指导计划（Professional Coach Program）

基于项目的行动（Project Based Engagement）

（2）加大宣传力度

目前，美国公共图书馆普遍面临着资金短缺的问题，严峻的形势迫使它们使出浑身解数通过各种途径筹集资金。只有持久、有效的宣传活动才能带来更多的社会资金，因此公共图书馆必须学会宣传自己。公共图书馆协会不遗余力地在培训、教育、信息以及资源等方面为公共图书馆提供宣传方面的支持，曾经或者正在倡导的活动主要有：

1）帮助公共图书馆协会保留联邦政府图书馆资助活动（Help PLA SaveFedeal Funding for Libraries）

2017年3月，美国总统特朗普建议取消多年来为博物馆和图书馆服务协会提供的联邦资金。为了争取继续获得联邦政府提供的相关资金，美国图书馆协会、公共图书馆协会等机构发起了一场大规模的政治游说活动。最后，这些机构的努力取得了很好的结果，美国国会通过的 2017 财年预算不但没有取消该项拨款，而且还向博物馆和图书馆协会追加 100 万美元拨款。

2）"Edge 倡议"

在比尔及梅琳达·盖茨基金会的资助下以及城市图书馆委员会的领导下，目前所有的美国公共图书馆都能够使用 Edge 工具包。该工具包是一款领导能力及管理软件，可以协助图书馆更好地为社区服务或者宣传图书馆价值。除了美国公共图书馆协会的积极参与外，Edge 的推广应用应该归功于各界人士提出的"Edge 倡议"。

第二节 国外公共图书馆的社会援助

社会援助是以支援为目的的社会活动，它对社会调整资源配置、实现社会公平正义、维护社会稳定有非常重要的作用。从广义上讲，社会援助包含社会交流、社会救助和社会慈善等活动内容：从狭义上来讲，社会援助指的是为了实现某些机构的目标而为其无偿提供人力、物力、财力。

数百年来，美国的捐赠风气非常盛行，无论是从捐款总额还是捐款人数占全国总人口的比例来看，美国绝对是个超级捐款大国。据"全国慈善信托基金"的统计，2015 年美国人慈善捐款总额高达 3730 亿美元，平均每个家庭捐款 2974 美元，其中个人捐款占 71%。此外，美国人还有从事志愿者工作或者为社区提供义务劳动的习惯。各类图书馆的作用也得到了广大美国市民的高度认可，因此，不论是高校图书馆还是公共图书馆都有获取社会援助的机会。例如，在 1881-1919 年间，美国钢铁大王卡内基和卡内基基金提供 4000 万美元捐款在美国的 1412 个社区内建造 1689 所公共图书馆。

当今，互联网、手机等对人们的生活、学习、工作带来了巨大的冲击，人们的价值观也日益多元化、各类思想互相发生冲突，包括捐赠、志愿者工作在内的各类社会援助有助于人们更加深入了解社区、增进人与人的交往、增进团结互助、有利于和谐社区的构建。图书馆如果能够争取到更多的社会援助，就可以为市民提供更多、更好的服务，对图书馆和市民来说是一个双赢的局面，两者之间的互动就能够形成一个良性循环。有鉴于此，公共图书馆应当更加积极努力地寻求各类社会援助。

一、美国公共图书馆社会援助概况

一百多年来，美国各界为公共图书馆提供了大量的捐款捐物和志愿者服务。形成了良好的互动。在当前的经济形势下，美国公共图书馆依然需要得到更多的社会援助。

（一）寻求社会援助的必要性

几十年来，美国各级政府为图书馆提供的资金都不足以维持其日常运行。自从次贷危机以后，大多数美国高校图书馆和公共图书馆都面临比较严峻的形势。

1.基金的收入下滑

2.社会捐款总额远不如预期

3.财政拨款减少

4.馆藏资源越来越贵

5.特殊馆藏急需资金

以洛杉矶公共图书馆系统为例。洛杉矶公共图书馆系统有一个中央馆和 86 个服务地点（包括分馆在内），每年的预算为 2 亿美元。自从 1978 年加利福尼亚州削减对公共图书馆的拨款后，40 年来洛杉矶县（Ios Angeles County）公共图书馆系统的财务状况就不容乐观。如果财务状况不能得到改善，到 2022 年，该图书馆系统每年经费短缺将会到达 1080 万美元。当前，员工薪水、运营成本以及退休员工健康福利都在上涨，该图书馆系统将有可能被迫裁员或者减少服务项目。

（二）影响美国个人或者机构向图书馆提供援助的主要因素

美国国内的个人或者各类机构经常为社会各界提供捐款捐物或者其他类型的援助，显得非常乐善好施，其实也是有其深层原因的。以下简单阐述美国公共图书馆得到大量援助的一些因素。

1.宗教精神

美国有几个主流宗教，最典型的基督教是劝人向善、鼓励人回报社会的。许多美国公共图书馆的诞生得益于教会的捐赠。例如，在波士顿公共图书馆成立初期就得到了不少教会图书馆和私人图书馆的赠书。一百多年来，在教会的带动下，许多有宗教信仰的美国人纷纷向公共图书馆提供包括图书、捐款、捐物等在内的各类援助。

2.共和文化的影响

美国共和文化指的是定型于共和国创建时期文化的总称，它的核心是"自由""平等""参与"和"民主"。共和文化使得美国民众普遍具有一定的社会责任感，他们一般都比较关注为公共图书馆提供资助之类的慈善事业。

3.公共图书馆管理制度的影响

在美国，每年都有大量的慈善资金涌向公共图书馆，这与其实行的理事会管理制度是有一定的关系的。公共图书馆理事会负责制定各类政策、募集资金、进行重大事件审议以及监管等。这一制度让普通民众有了参与公共图书馆的管理、为图书馆的建设提供意见和建议的机会，深得民众的认可与信赖。

4.法律制度的影响

早在 1913 年，美国政府就以法律的形式明确规定向被认可的慈善组织捐赠是可以免税的。为了鼓励、规范慈善事业的发展，多年来，美国各级政府不断完善相关的法律法规，坚持对慈善捐献给予相应的免税待遇，极大地刺激了私人和机构向公共图书馆等公益性机构提供捐赠。一个机构、组织或者团体成立后，如果通过申请被美国国税局认定为非营利机构或者慈善机构，在接收捐赠时就可以享受免税政策。被认定为慈善机构的话就具有501（C）（3）资格，而美国人比较倾向于向具有501（c）（3）资格的机构、组织及团体提供捐款。

（三）提供援助的机构或者个人

为了能够维持正常的运行、保障居民利用图书馆的权利，近十年来美国公共图书馆更加努力寻求社会力量的援助。美国公共图书馆得到的社会援助主要来自以下几个方面：

1.基金会

2.图书馆之友

3.志愿者

4.个人

5.公司

6.宗教组织

7.其他机构

例如，洛杉矶县公共图书馆系统的中央馆和72个分馆开展的"我们一起读"活动项目和"讲故事和阅读"（Story Talking and Reading，简称STAR）活动项目多年来就得到了众多机构和个人的大力支持。

（四）对捐助者的高度认可与赞誉

在美国，不论是高校图书馆还是公共图书馆都会得到很多的社会援助，相关图书馆也会通过各种途径表示对捐助者的高度认可与赞誉，此举极大地激起了美国人的捐助热情。例如，世界上藏书最多、规模最大的高校图书馆-哈佛大学图书馆就是在哈佛牧师捐赠的400册书和一块地皮的基础上建立起来的，为了纪念哈佛牧师的无私奉献，人们在哈佛大学校园里设立了他的铜像。在哈佛牧师的影响下，上百年来，哈佛大学图书馆每年都会得到高额的捐赠资金。根据哈佛大学2016财年的数据，2016年哈佛大学图书馆的资产总额已经接近4.8亿美元，该财年的运营经费达2.5亿美元。同样的，公共图书馆也得到了社会各界的大量援助。

二、为美国公共图书馆提供援助的基金会

美国社会上的基金会（为了与图书馆基金会区别开来，如果不特别说明，提到的基金会不包括图书馆基金会）数量众多、财大气粗而且乐善好施，各类基金会为美国社会提供捐款的数量占所有捐款的1/6左右。

提起基金会，大多数美国人都会把它与图书馆联系在一起，美国的各种基金会与图书馆确实存在着密不可分、盘根错节的关系。一百多年来，美国的各类基金会非常关注图书馆的发展，每年都为公共图书馆提供大量的援助，对美国图书馆事业的发展起到了非常重要的作用，同时也为全世界的慈善事业做出了表率。

例如，21世纪的最初十年期间，比尔及梅琳达基金会通过其图书馆项目中的"美国图书馆"子项目向美国图书馆界提供了703笔捐款，数额达数亿美元；从1898年至1919年，卡内基基金会在美国捐献了4000万美元，用于1406座公共图书馆馆舍的建设；美国独立后最早出现的基金会史密森学会（Smithsonian Institution）的主要目标就是发展图书馆与博物馆事业。

（一）美国基金会概况

一般说来，英文中的"foundation"被中国人翻译为"基金会"。实际情况则复杂得多，美国基金会中心（Foundation Center）强调"foundation"一词并不是一个法律用语（a legal term），因为许多称谓中不包含"基金会"的机构做的事正是真正意义上的基金会做的，反之亦然。

1.基金会的宗旨以及资助领域

不论规模大小以及建立的历史背景，美国的基金会的宗旨一般都是传播知识、促进文明和造福人类。上百年来，美国基金会的业务涉及教育、医疗卫生、艺术与文化、公共事务和社会福利、科学技术、社会科学和宗教等领域。

2.基金会的类型

美国社会上有不同类型的基金会，按照不同的资金来源、运作方式可以分为以下四种D：●独立基金会（Independent Foundation）独立基金会是美国社会最为普遍的基金会，其数量和资产总额都占美国基金会总数和总资产的85%以上（2012年数量占总数的91%）。独立基金会的资金来源为个人或者家族的捐资或者遗赠。闻名于世的福特基金会、洛克菲勒基金会、比尔及梅琳达基金会、卡内基基金会都属于独立基金会。根据美国基金会中心2014年提供的有关2012年的数据：比尔及梅琳达基金会为美国资产最多、捐赠金额最多的基金会，当年的资产总额为372亿美元，捐赠金额为32亿美元；福特基金会资产总额为112亿美元，捐赠金额为5.93亿美元。

3.基金会的雄厚实力

美国基金会不但资产雄厚，而且还在不断发展壮大。

（二）如何申请基金会的资助

以比尔及梅琳达·盖茨基金会和一些专项资助为例，说明美国公共图书馆如何向一些基金会提出资助申请。

1.比尔及梅琳达·盖茨基金会

（1）比尔及梅琳达·盖茨基金会概况

比尔及梅琳达·盖茨基金会（Bill&Melinda Gates Foundation，亦可简称 Gates Foundation）由微软公司创办者、世界级大富豪比尔·盖茨创立，是全球最著名的基金会之一，多年来无论是资产总额还是捐赠数额都名列世界前茅。2012 年，比尔及梅琳达·盖茨基金会的总资产达 372 亿美元；该基金会承诺每年捐出其全部财产的 5%（相当于每年捐赠 10 亿美元以上）。2017 年，比尔·盖茨把价值 46 亿美元的微软公司股份捐赠给比尔及梅琳达·盖茨基金会。

（2）比尔及梅琳达·盖茨基金会主要资助领域

2007 年起，比尔及梅琳达·盖茨基金会向美国图书馆协会提供 95 万美元资金，用于改善公共图书馆的上网条件。例如，该基金会向华盛顿州的"宽带技术机会"项目（Broadband Technology Opportunity Program，简称 BTOP）提供资金，提升了该州 17 座公共图书馆的宽带速度 s。2013 年 10 月，美国数字图书馆（Digital Public Library of America，简称 DPLA）接受了比尔及梅琳达·盖茨基金会的 990 195 美元捐赠，专门用于培训公共图书馆馆员的数字技术和能力。

2.提供专项资助的基金会

在某种特定情况下，有一部分基金会会向美国公共图书馆提供一些专项资助，图书馆可以根据需要有的放矢地向它们提出资助申请。

三、为美国公共图书馆提供援助的图书馆基金会

在美国，许多公共图书馆都设立有自己的基金会（称之为图书馆基金会），其运行管理模式与四种类型基金会（称之为社会上的基金会）较为相似。众多的图书馆基金会为美国公共图书馆提供了大量的资金、图书、各类物资以及志愿者工作，促进了公共图书馆事业的发展。图书馆基金会和图书馆之友都是公共图书馆最忠实的机构，它们长期以来为公共图书馆提供了大量的资金、图书、各类物资以及义务劳动。由于两者的目标基本一致，目前两者的界线变得越来越模糊。圣保罗公共图书馆之友（The Friends of the Saint Paul Public Library）彼得·皮尔逊（《图书馆之友和基金会，第二部分：你的图书馆之友和基金会可以合并吗》）一文中提出了自己的观点：在为图书馆募资等方面，双方存在着工作雷同、重复甚至竞争的关系，容易令人产生困惑，应该把两者合二为一。彼得·皮尔逊的观点得到了一些相关人士的认同。目前，美国图书馆协会已经举办如何合并图书馆之友和图书馆基金会的培训班，由彼得·皮尔逊授课。

由于图书馆基金会在许多方面与社会上的基金会和图书馆之友存在诸多相同之处，

为了避免重复，在此仅以圣安东尼奥公共图书馆基金会（San AntonioPublic Library Foundation，简称 SAPLF）为例简单说明这一类基金会为公共图书馆带来的大量社会援助。圣安东尼奥公共图书馆基金会成立于 1983 年，是一个具有 501（c）（3）资格的慈善组织，享受美国税务局的免税政策；该基金会设立董事会，董事会成员为 60 人。该基金会是在当地商界精英和社区领导的倡导下成立的，目的是向个人、公司及慈善基金会展开募资活动，用于缓解公共图书馆的财政困境，为市民提供更好的图书馆服务。为了实现基金会的宗旨，该基金会的成员一直都在努力工作，截止至 2018 年元月，该基金会已经为当地公共图书馆筹集 3000 万美元资金，用于支持图书馆馆藏建设等方面。

圣安东尼奥公共图书馆基金会的工作有以下一些特色：

1.做好募资计划

例如，2018 年该基金会的工作重点是为圣安东尼奥公共图书馆中心馆的得克桑纳家谱资源中心募捐，旨在打造一个世界级的家谱资源中心。

2.有计划地使用募集的资金

该基金会对所募集到的资金进行监管，让每一分钱都用到最需要的地方。在 2016-2017 财年中，该基金会募集了 1707785 美元资金，主要用于特色馆藏，技术投入以及发展分支机构等方面。

3.积极开展募资活动

该基金会积极开展募资活动，与一些捐赠机构或者个人建立了深厚的感情，因此拥有了稳定、持续的资金来源。

四、为美国公共图书馆提供援助的图书馆之友

图书馆之友是一个由关心图书馆发展、热爱图书馆事业并愿意为促进图书馆的发展捐赠资金或文献资料的人士组成的非营利性会员制组织。每个图书馆之友都有自己的章程或者目标。图书馆之友是图书馆与居民进行有效沟通的桥梁，也是美国图书馆事业蓬勃发展、经久不衰的坚实基础，可以说有图书馆的地方就有图书馆之友。例如，洛杉矶县图书馆系统的 77 个图书馆之友的会员多达 5523 人。洛杉矶县公共图书馆系统的 22 个分馆拥有专门的图书馆之友网站，它们各自开展活动，为图书馆提供了大量的资金、图书以及志愿者服务等。美国公共图书馆的图书馆之友为美国的图书馆事业做出了相当大的贡献，它们不仅积极地为当地公共图书馆募集钱物、提供义务劳动，而且还为图书馆的发展提供宝贵的意见和建议。

1.美国图书馆协会的参与以及图书馆之友活动周

美国图书馆之友的历史悠久、影响深远，例如，1922 年美国伊利诺伊州出现了第一个以图书馆之友命名的组织-Friends of the Library of Glen Elyn free Public Library。1979

年美国成立了全国性的"图书馆之友"组织-美国图书馆之友。2009年，美国图书馆之友与美国图书馆理事会和倡导者协会（合并为 United for Libraries），这是美国图书馆协会的一个分支机构，致力于发展及支持全美各地的图书馆之友组织（或者支持图书馆事业的类似组织）的工作。在 United for Libraries 大力倡导和组织下，多年来成功地举办了全国图书馆之友活动周，其主要目的是答谢社会对图书馆的支持、交流工作经验以及发展新会员。

2.图书馆之友提供的志愿者工作

与以上提到的社会上的基金会和图书馆基金会相比，图书馆之友更加接地气更加像一个民间组织，其成员更多地参与到公共图书馆的各项活动中。组织社区居民为图书馆提供义务劳动（包括较为正规的志愿者服务）是图书馆之友最重要的工作之一。为了减轻公共图书馆在人员或者财务方面的压力，一般说来，图书馆之友可以在以下各个方面协助图书馆工作：

（1）送书

（2）家庭作业辅导

（3）在募资活动中从事接待工作支持读书俱乐部的活动。

（4）协助图书馆举办考试培训、讲座、亲子活动，协助图书馆举办各类庆祝活动支持社区的暑期阅读活动，协助图书馆进行用户调查，收集旧书扩充图书馆馆藏

（5）出售旧书为图书馆筹集资金

（6）在图书馆的旧书店工作

（7）宣传图书馆债券

3.图书馆之友的募资活动

对大多数图书馆之友来说，为当地的公共图书馆募集资金是它们最重要的活动内容。为了能够通过募资活动给图书馆带来持续稳定的资金，必须有计划、有安排地进行各项工作。

（1）常见的图书馆之友募资工作流程

大体上来讲，图书馆之友的募资活动与其他机构的募资活动是极为相似的，募资活动可以分为前期工作、中期工作和后期工作三个阶段。在此仅仅以前期工作流程为例简单说明图书馆之友的募资活动应该有组织、有计划地进行。

（2）图书馆之友有特色的募资活动

除了常见的募资手段外，作为非政府组织的图书馆之友的筹款方式名目繁多、别出心裁。

4.图书馆之友的财务工作

美国新墨西哥州中部城市阿尔布开克公共图书馆之友成立于1969年并于1970年被

认定为免税组织。2014 年该组织的资产总额为 567059 美元。该组织有一名专职工作人员，2014 年的年薪为 34500 美元（当年新墨西哥州的平均薪酬为 24 435 美元）。2014年该组织的收入为 260335 美元，有力地支持了该市公共图书馆的发展。

（1）图书馆之友的资金用途

除了小部分活动开支外，阿尔布开克公共图书馆之友募集到的资金全部用于支持当地公共图书馆，使用资金的领域主要有以下方面：

1）举办系列音乐会

2）举办特藏图书馆系列讲座

3）支持图书馆员工培训

4）支持图书馆开展社区活动

5）出资成立图书馆动手学习中心

5）在博物馆举办图书馆志愿者午餐会

6）为图书馆购买咖啡、洗手液、卷筒纸等物品

7）购买图书馆设备设施（例如购买价值 3.7 万美元的小货车等）

（2）财务状况

阿尔布开克公共图书馆之友努力开展募资活动，取得了较好的成绩。在此以该组织的财务状况为例阐述图书馆之友如何管好"钱袋子"。

五、为美国公共图书馆提供援助的个人

在美国，相当一部分的公民一生都与图书馆打交道，他们离不开图书馆、热爱图书馆，因此，他们是最愿意为公共图书馆提供援助的群体，他们所捐赠的款物一般都占捐赠总额的一半以上。除了捐款捐物以外，众多的居民还为公共图书馆提供义务劳动（或者志愿者服务），这也是另外一种援助形式。

（一）普遍怀有图书馆情结的美国人

美国的公共图书馆事业如此发达，这与美国人的图书馆情结是分不开的。许多美国人从出生起就开始到图书馆读图画书、听故事了，当他们变成老年人时，图书馆依然是他们最眷恋的地方之一。

1.图书馆为个人提供有针对性的服务

以拉法叶市图书馆与学习中心（Lafayette Library and Learning Center，简称 L1LC）为婴幼儿及老年人提供的服务为例，就可以看出美国公共图书馆是如何尽心尽力地为居民服务的。

2.成年人大量使用图书馆

除了婴幼儿、老年人经常到图书馆参与活动外，其他年龄段的美国公民同样也经常到图书馆借书、咨询或者参加各类活动，或者访问图书馆网站。皮尤公司的调查结果表明，2015年12月至2016年11月的12个月中，大约一半美国的千禧世代Milnias，大约出生于1980到2000年的一代年轻人，并无严格定义）到访图书馆、流动图书馆或者登录图书馆网站，可见，他们是使用图书馆的主力军，按照图中所显示的趋势判断，在往后的大约30年中他们依然会经常使用图书馆或者访问图书馆网站。顺理成章地说，他们也理应成为为图书馆提供捐赠的主力军。

由此可见，因为能够从公共图书馆得到诸多好处，所以大多数美国人一辈子都怀有深深的图书馆情结。

（二）具有向图书馆提供捐赠的传统的个人

美国慈善事业发达，很多美国人热爱图书馆，很愿意为图书馆捐款捐物或者提供义务劳动。

（三）针对个人进行募捐的一些方法

图书馆之友的募资工作分为前期、中期和后期三个阶段，公共图书馆针对个人进行募捐时，也分为三个阶段。为了提高募捐活动的效果，在此有必要谈及针对个人进行募捐时应该注意的一些细节。根据美国一些募捐专家的建议，与捐赠者或者潜在捐赠者进行接触时，应该注意以下一些细节；

1.前期工作-培育公共图书馆有关人员

可以通过平时的接触或其他渠道获取潜在的捐助人名单，并通过各种渠道与他们建立起良好的关系，利用一切可能的机会与他们联络感情，一般要培养一到两年的感情。如果图书馆职工与他的关系很好或者对方财大气粗、乐善好施，则可以缩短培养感情的时间。如果对方是完全陌生的，则至少与他接触4次后才可以提出捐助请求。图书馆可以派馆领导、校友工作机构人员或者志愿者与对方进行接触，并且最好每次只派两个人。与对方接触后应记录下接触方式（上门拜访、校友活动、文体活动等）和接触的类型（培育感情或请求捐助），把资料存档并计划下次接触。

2.中期工作-请求捐助

当感觉到时机成熟时，图书馆方面就可以向潜在捐助人提出捐助要求了。图书馆提出捐助请求的理由要充分，例如，因图书馆缺乏某些设备设施或者资金而不能更好地为社区服务，只好向各界人士寻求帮助；同时，还应该说明希望得到的数额、资金的用途以及致谢形式。如果感觉到对方没有捐助的能力或者犹豫不决，图书馆方面的人应该降低请求捐助的资金额度或者暂不请求捐助。不论结果如何，始终都要非常尊重对方甚至欣赏对方。

3.后期工作-回馈捐助

人图书馆收到捐助人提供的款项或物资后，应该立即以电话、书信等形式向捐助者表示感谢。在书上、设备上或建筑物印上、刻上捐助者的姓名是一种普遍的做法。本次捐助行动完成后，不要冷落捐助人，而是应该经常与他们保持联系，让他知道图书馆一直感激他、记着他；有机会的话，尽可能邀请捐助人参加图书馆举办的宴会以及各类活动。

第三节 国外公共图书馆创客空间的建设与管理

2005 年 2 月美国技术作家戴尔·多尔蒂在自己创办的《创客》（Make）中首次提到了创客（Maker）一词，他认为创客就是"把技术融入个人的学习、需求和生活中并且能够亲自参与创造、制作的人"。

创客空间可以被看作是供在机械、技术、计算机、科学以及电子艺术等方面拥有共同爱好的人分享知识、创造新事物的实验室、厂房、工作室或者工作坊 D。十几年来，大量的创客空间出现在美国的学校、各类图书馆、博物馆以及社区中，成为不同年龄段的居民进行创作、动手和进行交流的好场所。2015 年，全美国的成年创客数量高达 1.35 亿，超过半数的成年人都是创客。在这场轰轰烈烈的创客运动中，美国的创客的水平得到了很大的提高，比如，创客们可以用 3D 打印机制造四轴飞行器、克隆无花果和组装基于树莓派的可以让小猫穿戴的微型间谍摄像机。美国各地举办的创客大会（The Maker Faire）也得到了社会各界的认可，获得了巨大的成功，例如，在加利福尼亚州举办的 2015 年创客大会中，一共举办了 900 多场展览会、300 多场演讲会，盛况空前。

为了提高社区居民的动手能力、创造能力以及实现自身的服务转型，美国公共图书馆也积极地投入到了创客空间的建设热潮当中，并且凭借自身的地位优势、资源优势以及技术优势引领着全美创客空间向更高的水平发展。在经费紧张、资源有限以及人员短缺的情况下，有的美国公共图书馆还与其他机构共同建设、经营带有营利性质的创客空间，称之为商业性创客空间。

一、促使美国公共图书馆创客空间快速发展的主要因素

1.适应新的学习方式及培养动手能力的需要

柏尼·崔林（Bernie Tilling）是美国甲骨文教育基金会的高级主管，他认为人类社会正在快速地进入"知识时代"（Knowledge Age），当前人类面临的变革的剧烈程度正如从农业时代过渡到工业时代的变革的剧烈程度。以美国为例，1991 年美国正式进入"知识时代"，因为该年度美国在工业和制造业方面的投资（1070 亿美元）首次被在信息和

知识方面的投资（1120 亿美元）超过。他用一些关键词列出了两个时代中的工作价值链（value chain of work）的不同之处：工业时代；精炼制造组装营销运销产品（服务）知识时代；数据信息知识技能营销服务（产品）工作价值链的永久改变迫使人们的工作和生活都发生相应的改变，人们在社会中的学习方式和方法同样也会产生巨大的变化。

1956 年，美国著名的教育心理学家本杰明·布鲁姆指出：在认知领域的教育目标可以分为从简单到复杂的 6 个主要阶段，这就是著名的"教育目标分类法"。大约半个世纪后，美国的两位学者才对"教育目标分类法"进行了一次修正。修正后的"教育目标分类法"强调了创造的重要性。

综上所述，人类进入 21 世纪后，教师的授课方法和学生的学习方法已经发生了革命性的变化，公共图书馆要做出相应调整才能有效地为学生的学习服务：作为居民终身教育的重要场所，公共图书馆还要想方设法培养居民的动手能力和创造能力。

2.图书馆空间再造与服务创新的需要

由于受到数字图书馆、互联网资源等方面的影响，美国公共图书馆的图书借阅量已经连续多年呈下滑趋势。在公共图书馆中创建创客空间，吸引更多的居民来接受图书馆的服务或者利用图书馆的空间或者设备，也是图书馆彰显核心价值、实现公益服务宗旨的有效途径。创客（1）空间可以促进图书馆转型发展与服务创新：

（2）重新开发和利用闲置的空间资源

（3）延伸服务理念、促进非正式学习

（4）激励居民挖掘自己的智力资源和潜能，从被动接受知识转为主动动手、创造

（5）让居民更加接近新科技

（6）有利于提升全民科技素养

（7）提升了图书馆公益服务的社会影响力。增进人与人的交流，有助于和谐社区的创建。

3.充分利用开放教育资源的需要

开放教育资源（Open Educational Resources，简称 OER）是指通过信息与传播技术来建立教育资源的开放供给，用户为了非商业的目的可以参考、使用和修改这些资源。

在遵循开放的标准与协议的范围内，学习者可以随时随地对开放教育资源进行访问、传播、修改与完善，实现了全球范围内的知识共享与共建，为全球教育者、学习者提供了大量丰富的、免费开放的教育资源，满足了人们对优质教育资源的需求。通过共享优秀课件、先进教学技术，教学手段等开放教育资源，可以提高相关单位的教育质量。创客活动和开放教育资源一样，都支持创新、协助和个性化，因此，公共图书馆中的创客空间是利用开放教育资源的好地方。根据 John Robertson 2010 年的调查结果（具体调查人数不详），相当一部分美国公共图书馆的馆员非常支持在图书馆中利用开放教育资源

为居民服务。

4.美国各界对创客空间的政策支持

创客空间之所以能够在美国公共图书馆中蓬勃发展，除了人们更容易得到设备与技术的支持外，另外一个重要因素就是各类政策的支持。可以说，在政策的支持下，美国进入了一个人人动手或者"大众创业、万众创新"的时代。

（1）美国图书馆界的支持

在 2012 年夏季及 2013 年冬季大会上，美国图书馆协会组织了在图书馆中建设创客空间的座谈会，会议涉及如何降低创客空间的建设成本、与其他机构进行合作以及管理方面的问题。2014 年 5 月，美国博物馆与图书馆服务协会发起了"在你的图书馆进行制作"（make it@your library）的图书馆和博物馆项目，旨在激励青少年利用第二课堂进行创新活动和制造活动。芝加哥公共图书馆、旧金山探索博物馆和匹兹堡儿童博物馆等机构是首期合作伙伴*。

（2）美国教育部门的支持

美国教育部联合教育技术办公室于 2012 年 9 月宣布在全美范围内开始实施"导师创客空间"计划，要求有条件的公共图书馆、学校及社区中心把一定的资金投入到创客空间的建设中。

（3）美国联邦政府的支持

美国总统奥巴马曾向全国人民提出"人们不应该只是消费者，而应该是创造者"（to be makers of things，not just consumers of things）的倡议"，大力推动能够实现"全民创新、全民动手"的目标的创客空间的建设。2014 年，美国政府还在白宫举办了首届白宫创客节（White House Maker Faire），其目的是给各类公司基金会、非营利组织以及学校提供一个交流技术、产品的机会。美国政府还倡导了声势浩大的"创客教育计划"，旨在培养青少年的创新思维和动手能力，呼吁尽快提升与创客空间有关的软件及硬件的质量。

（4）美国各类资助机构的支持

只要以 STEAM 或者 STEM 的名义创建创客空间，美国的公共图书馆等机构将有可能获得以下一些机构的资金支持：

社区基金会、艺术委员会或者文化与艺术委员会美国博物馆与图书馆服务协会布林克尔国际基金会、高知特公司、麦克阿瑟基金会等

二、美国公共图书馆创客空间的建设

（一）创客空间的选址与功能分区

1.创客空间的选址

在创客空间中，人们可以利用各种工具、各种材料进行制作，有的人到空间的目的是观摩别人的操作：人们在创客空间中也会有很多的讨论、交流。与传统印象中安静、舒适的图书馆环境有所不同，有时候创客空间是一个较为嘈杂的地方。在创客空间的选址过程中，需要考虑的因素有：噪音振动强光；废气废渣。

对于商业性创客空间（有的公共图书馆及其合作伙伴会租用本馆以外的空间作为创客空间的场所），财务状况、设备以及服务是决定选址的最重要因素。

因此，选址时还应该考虑以下一些问题：

（1）创客空间的可持续发展问题近十年来，几家美国的知名创客空间都有过不断搬迁的经历，例如创建于 2009 年的马萨诸塞州 Industry Lab 于 2010 年就因为空间问题而第一次搬迁，后来还有两次搬迁经历，几年来其空间规模从两间教室逐渐扩大到 465、1022、1208 平方米。因此，在选址时应当充分考虑到创客空间的发展情况，预留足够的发展空间。

（2）节约开支的问题如果要节约场地费方面的开支，可以考虑租用一些旧仓库、工业用房、老旧校舍等等。根据一份非官方的调查结论，在租金便宜的地区的创客空间的最小面积至少为 740 平方米，这样才足以提供教室、工具出租房、工作间、储物间以及接待台等空间。

2.创客空间的功能分区

通常可以设：立的空间有接待区、社交及饮食区、工具出租区、储物区、展示区以及商品区（主要用于出售创客空间生产的物品）、应急设备区（用于放置灭火器、电震发生器、急救箱等设备）：另外，放置通风设备、电气设备以及法律法规要求配备的设备以及消防车专用道、卫生间和水暖设备也会占用地方。公共图书馆中的创客空间可大可小，小的创客空间可能只有半间教室的面积，大的则可能有上千平方米。在馆舍的设计上，则要考虑其功能分区问题。一般说来，创客空间应该划分出总服务台、制造空间、数字媒体空间、个人研究区、小组讨论区、小创客发明室、创意设计展览区等主要功能区。

2014 年，美国俄亥俄州凯斯西储大学提出了一个大型创客空间"ThinkIab"的馆舍建设方案。Think Lab 项目投资达 3000 万美元，建筑面积为 4600 平方米。按照不同的使用功能，ThinkLab 分为 7 个区域：

（1）社交活动空间

（2）协作空间

（3）原型设计空间

（4）制作空间

（5）办公场所创业中心

（6）孵化基地

如果公共图书馆创客空间的面积比较大，在空间布局上可以参照 Think Lab 所提出的思路。

（二）移动创客空间的建设

随着创客空间在美国的兴起，美国还出现了各类移动创客空间。一些有条件的美国公共图书馆也根据实际情况装备了移动创客空间，为更多的居民提供更便捷的服务。为了促进本社区青少年在科学与技术方面的学习，图拉丁"扶轮国际"社分社与有关部门一起发起了移动创客空间项目，该项目使用了一辆装备有各类制作工具和材料的汽车。该移动创客空间主要到当地的图书馆和学校为少年儿童服务。

1.改装用车辆

根据美国一些公共图书馆多年来使用移动图书馆的经验，可供用于建设移动创客空间的车辆类型主要有：

（1）厢式货车能够适应山隘、小路、小桥、小渡轮以及小的停车场。具有节约燃油、员工的特点。

（2）卡车长度约为 8-11 米，底盘比客车的便宜，能够适应大多数路况。

（3）长途客车长度约 10 米。车厢平坦、宽敞，底盘比卡车的高。

（4）公共汽车长度约 10 米。底盘比卡车的低，上车容易。适合在城市使用，不太适用于高低不平的路面。

（5）半挂车长约 15 米，可以陈列众多的设备。总之，选择车辆时不但要考虑车辆价格及容积，还要考虑相关地区的地貌、路况以及移动创客空间将来可能提供的服务等因素。

2.移动创客空间提供的服务

除了一些特别大的设备外，普通创客空间中的工具和材料都可以根据需要安装到移动创客空间上，以便为居民提供尽可能多的服务。Alpha One Labs 是一家专门为创客空间提供工具及解决方案的商家。

三、公共图书馆创客空间的设备、家具、工具、材料及软件

公共图书馆创客空间能够为居民提供各种各样的设备、工具及材料，确保居民能够进行各种物品的制作并进行分享。如果能够很好地把多种学科、多种技能融入创客空间中的各类制作项目，创客空间可以成为正规教育的补充和延伸。

（一）创客空间中的设备

1.电源

一般说来，创客空间中的电源插座多多益善，这不仅仅是方便不方便的问题，更重要的是安全保障以及防火的需求。多设置电源插座可以有效地避免随意拖拉电线等乱象。

2.洗涤槽

在创客空间中，洗涤槽也是很重要的。如果没有洗涤槽，将会造成极大的不方便，还可能导致有的项目无法开展。所有的洗涤槽都应该配有存水弯，可以有效地避免各类下水道的问题。

3.通风设备

在创客空间中需要通风设备的项目是很多的，例如焊接、使用大型设备的木工以及产生挥发性化学物质的各类操作（比如有挥发性的胶水、喷漆）。使用激光切割机时一定要用到通风设备，甚至还需要额外的过滤器。进行 3D 打印操作时会产生大量的有毒超细颗粒，必须在通风的条件下进行。使用大型的木工工具时，最好开启粉尘控制系统，否则会有粉尘爆炸的危险。

4.回收设备

创客空间应该提出回收利用的方法并且提供相应的回收设备。在创客空间中产生的废品中，有的物品是可以再次使用的，有的是可以回收的，不能够不加区别地通通扔到不可回收的垃圾中，最后送到垃圾填埋场。各种电池都应该得到有效的处置，尤其是纽扣式电池。

（二）创客空间中的家具

创客空间支持在非正式场合进行学习，培养人们对科学与技术的兴趣，促进玩耍与探索，激励同龄人相互学习，还培育亲自创造而不是仅仅消费的文化。创客空间的宗旨与公共图书馆的服务内容有诸多重合之处，因此许多公共图书馆纷纷加入建设创客空间的行列当中。图书馆中的创客空间配备的家具应该遵循设计合理、简单实用、多种用途、价格低廉等原则。创客空间中的家具包括工作桌、工具墙、凳子、柜橱等。创客空间中

有各种各样的家具，有的家具是完全可以自制的，此举可以节约很多开支、造出符合实际需求的物件，同时也锻炼了居民的动手能力，可谓一举多得。

1.工作桌

工作桌是创客空间中最重要的家具之一，大多数的制作活动都会利用到它。创客空间可以根据需要制作或者订购不同规格、不同材料甚至具有集成电缆管理功能的工作桌。

2.创客空间中的工具名目繁多、形状各异，需要一个既安全又容易寻找的地方来收纳，工具墙就是最佳的选择之一。为了能够挂上尽可能多的各类工具，工具墙上应该有大量的孔洞、钉子和钩子。

（三）创客空间中的工具

不同的创客空间有不同的服务对象，因此，没有人能够提供一份完美的工具清单。正因为更多工具的添置，才使得公共图书馆的创客空间越来越受到居民们的欢迎，人气也越来越旺。

1.常见工具

手持工具：锯子、螺丝刀、锤子、扳手及镊子等

电动工具：电钻、轨道打磨机、曲线锯、切割锯、圆锯、台锯、钻床、车床、砂光机、角向磨光机等

焊接工具：电烙铁、氩弧焊机

打印设备：2D 打印机、3D 打印机

2.与电路或者计算机有关的工具

在创客空间中，电子设备通常与高大上联系在一起。含有 LED、马达、微型控制器和代码的产品令人耳目一新。创客们一旦学会焊接并点亮组装好的 LED，就好像踏进了神秘的电子设备世界，开始揭开马达、LED 以及电池组等设备的神秘面纱。制作一些简单的电子产品并不困难，有时候完全可以利用一些边角料来制作，还可以利用废旧电子设备中的元件。

（四）创客空间中的材料

意大利幼儿教育家洛利斯·马拉古奇指出：孩子是由一百组成的，他们有一百种语言、一百只手、一百个念头、一百种思考方式、游戏方式及说话方式。对少儿来说，创客空间中的工具和材料不仅可供制作之用，而且还能体现出他们的想法、感情和思想。创客空间给他们提供了创造和表达的机会，最终使得他们有机会为社会做出贡献。因此，创客空间的工作人员或者指导者应该不拘一格地为居民提供适合的材料。纳什维尔公共图书馆在一个节日时召集居民利用废旧材料在创客空间里制作了许多个木偶。

实际上很多创客空间已经有了一些简单而实用的材料，例如纸张、水、沙子、泥土、木头、木钉、废木材、织物、纤维、气泡布、铝箔等等。创客空间就应该首先考虑为居民提供此类简单实用的材料。在下一步的采购中，要考虑什么是消耗品、什么是可以重复使用的，需要考虑这些材料的多样化、多种用途以及是否容易采购。

唾手可得的创客空间常用材料有：

1.办公用品活页夹夹子、无头钉、回形针、橡皮筋、纸张和笔记本这些常见的物品在创客空间中经常可以大显身手。纸张是创客空间里的明星，它随手可得、用途广泛。压敏双面胶点有时候就可以代替热黏合剂甚至胶枪。

2.回收利用的物品

纸板盒和塑料瓶

食品袋包装（例如可以用来制作铅笔盒）

各类瓶子（例如废弃的洗发水瓶子可以用来制作枝形吊灯）

旧电器或者玩具

从旧货店找来的其他物品

3.创客空间中其他项目的废料

木板和木块

织物和纤维

4.天然材料

泥土、砖头、树叶、石头、沙子、水、风、阳光

（五）创客空间中的软件

在电脑技术、互联网技术高度发达的今天，为了能够让居民学会使用各类电子产品，创客空间不但要为居民提供各类软件，而且还要通过培训课、讲座等形式对他们进行培训。美国公共图书馆创客空间中常见的软件有：

DS Max 可以运用于电脑游戏中的动画制作及影视片的特效制作的软件。

SolidWorks 基于 Windows 平台的简单、易学、易用的三维参数化设计软件。

AutoCAD 可以用于绘制二维制图和基本三维设计的软件中。

Google SketchUp 可以通过一个图形就可以方便的生成 3D 几何体的软件。

Autodesk Inventor 可以使操作人员进行三维建模、技术支持、信息管理、协同工作的软件。

Rhino 可用于机械设计、三维动画制作、工业制造以及科学研究的软件。

ReconstructMe 可以实时显示 3D 扫描模型的视觉效果的软件。

Blender 可以用于建模、贴图、映射、动画、绑定、蒙皮、粒子以及物理学模拟、

合成、脚本控制、渲染、后期处理、运动跟踪、游戏制作等工作的软件。

OnShape 建模程序。

Tinkercad 适用于青少年的免费建模程序。

Scratch 编程工具

C 语言

四、创客空间中的创客教育

将论述创客空间中的教育问题，即创客教育，主要涉及思维方式、教学方法以及动手制作原则三个方面的内容。图书馆创客空间不仅仅能够培养个人动手能力、创造能力以及促进交流，从更深层次来讲，它还具有教育功能，即所谓的创客教育（maker education，简称 ME）功能。传统教育是典型的基于知识的教育，具有深深的工业化烙印：创客教育则是适应知识经济时代发展的以能力为导向的教育（Competence-Based Education）。创客教育对传统的教与学产生了巨大的冲击，是传统教学的一种补充，两者是同时存在、相辅相成的。能够培养动手解决问题的能力、创造能力或者激发好奇心、促进团队协助的活动都是符合创客教育精神的。中国学者张红利总结出了图书馆创客空间的教育功能。

对美国的社区居民来说，公共图书馆是个进行终身学习的地方。公共图书馆的创客空间则同时具备了学习科学文化知识和进行动手实践的功能。如果创客空间中的指导者能够利用适当的学习方法或者学习理论对居民进行有效的指导，他们在创客空间中的学习与实践将会达到事半功倍的效果。将简单地为创客空间中的指导者和居民介绍一些学习方法和理论，指导者可以根据居民的类型、制作项目的类型或者创客空间的目的来选用这些学习方法或者理论。

（一）创客空间中的学习方法

在美国公共图书馆创客空间中运用到的学习方法和实践方法主要有探究式学习、项目学习法，动手制作以及设计思维。

1.探究式学习（inquiry-based learning）

也称探究学习、探索性学习等，是主动学习的一种。探究式学习是指在教师的引导下，以学生独立自主学习和合作讨论为前提，以教材为基本探究内容，为学生提供充分自由表达、质疑、探究、讨论问题的机会，学生通过个人、小组、集体等多种解难释疑尝试活动，将自己所学知识应用于解决实际问题的一种教学形式。

2.项目学习法（project-based learning）

也称基于项目的学习、基于专题的学习、课题式学习等。与体验教育相似，项目学习法认为学生能够在互相协作完成一个特定任务和解决问题的过程当中进行学习。项目学习法是按学习的需求立项的，由学生来选择主题，并围绕该主题展开一系列资料收集、整理、分析、研究、获得新知识、交流等活动，学生参与且主导整个过程。

老师在每个环节，都要为学生起到引导的作用，根据项目的主题不同、学生的表现不同不断调整自己的教学计划和项目的进行计划。谈到创客空间在教育方面的作用，令人最容易想到的就是项目学习法。项目学习法在世界各地流行了相当一段时间，其效果得到了教育界的广泛好评。但是，一部分机构在运用项目学习法时遇到了各种各样的问题，例如，有些活动或者任务虽然被贴上"项目"的标签，但整个实施过程并不是真正意义上的项目学习法，学生的学习效果很差；有时候因为教师准备不足而完全达不到教学效果，白白地浪费了师生的时间，也导致了学生对该学习方法的困惑和误解。

为了能够使项目学习法能够真正显现出其优越性，巴克教育研究所对该方法进行了改良，形成了新的一套理论-"黄金标准"项目学习法（Gold Standard PBL）。该理论包含三个部分：

（1）学生学习目标。"黄金标准"项目学习法是以学生的学业成绩和成功人生经验为出发点的。学习目标由基本的认识和理解、基本的成功技能两部分组成。

（2）"黄金标准"项目学习法的设计要素。

（3）"黄金标准"项目学习法的教学方法。

创客空间中的指导者利用"黄金标准"项目学习法对居民进行项目指导时，在进行项目设计过程中应该考虑的要素有：

1）问题的提出持续的探究

2）学生的声音与选择反思

3）批判与修正产品或方案

这些要素都与学生学习目标中的基本的认识和理解、基本的成功技能有密切关系。

3.动手制作（tinkering）

诺贝尔经济学奖获得者詹姆斯·赫克曼教授证实，儿童早期发展的质量对其一生的健康状况、经济状况和社交状况产生极大的影响。儿童时期最重要的事情之一就是玩耍，玩耍可以促进儿童的创造力、好奇心、批判性思维、冒险以及解决问题等关键技能的综合发展。亲自动手制作和玩耍一样重要，两者具有以下一些重要意义：

（1）对人类的发展、认知能力的提高、幸福感的提升以及保持身体健康至关重要

（2）可以通过非正规教育机会平衡正规教育经验，可以让孩子更集中注意力、更会与同伴互动、拥有更高的生活质量

（3）提高儿童在解决冲突、协作、团队合作、计策安排、适应力方面的软技能，为一生的成功打下基础，促进儿童的神经发育

4.设计思维（design thinking）

设计思维是一种思维方式，一般具有综合处理能力的性质，能够理解问题产生的背景，能够催生洞察力及解决方法，并能够理性地分析和找出最合适的解决方案。设计思维已被广泛地应用于设计、工程、管理等领域，同时也越来越得到教育界的认可。有人指出：设计思维=传统设计思维方式+视觉化思考+社会化思考。

（二）创客空间中的学习理论

另外，根据图书馆员工以及教育人士的推荐，在美国公共图书馆创客空间中进行动手制作或者学习时，运用到的学习理论主要包括：

1.建构主义

也称结构主义。让·皮亚杰（Jean Piaget）等学者指出：人类是在与周围环境相互作用的过程中，逐步建构起关于外部世界的知识，从而使自身认知结构得到发展。利用建构主义可以比较好地说明人类学习过程的认知规律，即能较好地说明学习如何发生、意义如何建构、概念如何形成，以及理想的学习环境应包含哪些主要因素等等。

2.建造主义

美国麻省理工学院终身教授西蒙·派珀特博士在建构主义的基础上提出的理论。该理论指出，当人们能够通过构建有形的对象去了解他们周围的世界时，学习可以更有效率。该理论还认为人际的互动是知识学习的重要历程，通过对比得知，上述两种学习理论都是以学习者为中心的，都反对传统的"填鸭式"教学并且强调人与人交流的重要性。公共图书馆创客空间是居民进行制作或者终身学习的地方，居民们在这里可以通过亲自设计、动手操作甚至玩耍等方式进行学习。

（三）创客空间中动手制作的基本原则

美国各界对创客空间的教育功能进行了较为深入的研究。为了更好地实现创客空间的教育功能，居民在创客空间中进行制作时应该遵循一些基本原则，同时，还要充分考虑把多种学科、多种技能运用到同一个项目当中。

1.制作时应该遵循的基本原则

●先简后繁

●学会利用废弃物或者进行再利用

●经济性原则

●跨学科

●多种技能

●尽可能不污染环境

●尽可能结合自己的专业进行创作

2.创客空间中涉及多种学科、多种技能的项目

创客空间是进行 STEM 教育（科学、技术、工程、数学教育的总称，其中 S 代表科学、T 代表技术、B 代表工程、M 代表数学）的好场所，根据归类，创客空间中 17 种涉及多种学科、多种技能的项目是：

- 灯光电路音响电路
- 电动机和开关
- 传感器和机器人
- 飞行装置拆解
- 建造
- 乐器
- 绳子和纺织品
- 机械装置打印
- 能源和电力
- 纸质工艺品和纸板金制作
- 编程木工
- 建筑
- 软性电路和服装

实际上，在创客空间中进行的每一个项目都要运用到多学科、多种技能、多种材料。

五、美国公共图书馆创客空间中居民的活动内容

美国各个公共图书馆所处的社区的情况千差万别，建立起来的创客空间的面积、设备设施以及指导人员等方面也存在着很大的差异，因此，不同的公共图书馆创客空间展开的活动也相差甚远。在广大居民对亲自动手的热情很高涨的情况下，美国公共图书馆创客空间的工作人员会充分利用现有的人力、工具及材料为居民提供尽可能多的服务。大体上来讲，美国公共图书馆创客空间提供的活动形式主要有以下几种：

- 动手制作
- 组织团体活动
- 举办培训班
- 为学校提供培训服务与小企业合作
- 提供工具出租服务
- 组织或者参加创客大会

1.动手制作

美国公共图书馆创客空间努力为居民提供各种各样的材料和设备，让他们尽可能有

机会自己设计、动手，例如 3D 扫描、3D 打印、焊接、首饰设计制作、玻璃工艺品制作以及电脑编程、电子器件的设计，等等。

2.组织团体活动

美国公共图书馆创客空间中的团体活动主要有：探讨动手操作技能（例如 3D 打印技术、焊接技术）、创客交流会、创客节等等。

3.举办培训班

美国公共图书馆创客空间经常组织各类培训班，指导居民如何使用创客空间中的设备、工具、软件。许多美国公共图书馆创客空间为各个年龄段的居民提供编码编程培训。例如，为了提高相关馆员的编码编程水平，美国图书馆协会的下属机构儿童图书馆服务协会（Association for Library Service to Children，简称 AISC）还专门举办了视频培训班。

4.为学校提供培训服务 2017 年暑期，在信息协调员的组织安排下，曼西公共图书馆为 6 所学校的高中生提供了为期两周的电影制作培训课。在培训课程中，该馆运用了项目学习法（project based learning），注重培养学生的动手能力，使学生在短时间内学会了写剧本、拍摄和剪辑等技能，取得了很好的效果。培训课程结束后，参加学习的学生获得了图书馆颁发的结业证书 0。

5.与小企业合作

许多美国公共图书馆创客空间还利用自身的设备为当地的企业服务，在某种程度上减少了某些企业在购买 3D 打印机、激光切割机、机器人工具包等方面的开支，促进了当地经济的发展。

6.提供工具出租服务

为了鼓励居民亲自动手维修房屋、种植蔬菜水果，肯特郡公共图书馆创客空间为当地居民提供房屋维修工具及园林工具出租服务。

7.组织或者参加创客大会

在堪萨斯城（Kansas City）创客节中，约翰逊县图书馆创客空间专门设置了一个展台，总共接待了约 1500 位参观者，相当于为本馆进行了一次有效的宣传活动。

8.成立创客俱乐部

北部奥内达加人公共图书馆成立了一所创客俱乐部，为 7 岁以上的少年儿童提供涉及科学、技术、工程以及数学方面的技能、材料、技术及工具，会员每周都有一次参与纸板、拼豆、胶带以及机械工程等方面的制作的机会。会员还可以向俱乐部提供有价值的建议。

六、美国公共图书馆创客空间的管理

(一)利用网站对创客空间进行管理

图书馆创客空间中的工作牵涉面广、相当烦琐,为了有效地对各项工作进行管理或者达到宣传的目的,美国公共图书馆的创客空间基本上都会建设专门的网站。如果不想在网站建设、维护等方面投入太多时间和精力,可以考虑利用 Wordpress 或者 Google sitcs 来建设比较简单的网站。从管理的功能来讲,创客空间专门网站的主要作用如下:

1.宣传自身的设备、服务与居民进行联系

2.记录并及时公布各个项目的情况

3.招聘志愿者或者指导人员

接受捐赠美国纽约州的费耶特维尔免费图书馆创客空间 Fab Lab 是一所著名的公共图书馆创客空间,面积约为 230 平方米(2500 平方英尺),如果加上创造实验室(Creation Lab)和小创客空间,则总面积接近 280 平方米(3000 平方英尺)。该创客空间提供 3D 打印机、3D 扫描仪、激光扫描仪、数控铣床以及缝纫机等大量设备并定期举办相关培训,深受当地居民的喜爱。该创客空间的使用率很高,管理人员还要提供许多培训服务,工作量是相当大的。幸好该创客空间建立了专门的网站,为工作人员节约了大量的时间和精力。

(二)创客空间的人员管理

美国公共图书馆创客空间对整个社区的居民开放,使用者的年龄、文化、技术以及身体状况千差万别;管理人员(或者指导人员)既有图书馆的职工,也有聘请的技术人员或者志愿者。图书馆应该制定相应的规章制度对创客空间中的各类人员进行管理,只有如此,才能够在确保安全的情况下充分发挥创客空间应有的作用。

1.图书馆员工的管理

对大多数美国公共图书馆来说,创客空间的出现还是近几年的事,大家的经验都不算丰富;就算是已经投入使用很久的创客空间,也可能还会不断引进新的设备。因此,在创客空间中工作的图书馆员工应该不断学习新知识、新技能,同时,在安全方面对自己、对他人都严格要求,才有可能把工作做好。图书馆职工在创客空间中进行指导工作时,应该明确自己正在扮演的新角色;在创客空间中进行管理或者指导工作的图书馆员工应该做到以下几点:

(1)当好"项目经理"。在某些项目中监管所有使用者以及他们的计划、潜在危险、时间安排、资金预算甚至各类冲突;提出明确并且切实可行的目标,确定预算、时间表、项目范围和预期成果,并且把产品质量情况反馈给该团队。

（2）当好"首席研究员"。了解创客空间使用者的操作进程、提出建议和反馈意见。

（3）当好教练。在适当的时候为使用者提供信息或者进行鼓励，提高他们的思维能力和动手能力。

（4）当好研究馆员。关心使用者的需求、愿望和爱好，主动为他们提供有价值的资料。

2.创客空间使用者的管理

在创客空间中，使用者不能随意动手进行制作，而是应该按照一定的步骤和程序开展各项活动，对他们的要求如下：

（1）树立学习和探索的理念

（2）和同伴、指导员一起制定项目时间表

（3）遵守各项安全规章制度

（4）时刻保持警惕，发现危险则应该及时处理或者向他人发出警报

（5）参加项目小组的各种会议

（6）有效地进行时间管理和项目计划

为别的项目组提供有用的反馈

在技术改进或者设备优化等方面提出合理化建议

3.指导人员的管理

在创客空间中，指导人员的工作内容和要求与图书馆员工的有些相似，对指导人员的其他要求如下：

（1）负责回答技术问题、处理物资供应问题、传授工具的使用方法

（2）解释重要的数学、科学以及工程概念

（3）在项目的关键阶段与使用者进行一对一交流

（4）为项目的存档工作提供技术支持

（三）创客空间的安全管理

在公共图书馆创客空间中有不同的工具、机器和材料，使用者在制作过程中随时可能会遇到各种各样的危险，各方面的人员都应该高度重视创客空间的安全问题。创客空间应该努力培养一种安全文化，让安全意识深入人心，最大限度地降低发生人身伤害或者财产损失的概率。

1.制定安全守则

创客空间要参照化学实验室等部门的做法制定好一套完整的安全守则，并且还要为使用者提供基本的安全知识、安全技能培训机会：使用者要严格遵守安全守则进行操作。应该把安全守则挂到创客空间的墙上：同时还要在不同设备上或者不同区域贴上明显的

警示牌。详细的安全守则请见附录。

2.提交安全操作计划书

在创客空间中，有些操作是比较危险的，为了强化操作者的安全意识，也为了尽可能地避免法律纠纷，要求操作者提交安全操作计划是一个比较稳妥的做法。如果操作者准备进行一些危险性比较高的操作，就应该在进入创客空间前向管理人员提交安全操作计划，获得通过后才能开始动手操作。一般说来，操作中涉及以下物质（仅列举一部分）时一定要提交安全操作计划书：

（1）黏合剂喷枪、酒精喷灯、酒精灯

（2）明火、蜡烛、燃烧器

（3）易燃易爆气体、液体

（4）压缩气体

（5）危险性较高的电子或者机械装置

（6）化学物质或者生物物质

（7）内燃机

3.创客空间特别安全指南

创客空间中的危险因素随时随地都存在着，几乎每一种制作项目都存在着不同程度的危险。

第六章　大数据时代的发展

随着数据时代的发展，对于人类如何处理分析数据得到了高速提升。大数据在生活，医疗，商业等各个领域得到了广泛的应用。因此大数据距离我们的生活并不遥远，数据发展到今天，已经不再是一个简单的概念，而是逐渐地融入了我们的生活，大数据的应用也是层层出新。当然作为一个发展前景广阔的应用技术，还需要我们进一步了解发展，比如如何为我们的生活带来便利，如何让在应用中得到更大的利益。基于此，本章主要探讨大数据时代的发展。

第一节 数据

一、什么是大数据

20 世纪 90 年代后期，以信息技术，计算机和网络技术等高新技术发展为标志，人类社会迅速迈进一个崭新的数字时代。现代信息技术铺设了一条广阔的数据传输道路，将人类的感官延伸到广袤的世界中。政府和企业通过大力发展信息平台和网络建设，改善了对信息的交互、存储和管理的效率，从而提升了信息服务的水平；生物科学领域通过对分子基因数据的解读重新诠释了生物体中细胞、组织、器官的生理、病理、药理的变化过程，从而突破了人类在许多疑难杂症上的传统认识；市场研究人员通过谷歌住房搜索量的变化对住房市场趋势进行预测，已明显比不动产经济学家的预测更为准确也更有效率；手机、互联网、物联网，这些先进的信息传输平台，在生成、传播着大量数据的同时，也越来越多地改善人们的生活。总之，政府、科学和社会等各个领域的每个细胞，都被快速发展的信息技术激活，畅游于信息海洋并获得认知效率的飞跃，沉浸于价值被认可的幸福与满足中。

精彩纷呈的数据也带来了利用数据的烦恼。日新月异的应用背后是数据量爆炸式增长带来的大数据分析的挑战。

大数据是一个新概念，英文中至少有三种名称：大数据（big data），大尺度数据和大规模数据（massive data），尚未形成统一定义，维基百科、数据科学家、研究机构和 IT 业界都曾经使用过大数据的概念，一致认为大数据具有四个基本特征：数据体量巨大；价值密度低；来源广泛，特征多样；增长速度快。业界称为 4V 特征，取自 volume，value，variety 和 velocity 四个英文单词的首字母。由此可见，大数据的核心问题是如何在种类繁多、数量庞大的数据中快速获取有价值的信息。

一方面，这种信息获取能力离不开优化的复杂大规模数据处理技术。另一方面是模式提取的程序、标准和规范。比如随着社交网络、语义 Web、云计算、生物信息网络、物联网等新兴应用的快速增长，在经济学、生物学和商务等众多领域中出现了成组数据、面板数据、空间数据、高维数据、多响应变量数据以及网络层次数据等结构复杂的数据形态，迫切需要强大的数据处理能力以实现批量信息的生产。而这种能力的一个关键问题是：对亿万个顶点级别的大规模数据进行高效分析的模型是什么？大数据不仅数据类型复杂，更重要的是数据中模式结构复杂，信噪比较低。优质数据与劣质信息的鉴别、操作便捷与垃圾信息有效过滤的平衡设计，信用危机的识别要素、稀有信息的发现、精准需求定位等问题更加突出。在数据泛滥的情况下，有价值的信息被淹没在巨大的数据海洋之中，有价值的见解和知识很难发现。而数据分析逻辑和规范的缺失必然导致垃圾信息和乱象丛生的信息环境。大数据认知在社会分析。科学发现和商业决策中的作用越来越重要。揭示数据背后的客观规律，识别信息的价值，评估信息之间的影响是合理开发数据资源和改善人类活动的重要组成部分。大数据技术已经成为科技大国的重要发展战略。

数据与能源、货币一样，已成为一个国家的公共资源，数据的管理和再利用技术不能取代科学，在数据的结构与功能越来越复杂的客观现实面前，需要更多角度的模式探测和更可靠的模型构建，无论是运用模型生成规则还是运用结果都需要更规范的设计与分析。

系统分析方法是传统数据建模方法，在大数据分析建模设计中大有作为，然而大数据建模更为复杂，有两个鲜明的特色，首先模型不是主观设定的或普适性的，而是具体的，从数据的内部逻辑和外部关联中根据问题的需要梳理出来的。在这个过程中，基于无形数据的有形模式的探索、比较、估计、识别、确认、解释不可或缺。这在高性能计算领域的算法研究和开发中尤其迫切。在这些研究中，模型常常并非现成的，数据与模型的简单组合拼装并不总是能够切中要害。复杂问题的数据获取，大规模数据的组织、处理，模型与算法、理性决策、数据的展现方式等，都会影响到最终输出模式和结果的可用性。第二，强调建模过程中模式的变化和复杂的关系，因为数据的脉络和联系正是通过建模过程的模式发展而一剂析出来的。数据的分布、数据的特征、数据的结构、数据的功能、数据的运动、数据在时空中的变化轨迹、数据的影响层次、不同数据变化层次之间的关系是统计科学的核心内容。总之，数据建模既不是统计理论的简单碰撞，也不等同于数据的自动加工，建模的意义是更好地理解数据，增加洞见。于是，数据建模与算法技术联合，成为大数据深度认知的关键。

二、数据、信息与认知

大数据分析里的第一个问题是要明确分析的对象-即数据的概念。什么是数据呢？数据有哪些功能呢？从表象来看，数据可以理解为人类对所感兴趣的对象特性的记录，数据是用于描述事实的，它具有时间和空间属性。数据的一项重要的功能是对所立目标形成深刻理解，提供未成形概念存在的依据。其中这个未知的概念既存在于数据之中，又与数据本身有所区别，这就是新的知识。20 世纪末日本学者从人类理解与学习认知的角度给出知识的定义：知识是概念的诠释和表达，数据是揭示知识存在的模式与关系的重要素材。单一的数据记录一般并不独立形成概念，为了产生有价值的、可靠的新认知，W 要将不同记录的数据进行有效的关联和组织，通过数据分析，把握体现数据共性和差异的关键线索，从而对在数据中的信息进行有序解读，实现对隐藏于数据中的知识的线索和联系的归纳与推理。没有数据则无法形成可靠的认识。

从知识形成过程的复杂性来看，知识可以分为显性知识（explicit knowledge）和隐性知识（tacit knowledge）与显性知识相对应的是显数据。显数据是指按照某种规律或理论通过测量能够得到的数据，用以描述观察到的现象和对概念做出量化描述。比如植物叶子的颜色、疾病的血象特征、贪图的地理分布、事件的时间发展、网民参与社交媒体的程度等。

在这类问题中，显知识常用参数表示，显数据是对参数的个体、部分或整体的观测。再比如：某一课题采用中国 51 个城市的居民微观调查数据，以与政府管制相关的企业娱乐和旅游花费来度量各城市的腐败水平。定量评估腐败对中国居民幸福感的影响。这类问题中使用哪些数据和哪些测量指标形成知识是预先确定的，数据的作用是客观真实地估计出整体的影响强度。

除此之外，许多知识是不可直接量化获得的，其中又分为一部分可直接测量，另一部分无法直接测量，也有完全不能直接测量的问题。对于无法直接测量的知识，则需要通过模型辅助推断。用于未知概念推理建模的数据称为隐性数据，隐性数据的主要作用是揭示隐性知识成立的可靠依据。比如：区分两类植物的关键要素、用于疾病诊断的基本症候、贫困的成因、两个异性成年人经过交往是否能够组建家庭等问题。这类问题的特点是概念构成因素多样化、内外影响机制不确定等，常常涉及不同因素或群体之间的相互影响作用关系的发现和关系变化规律的揭示。

例如，北京市北三环西向东每日早晚高峰期间桥面拥堵状况的智能预测就是一个典型的难于直接测得的问题，这个问题的关键是交通状态自动识别模型，用于建立模型的数据可以有几种选择，比如固定交通监视器的速度数据和车载 GPS 传递的车速数据，这些数据可以帮助建立速度预测模型。更进一步还需要考虑偶发拥堵和常规拥堵的区别，这两类又分别与相关路段的故障车辆数、周边教育机构的分布及天气情况有关系，这显然是一个复杂的建模问题，涉及很多变量和复杂的数据类型。

再比如，新近的一项科学研究指出，科学家成功研究发现"贪食基因"，该基因的存在能够导致人即使在饱腹状态 F 也能吃更多的食物。科学家指出，通过抑制该基因可以有效地治疗人体肥胖现象，支持这个结论的理想数据是一组参加试验的肥胖人群食物摄入数据，以及服用抑制"贪食基因"药物前后体重变化的动态跟踪试验数据，这个实验设计比较复杂，成功的关键是如何实现双盲（double blind）设计，通过尝试有效的分销管理却有可能获得支持研究且质量不错的观察数据。再比如消费行为研究中指出：消费水平较高的人主要关注投资，消费水平较低的人关注储蓄，消费水平对于存款的影响构成了公允投资定价的法则，而这一理论到底在多大范围适用，还需要数据进一步验证，有人通过网上银行直接关联两部分数据，总结出理论成立的人群特征。在社会学研究中，观察指出人们预期在有往来的两个人之间建立恒定的友谊关系，而不会在一人对另一人的单向关系中存在友谊，这个理论在实际中如何求证？这个用于形成社会组织方向关系的认知如何衡量？

总而言之，许多问题的回答需要在显性数据的基础上形成稳定的隐性数据。今天许多存储于数据库中的大数据主要实现了事实的描述性功能，但其分析潜力没有得到深度开发。复杂的问题中，无论是已知概念的统计描述还是未知概念的统计推断常常同时被需要，显性数据和隐性数据都是不可或缺的。值得注意的是，以上侧重于从知识形成的复杂性上将数据分成显性数据和隐性数据，是一种逻辑上的区分而不必事先截然分开。比如年龄是贫困人口的重要特征表示，也可以是贫困成因分析中的一个重要变量。显性数据由于测量上的问题，常常需要增加辅助数据进行模型推断，隐性数据所构建的概念往往也需要描述性数据给予必要的解释。有的数据兼具两种知识发现功能，不仅可以反映概念特性，而且也蕴含着不同群体的特征规律。例如，心脏病患者的饮酒习惯，既是区分心脏病患者和其他患者的识别变量，也可作为医疗诊断的识别观测变量。大量待分析的规律隐藏于数据之下，必须经过科学的辨识和分析方能得以提炼，成为有别于原始数据可判别是非和预测的可靠依据。

数据不仅在认知过程中的功能不同，在对认知的理解上也有不同，这就需要对知识进行解释的数据，一般将其称为数据的语义。语义是对数据符号的解释，数据的含义就是语义。对于信息集成领域来说，数据往往是通过模式来组织，数据的访问也是通过作用于模式来获得的，这时语义就是指模式元素的含义，例如类、属性、约束等。与语义相近的另外一个概念是语法，语法是模式元素的结构，定义符号之间的组织规则和结构关系。对数据进行统一的比较和分析可以产生新的语义实体，认知同样也依赖于表示数据含义的语义。地震灾区重建人才需求特征与其他地区的人才特征的区别则是语法分析中的核心内容。一般而言，单个信息的价值是不高的，多个信息组织在一起进行比较分析研究，可以提升信息的价值。

数据与其语义共同构成了具有时效性的、有特定含义的，有逻辑的数据。这就是信息。如果说数据是客观事物的一种符号，那么信息则可以认为是以有意义的形式加以排列和处理的数据。例如，政府通过个人贷款购买住房的数据，可以得出某城市当年贷款购买住房的总账记录，经格式化后，总账记录以贷款购房表的形式呈现出来，就可以认为是一个信息。

数据和信息既有联系又有区别。数据是信息的素材，又反过来表达了信息，信息为数据形成知识提供架构，数据是信息的内容。信息则只有通过数据的形式表示出来才能被人们用于比较、理解和接收。尽管数据和信息在概念上有所不同，从数据和信息的分析和利用来看，二者并不具有严格的区分，在不影响到理解的情况下，数据分析和信息分析很多情况下都被认为是一个概念，其共同的功能是形成有效的知识。数据本身并不自动生成认知，而是需要背景、模式和架构的分析，已经形成的认知也需要新的数据被不断地验证和调优。虽然在许多场合中，对个案的单一观测也被称为知识，但需要区分的是：仅仅收集这些观测本身并不必然形成知识，它提供的是用于加工知识的素材—数据。在我国台湾，人们甚至使用"资料"表示数据，以示其作为知识加工素材的基础作用。数据是知识的载体，数据挖掘是从复杂数据中产生认知的方法、原则和过程。

由于信息与通过结构化数据所定义的有意义的主题紧密相连。随着这些主题的时间效用失效后，信息本身的价值往往也会随之衰减，只有人们通过对信息按照新的主旨进行重整、归纳，比较和演绎，使其有价值的部分沉淀下来，并与已存在的人类知识体系相结合，这部分有价值的信息才会经历重生，实现价值的飞跃。例如，某地，某年6月30日，最高气温为37摄氏度。当年12月5日最高气温为3摄氏度。这些信息一般会在时效性消失后，失去被直接使用的价值。但当人们收集几年甚至几百年的气温变化信息进行归纳和对比时，就会发现此地每年7月气温会比较高，12月气温比较低，于是总结出全年的气温变化规律。

虽然季节概念形成的时间已无从考证，但新的知识以数据的形式再次被记录。在这个例子中，作为短期预报的信息具有直接价值，其间接价值是可以辅助人们做长期的规律分析。例如，50年内强地震前后气温的变化规律与正常相比是怎样的，显然研究这一课题需要气温数据核对数据的相应的分析和新的处理。再比如：大学生本科成绩信息的直接价值是可作为评估学生专业水平的依据，但不容易对学生本科毕业后的就业情况作出预测。学生如果不能正常就业，从学生的学业成绩中追查出一些原因也是有可能的，因为成绩和学生就业中的专业要求存在一定的关联，这也体现了数据的间接价值。

计算机普及以前，人们关注的信息问题是客观事物的特征记录，数据特征的采集、创建、检测、简约、合成、编码、存储。发布、检索、提取、重建、概念。判断、问题解决和服务等，当时通过特征观察形成认知的过程主要是人脑的主观思维和手动完成的。信息时代，计算机采集、检测、提取、更新等技术的发展扩展了数据的传播范围，其中一项突出的贡献是丰富了数据的存储格式，其结果是数据具有了多种表现形式。常见的如文件、报告、资料、数字、音频、语言、图形、视频、Web 页面等。形式多样的大规模的数据不仅激发了人们开展富有创造性的数据分析实践活动，而且推动了从数据中发现新价值规律这一科学认知过程的设计和实践。这些活动包括对数据收集、分类、概括、组织、分析和解释的工具、算法和建模的研究。

数据的另一个挑战是能够被结构化的数据是非常有限的，传统的关系数据库管理的结构化数据仅占数据信息总量的 15%。有统计显示，全世界结构化数据增长率每年大概是 32%，而非结构化数据增长则是 63%。用于形成智能的大数据，往往是非结构化数据，应用范围从企业信息化、媒体出版到垂直搜索、数字图书馆、电子商务等各个领域。未来的数据分析技术将向来源的异构化、应用的标准化、建模的流程化、表达的精炼化方向发展，并在面向对象、跨媒体数据、并行计算、分布式文件系统、异构数据的结合等领域展开更为深入的研究。

三、数据管理与数据库

从有文字记载开始，人类对自然和社会认识的进程就开始加快。认识提速的关键一步是对数据实施管理，即科学地组织和存储数据。20 世纪 30 年代，随着大工业生产和数据计算的需要，数据管理逐渐发展起来成为按照需要加工数据的一种技术。数据管理的核心问题是对数据实现分类、组织、编码、存储、检索和维护等任务。利用信息技术管理数据是近半个世纪以来的新鲜事物，数据管理技术经历了人工管理、文件管理和数据管理三个阶段：

20 世纪 50 年代以前称为早期的数据管理技术阶段，计算机的主要作用是科学计算。当时存储数据的工具只有纸带、卡片、磁带，没有磁盘等直接存储器，对数据的管理方式是人工管理，人工管理阶段的主要数据处理特点是：数据没有保存、应用程序独立、数据不共享和数据处理不独立等特点。很多业务管理是传统的纸质文件管理方式，这些文件不会长期保存，当有课题时将数据输入，用完就撤走。每一个不同的业务问题有相应的数据格式、应用程序、逻辑关系和存取方法。由于不同的文件具有独立的语义和逻辑，所以无法相互利用和互相参照。因此程序和程序之间，数据和数据之间都存有大量的冗余。

20 世纪 50 年代至 60 年代，数据存储技术取得巨大进步，硬件方面有磁盘和硒鼓等直接存储设备，软件方面出现了文件系统作为统一的数据管理系统，实现了对数据的系统性联机实时处理。用操作系统管理数据具有数据可以长期储存、数据的文件系统统一管理、数据共享性差、数据冗余等特点。这个时期虽然有了统一的文件管理系统负责管理数据，由于文件是面向应用的，于是即便两个相同的文件针对不同的应用，也需要重复存储，各自管理，这造成了很大的数据冗余，不利于数据的一致性，数据版本更新和维护困难。这个时期文件管理的数据管理技术不对数据和信息的意义进行新的创造。

20世纪70年代以后，随着计算机参与社会管理的进程加快，为编制和维护系统软件和应用程序，所需要的成本相对增加，在处理方式上出现了对更多联机实时处理的需要和分布式管理的需要。于是专门负责数据管理的系统逐渐从文件系统中独立出来，形成数据库管理系统。数据库管理系统管理的数据具有高度的结构化、数据独立性高、冗余度低、数据由数据库管理系统统一管理和控制等特点，这些特点对于提高生产速度、增强准确性和降低成本方面起到了关键作用，有效地提高了生产力。数据库管理系统开始成为改善服务、共享信息和提高质量的支持平台，20世纪90年代。对数据库系统的要求已不再局限于快速、准确、低成本地处理数据，而是希望其在缩短空间和时间，增强系统的记忆性，联系组织、客户、供应商，促进业务流程优化等四方面有所作为，这四方面的要求是传统的数据库和联机事务性处理所不能企及的。为满足企业包括资源计划（ERP）、客户关系管理（CRM）、门户网站（EWP）和信息门户平台（EIP）以及内部网（intranet）在内的应用系统的一致性，底层的统一物理存储独立出来，其作用就是对企业数据实施统一调配和管理。传统的基于业务的系统虽然在了解业务流程中取得极大成功，但在辅助决策时却产生了极大的困难。传统的数据库管理与辅助决策不相适应性主要体现在以下四个方面：

1.数据处理效率和质量

传统的数据库系统多用于事务性处理问题，如 MIS（Managencent Information System）和 OLTP（Online Transaction Processing），主要的特点是支持大量、简单、可重复使用的例行短事务处理，如插入、查询、修改和更新记录等服务，这些操作频率高，处理时间短，分时使用系统资源。在分析处理中，用户对系统和数据库的要求有新的需要，分析的特点是按主题编制、访问大量数据和处理复杂查询的长事务为主，遍历数据造成大量系统资源被消耗。

2.数据访问和数据集成

在商业层面进行决策分析时，需要全面集成的数据，这些数据不仅包含企业内部各个部门的相关数据，而且也包含企业外部的甚至企业之间的情报数据。决策者所需的数据也不再局限于本部门、本企业，而是分布异构的多渠道数据源，如商业领域竞争对手的 Web 数据库、文件系统、HTML 等非数据库系统等。现实中很多数据真实的存在状态是分散而非集成的，缺乏面向新主题的统一编码，数据的格式不统一，如果将这些集成问题交给决策系统程序解决，将极大地增加决策分析系统的负担，造成系统执行时间过长，极大降低系统的性能。为实现不同来源、格式、特性的数据在逻辑和物理上有机地集成，已经有一些成熟的集成模型。例如，联邦数据库系统、中间件模式和数据仓库模型，其技术核心是解决数据源语义的统一管理，以实现高效的统一访问。

3.数据操作和数据分析

对数据库的操作方式上，业务处理系统的关键问题是确保数据一致性和功能稳定性，于是其主要支持多事务并行处理，加锁和日志并行控制和恢复机制，而在数据访问操作方面提供开放的权限是有限的，而数据挖掘人员则往往需要运用各种工具对数据的整体进行多种形式的统一操作，并希望将数据结果以商务智能的方式表达出来。于是，数据仓库与业务数据库分离是目前数据挖掘设计中的通常做法。联机分析处理强调与决策者的交互、快速响应以及多维可视化界面。但其分析是浅层的，传统所提供的标准化的报表方式业务处理提炼信息的内涵，在形式上和内容上很难满足决策管理的需要。

4.数据的时限

般情况下，数据库中只存储短期数据，不同数据的保存期限很不一样，即使一些历史数据被保存下来，但也经常被束之高阁，未能得到充分利用。而对于决策而言，决策环境是动态的，历史数据非常重要，许多分析结果有赖于大量宝贵的历史数据，存储历史数据，对历史数据进行有效说明的元数据都是决策数据所需要的基本条件。

第二节 大数据时代

世界主要国家高度重视大数据发展，我国也将发展大数据作为国家战略。大数据技术链条长，从采集、传输到管理、处理、分析、应用，形成一个完整的数据生命周期，同时在多个阶段涉及数据治理。由于数据采集用到的传感器技术和数据传输依赖的通信技术分别属于基础器件和通信学科领域，不涉及这两类技术。

同时，大数据应用面比较广，应用发展状态不是技术问题，故也不涉及。另外，虽然大数据的发展已经经历了10多个年头，在一些应用领域（特别是互联网领域）取得了较好的成效，但是总体而言，大数据基础理论和核心技术仍不成熟，大数据治理体系远未建立，大数据发展仍然处于初级阶段。此外，信息技术发展的主流一直是以计算为中心的，数据仅作为输入和输出围绕着计算任务组织，信息系统设计和优化的核心目标是计算效能的提升。随着数据体量的快速增长，以计算为中心的技术体系开始显现出弊端，算力增长难以跟上数据规模的增长，形成"剪刀差"。

近年来，一种以数据为中心的新技术体系日益受到关注，有望成为缩小"剪刀差"的突破点。一些具有潜力的创新技术已经出现了，包括：在算法理论体系上，从由多项式精确算法主导演变为由亚线性概率近似算法主导；在大数据方法体系上，从经验沉淀驱动演变为数据模型驱动，从单纯依赖机器发展到"人在回路"的协作计算模式；在大数据系统结构上，通过以数据为中心的泛在操作系统，围绕着数据间的互操作，高效组织广域计算资源等。因此，在大数据应用需求的驱动下，计算技术体系正面临重构，从"以计算为中心"向"以数据为中心"转型。在新的计算技术体系下，一些基础理论和核心技术问题亟待破解，新型大数据系统技术成为重要发展方向，同时面临以下四大挑战。

挑战一：如何构建以数据为中心的计算体系。全球大数据规模增长快速。2020年全球新增数据规模为64 ZB，是2016年的400%，预计2035年新增数据将高达2 140 ZB，数据量呈现指数级增长。随着数字经济的发展和数字化转型的深入，愈来愈多的数据资源正以数据要素的形态独立存在，并参与数字经济活动的全过程。因此需要构建以数据为中心的新型计算体系，以适应新的应用环境。如何组织和管理超大规模的数据要素已经成为一项难题，如大数据管理面临着数据跨域访问带来的各种问题、系统规模持续增大带来的可用性下降、维护大规模数据带来的成本和能耗持续增高等严峻挑战。

挑战二：如何满足大数据高效处理的需求。数据规模呈指数级增长，数据动态倾斜、稀疏关联、应用复杂，传统大数据处理架构处理成本高、时效性差，如何满足规模海量、格式复杂、需求多变的大数据高效处理需求是大数据处理面临的重要挑战。

挑战三：如何实现多源异构大数据的可解释性分析。随着数据量持续地爆炸式增长和各类应用的不断拓展与深化，基于深度学习的主流方法因其仅关注单源单模态数据且模型只知其然不知其所以然的特性，已无法满足发展需求。如何打破数据多源异构造成的隔阂，融合多域甚至全域数据中蕴含的知识，实现分析结果的可解释，从而提升其可用性，是当前大数据分析面临的主要挑战。

挑战四：如何形成系统化大数据治理框架与关键技术。针对大数据应用过程中的对数据汇聚融合、质量保障、开放流通、标准化和生态系统建设的需求，大数据治理技术逐渐成为发展热点。然而当前系统化的大数据治理框架尚未形成，开放共享、质量评估、价值预测等关键技术远未成熟，这成为制约大数据发展的主要瓶颈。

一、大数据管理技术

1.主要技术挑战

大数据管理是大数据生命周期中的重要环节。大数据管理技术主要包括大数据的组织、存储、计算与访问等相关技术。尽管数据管理技术与系统已经经历了近60年的发展，但由于大数据具有超大规模、高速增长、类型多样、高复杂性等特点，大数据管理仍然面临诸多严峻挑战，特别表现在以下3个方面。

（1）高性能挑战

一直以来，追求数据访问的高性能是数据库系统的核心问题。随着摩尔定律接近终结，传统硬件性能提升乏力。在数据规模高速增长的情况下，大数据管理遇到的高性能挑战更加突出，迫切需要寻找性能提升的新驱动力，尤其是要充分利用近年来发展迅速的各种新硬件和人工智能技术，最大限度发挥异构架构带来的机会。

（2）可用性挑战

数据管理系统是大数据产业的核心基础设施，因此其可用性至关重要。大数据规模呈现指数级高速增长，大数据业务环境也非常复杂，大数据管理系统往往规模极大且具有很高的复杂度，因此各类错误发生的概率显著提升，可能导致服务中断、无法保证正确性，甚至可能存在恶意节点引发虚假消息或数据篡改等严重问题。这给大数据管理系统的可用性带来更大的挑战。

（3）能效挑战

目前维护和管理超大规模数据的能耗占比已经很高。现有技术往往以性能提升为导向，能效不高，因此面向快速增长的大数据，迫切需要发展和应用高能效大数据管理技术。

2.国内外研究现状与差距

比较新一代大数据管理技术的创新发展主要围绕高性能、高可用、高能效3个方面展开。

在高性能大数据管理领域，新的性能提升动力主要包括新硬件和人工智能驱动两个途径。在新硬件方面，美国在内存数据库并发控制、非易失存储器（nonvolatile memory，NVM）数据管理、GPU 数据库、异构计算数据库等方面的技术和产品均处于领先地位，德国的 SAP HANA 是高性能数据库的代表之一。我国在 NVM、远程直接内存访问（remote direct memory access，RDMA）、硬件事务内存（hardware transactional memory，HTM）等新硬件数据管理技术方面也提出一系列先进的创新成果，如上海交通大学的 RMDA 和 HTM 结合方案[3]，以及中国科学院计算技术研究所的 NVM 日志与恢复方法等。在人工智能驱动的高性能大数据管理方面，美国率先提出学习索引、Self-Design 等技术，微软、甲骨文、亚马逊等企业已在数据库产品中使用智能驱动技术。我国在学习索引、自动调优、智能查询优化、智能数据分区等领域的创新也非常活跃，如阿里巴巴、华为、腾讯等企业的数据库产品加入了数据自动调优、自动运维等自治技术，清华大学等高校提出一系列 AI4DB 创新技术。

在高可用大数据管理领域，数据冗余是应对软硬件错误的主要手段，核心技术是分布式共识和分布式事务处理，难点在于同时实现高可用和高性能。美国是该方向的引领者，核心算法和最早的系统都来自美国。国内阿里巴巴、清华大学、上海交通大学、中国人民大学等在核心的分布式事务和共识协同优化技术等方面取得了系列创新成果。国产数据库 PolarDB、TiDB 等可用性水平已达到国际一流水准。另一类可用性问题是网络中部分节点存在恶意，如发送虚假消息或篡改数据等。目前国际主流应对技术是区块链，主要发展趋势是通过公链和联盟链相互融合、适度降低安全性要求等方式提升区块链的性能。我国的区块链大数据管理技术发展和应用已接近国际一流水平，国产联盟链系统（蚂蚁链、腾讯区块链和百度超级链等）每秒交易量均超过 1 万，并在区块链发票、区块链司法存证、区块链物流溯源等领域广泛应用。

在高能效大数据管理领域，云数据管理技术通过资源共享、资源调度来显著减少硬件资源和能源的消耗，并使用低功耗硬件和数据压缩等软件方法进一步降低能耗。美国的亚马逊和 Snowflake 分别是联机事务处理（on-line transaction processing，OLTP）和联机分析处理（online analysis processing，OLAP）领域云数据库的全球引领者；美国亚马逊、谷歌、微软、Meta 等公司率先探索基于异构硬件和压缩的低功耗数据管理技术。而国内的高能效云数据库技术发展非常快，已与美国技术水平接近，如阿里云的 PolarDB 率先提出分离内存技术，中国人民大学等高校也通过异构计算和压缩数据直接计算方式构建了新型高能效数据管理引擎。近年来，国内外在云数据管理的基础上探索国家范围内的一体化高能效数据管理，例如美国苹果、谷歌等公司通过智能编排，将数据智能地在多个数据中心进行分布和计算，降低总体能耗。我国提出了算力网络的概念和国际标准，正式启动"东数西算"工程，充分利用中西部地区的气候、能源等优势，在全国布局算力网络国家枢纽节点，并逐步在人工智能、图像渲染、金融和政企业务等领域应用。我国在高能效一体化数据管理技术方面走在世界前列。

综上所述，近年来我国大数据管理技术和产品的发展都非常快，如在联机事务处理基准测试 TPC-C 排行榜中，OceanBase 以 707 351 007 tpmC 的性能排名世界第一，打破了甲骨文等国外公司长期垄断的局面。我国大数据管理技术与国外顶尖水平（绝大部分情况指美国）虽然存在一定差距，但大部分领域的差距并不大，具备赶超的机会；在高能效一体化大数据管理等领域，甚至有局部领先。

美国在新一代大数据管理技术方面仍处于全球领先和主导地位；欧盟在部分领域的产品和创新技术上有一定优势；日本、俄罗斯等其他国家相对而言在技术、产品和生态上均缺乏优势。而我国大数据管理技术进步非常快，在我国大规模市场的培育下，头部企业的产品能力和顶尖高校的创新能力已经达到或接近国际一流水准，明显超越日本、俄罗斯等国家一些领域的技术创新也领先于欧洲，与美国的差距在迅速减小；尤其是在高能效一体化大数据管理等领域，我国已经在国际上抢先一步发展。

二、大数据处理技术

1.主要技术挑战

过去 10 年，数据规模呈指数级增长，数据处理的时效性问题成为大数据处理系统面临的核心问题。同时数据应用蓬勃发展，数据深度价值挖掘、数据实时处理等新型处理需求进一步提高了数据处理复杂度，大规模数据处理系统中数据动态倾斜、稀疏关联、超大容量等特征给系统带来资源效率低、时空开销大、扩展困难等严重问题。作为大数据领域典型关联关系的图数据，由于其不规则数据访问、计算-访存比小、依赖关系复杂等特点，给现有大数据处理架构带来了并行流水执行效率低、访存局部性低、内外存通道利用率低和锁同步开销大等技术挑战。

2.国内外研究现状与差距比较

大数据处理通常有两种方式，一种为离线处理模式，另一种为在线处理模式，与之对应的系统为批处理系统和流程处理系统。同时作为互联网以及科学计算领域重要的数据形态，图数据因其结构特殊，多采用专用系统处理。将从批处理、流处理以及图计算 3 个方面进行比较。

（1）批处理

作为最早的大数据处理模式，从谷歌公司提出 MapReduce 模型开始，美国一直引领该领域的发展。从开源 Apache Hadoop 到美国加州大学伯克利分校的 AMPLab 研发的 Spark 系统，在技术生态上完全诠释了大数据处理从"扩展性优先"设计到"性能优先"设计的过渡，大幅提升了大数据的处理性能，同时也为更多类型的大数据处理业务（如数据挖掘、机器学习等）提供了支持。为了更好地支撑分布式 AI 应用，同样由美国加州大学伯克利分校领导的 AnyScale 公司提出了 Ray 框架，通过动态定制计算依赖，取得了比 Spark 更优异的计算性能。另外，异构计算成为大数据处理系统时效性提升的重要手段。美国 NVIDIA 公司牵头针对不同应用领域，开源了 RAPIDS GPU 数据科学库，存内计算之类的近数据处理方法在体系结构领域获得广泛关注。

我国过去 10 年在大数据处理系统领域也取得了巨大进展，尤其以大型互联网企业为代表，如阿里巴巴自研的 MaxComput 引擎可提供高效的数据处理功能，在大型互联网企业的数据仓库和 BI 分析、网站的日志分析、电子商务网站的交易分析、用户特征和兴趣挖掘等领域获得较好应用。此外，阿里云基于 Flink 开发了 Blin 系统，实现了流处理和批处理的统一，在批流融合相关技术指标方面达到了国际领先水平。在学术界，国内在大数据处理的单点技术突破上也取得了系列进展，如上海交通大学的 Espresso、华中科技大学的 Deca 系统，性能大幅领先国际同类系统。目前我国的多数大数据批处理系统还是建立在国际开源的基础之上的，自研系统国际占有率非常有限，整体技术水平仍有较大差距，生态差距更大。

（2）流处理

国际上现有流处理系统按体系结构划分主要可分为并行流处理系统、分布式流处理系统。采用分布式集群架构的分布式流处理系统成为当前国际上流处理系统的主流，近年来发展出围绕 Storm、Flink、Spark Streaming 等开源系统的软件生态。为了提高分布式流处理系统的性能，现有工作主要采用数据并行、流水线并行等技术提升系统性能。数据并行主要充分利用单个计算节点上的多核并行资源，对部署到某个计算节点的具体的计算阶段进行多实例并行化，从而充分发挥多核资源的并行性，提高系统的吞吐率。数据并行优化方面的代表性工作是提出的 PKG（partial key grouping）数据划分策略，该策略解决了系统由动态倾斜性带来的负载不均问题，提升了系统的资源效率，并被 Apache 的 Storm 开源项目采纳集成。流水线并行的主要思想是将流处理的计算逻辑分解为多个阶段，将不同的计算阶段部署到分布式集群中的不同计算节点上，通过流水线技术提高系统资源并行效率，从而提升系统的整体性能。流水线并行方面的代表性工作是 Prompt 系统。

国内流处理系统方面主要基于现有国际开源的相关工作进行优化改进。阿里巴巴通过收购德国创业公司 Data Artisans，购入了 Apache Flink，并进行了若干优化改进，目前绝大部分阿里巴巴的业务跑在流处理平台上。数据并行方面的典型系统工作是 PS tream，该系统基于 Apache Storm 平台对高频的键值使用轮询划分的方式平衡负载，同时对低频的键值使用哈希划分的方式避免额外的数据聚合开销。相比于国际上最新的 PKG 系统，PS tream 将系统吞吐率提升了 2.3 倍，处理时延缩短了 64%。PS tream 在华为公司有所应用，但在开源社区的推广方面不及 PKG 系统。在流水线并行方面，目前国内研究较少。同时，由于现有系统多基于国际开源软件架构，国内的流处理系统研究也承袭了现有国际开源框架的弊端，如难以针对多语义查询进行灵活部署等。

（3）图计算

图计算技术是由谷歌公司首次提出的。为了支持分布式图计算，谷歌公司设计了国际上首个分布式图计算系统 Pregel。该系统将迭代图算法表示为简单编程的多次迭代，以简化分布式图计算应用的开发和在底层分布式平台上的高效执行。后续国外研究团队也提出了诸多软件和硬件优化技术来提高图计算性能。例如，为了支持 PC 上的图计算，国外研究团队研发了首个单机图计算系统 GraphChi，其采用并行滑动窗口技术，大幅降低外存的乱序访问次数。普林斯顿大学的研究人员研发了首个面向图计算的专用加速器 Graphicionado，其将以顶点为中心的编程模型中的功能模块抽象为相应的流水线阶段，在保证通用性的同时，显著提升了图计算指令效率。

相比而言，国内研究团队在图计算领域起步略晚，但随着国内互联网行业和技术的迅猛发展，国内图计算市场需求日益高涨。我国科技部启动了"面向图计算的通用计算机技术与系统"项目。国内一批研究人员在图计算领域进行了深入研究和大量攻关工作，提出了多种高性能图计算系统和图计算硬件加速器。清华大学研究团队开发的基于神威·太湖之光的超大规模图计算系统"神图"系统入围国际超算大会戈登贝尔奖。华中科技大学研发的 DepGraph 斩获 2021 年 11 月国际 Green Graph 500 和 Graph 500 榜单两项全球第一，基于鹏城云脑 II 系统研发的图计算系统再次获得 2022 年 11 月 Graph 500 SSSP 性能第一。随着国内图计算技术的迅猛发展，国内图计算研发能力在图计算的理论研究、系统研发和体系结构设计方面均已达到世界前列。

作为大数据技术生态的重要一环，大数据处理技术在过去 10 年飞速发展，尤其因为其巨大的产业需求，国际、国内大型企业均投入了大量人力、物力参与研发，技术生态上依旧蓬勃。我国在该领域发展迅速，但后发特征明显，单点技术突破较好，整体生态与欧美差距较大，缺乏生态引领系统出现。在批处理系统、流处理系统上，我国基本以国外开源跟踪改进为主，图处理技术由于与国际发展时间基本同步，国内有部分系统与国际同类系统处于同一技术水平。

三、大数据分析技术

1.主要技术挑战

大数据分析技术旨在实现从数据到信息再到知识甚至到决策的价值转换。近年来，大数据分析技术迅猛发展，性能和效率均取得了显著的提升，并促进了相关行业或产业的智能化发展。例如，基于深度学习的蛋白质折叠分析技术帮助生物学取得了重大进展；金融数据分析技术帮助银行业大幅降低了金融欺诈的风险。然而，广泛深入的应用在给大数据分析技术的发展带来更高的需求的同时，也使其面临着更深层的挑战。首先，大数据分析的对象逐渐从相对小规模、单模态的数据转变为大体量、多模态的数据，如何对大规模异构多模态数据进行融合分析？其次，单一来源的数据往往体量较小或统计分布的代表性不够，相应分析模型的性能受到制约，如何在保护数据安全与隐私的前提下进行多方数据的联合学习与分析从而实现数据价值的最大化？最后，诸多应用不再满足于对大数据相关性的简单建模与分析，更期待能够挖掘现象背后的因果规律，如何通过因果推断满足分析技术在可解释性、稳定性、公平性以及可回溯性等方面的更高需求？

2.国内外研究现状与差距比较

针对前述 3 个方面的挑战，对国内外相应的研究现状进行了梳理，并比较了差距。

随着信息技术的飞速发展，多模态数据已成为数据资源的主要形式，国内外研究者近些年对多模态数据融合分析给予了高度关注，也取得了显著研究成效。当前，国际上多模态技术的顶尖研究团队有卡内基梅隆大学的 MultiComp Lab 和麻省理工学院的 Synthetic Intelligence Lab 等。这些团队在 AAAI、ICLR 等相关领域的国际顶会上发表了诸多突破性成果。除此之外，微软 2022 年提出通用多模态基础模型 BEiT-3，它在视觉和视觉-语言任务上都实现了当时最先进的迁移性能。同年，谷歌提出了多模态大模型

PaLI，在多语言图文数据上进行训练，效果超过了 BEiT-3。目前，多模态技术已在军事、交通等领域得到了越来越深入的应用。例如，美国桑迪亚国家实验室提出了多模态的军事概念装备。紧跟国外研究的步伐，国内研究团队也加快了对多模态数据分析技术的攻关，并取得了一些突破性成果。例如，2021 年，中国科学院自动化研究所研发了全球首个三模态大模型"紫东太初"，并在 2022 年的世界人工智能大会上获得最高奖项。在应用方面，国内将多模态技术与商业、医疗等领域进行了有效结合。例如，地平线的多模语音算法团队在 2020 年长安 UNI-T 车型上实现大规模量产，是全球首个能够在端上实时预测并实现大规模量产的团队。综合来看，国内的多模态技术在基础理论和核心技术方面与国际先进水平还存在着一定的差距，但是与具体应用领域结合较好，有效实现了科技成果的落地转化。

随着信息化进程的发展，各个企业或同一企业的不同部门生产并存储了大量应用数据，跨部门、跨机构的数据流通与共享能够更大程度地挖掘数据的潜在价值。然而，数据的流通共享受到数据安全、商业机密、个人隐私等多方面的严格约束。为了应对上述问题，2016 年谷歌提出联邦学习（federated learning）的概念，用于解决多方数据联合学习与分析的挑战，并推出 TensorFlow Federated 联邦学习开源框架，引起学术界和工业界的强烈关注。除此之外，Open Mind 推出的 Pysyft 联邦学习框架能够与主流深度学习框架兼容，热度居高不下。目前，联邦学习已经得到一定程度的领域应用。苹果公司将联邦学习应用在 IOS 13 跨设备 QuickType 键盘"Hey Siri"的人工分类上；NVIDIA 公司推出了 NVIDIA Clara 医疗学习平台，将联邦学习技术应用在医疗领域。在国内，微众银行 AI 团队 2018 年系统性地阐述了联邦学习理论，其能够保证各企业在自有数据不出本地、不违规的前提下进行联合建模，大幅提升了机器学习建模的效果，之后微众银行 AI 团队又于 2019 年开源了首个工业级联邦学习技术框架 FATE，受到广泛关注。此外，近几年，百度推出了开源联邦学习框架 PaddleFL，阿里巴巴利用联邦学习等隐私计算技术推出了 DataTrust 平台，二者均在自然语言处理和推荐算法等领域进行了落地实践。综合来看，我国相关团队与企业已成为联邦学习技术的重要贡献者，积极参与到联邦学习技术的研发与标准的制定中。

现有大数据分析技术在稳定性、可解释性、公平性、可回溯性等方面存在着天然不足，主要原因是现有技术往往只关注变量统计意义上的相关性分析与建模，而其中势必存在不符合变量因果规律的伪相关。因果推断技术旨在发现变量之间的因果规律。现有最主流的因果模型为潜在结果框架和结构因果模型，两个模型分别由美国科学家 Rubin 和美国以色列裔科学家 Pearl J 等人提出。他们都认为因果关系指的是两个事物之间改变一个是否能够影响另一个的关系。Pearl J 等人提出了"因果之梯"的概念，自下而上将问题划分为关联、干预和反事实 3 个层次，分别对应于观察、行动和想象 3 类活动。而回答因果问题需要借助干预或者反事实。基于这两个主流的因果模型，微软等外国公司在积极探索因果相关的研究。国内因果相关研究起步较晚，但发展较快。清华大学提出了稳定学习的概念，在传统机器学习框架下通过引入因果推断技术，寻求数据中的"不变性机制"。

从上述分析可以看出，面向大数据分析前沿需求，以美国为代表的西方国家起步较早，在多模态数据融合技术、联邦学习技术以及因果推断技术的基础理论和核心技术上已经形成了比较完善的分析和应用生态，且在诸多领域得到了广泛应用。国内大数据分析技术在基础理论和核心技术等方面不断靠近国际先进水平，保持着快速发展的良好势头。

四、大数据治理技术

1.主要技术挑战

在应用蓬勃发展的过程中，大数据面临数据产权、交易流通、收益分配等一系列问题，从而使大数据治理逐渐成为各国关注的热点，相关技术也发展迅速。大数据治理是以数据为对象，以最大限度释放数据价值为目的，在确保数据安全的前提下，贯穿于数据全生命周期的由多方主体参与的共建共享共治的数据价值释放的过程。大数据治理技术面临的主要挑战包括 5 个方面：一是汇聚融合，如何将海量、多源、分散、异构的数据汇聚融合成便于分析利用的数据资源；二是质量保障，如何评估大数据的质量、检测及修正其中存在的错漏，提升数据质量；三是开放流通，如何打通数据孤岛，使数据可以突破原生信息系统的边界，通过开放流通形成更大范围、更高价值的数据资源；四是数据安全与隐私保护，如何在释放数据价值的同时保证数据不被破坏、泄露和滥用；五是标准化与生态系统建设，如何协调各利益方的诉求，建立共同遵循的数据标准体系，并促进形成大数据软硬件生态系统等。

2.国内外研究现状与差距比较

在大数据汇聚融合方面，图灵奖获得者 Michael Stonebraker 教授的研究最具代表性，其将大数据融合处理相关研究分为 3 代[70]，分别解决传统数据仓库场景（十余个数据源）、跨组织数据共享场景（数十个数据源）和数据湖场景（数百个数据源）的数据融合问题。相应的技术路线也存在显著的差异，从第一代基于规则的 ETL 系统，到第二代基于机器学习的 Data Curation 系统，再发展到第三代机器驱动、人在回路的智能融合系统。清华大学围绕物联网场景，主导研发了 Apache IoTDB，在国内外产生了一定的影响力；阿里巴巴、华为、京东等企业提出了建设"数据中台"，大数据汇聚融合作为数据中台的核心技术能力，在实践中得到了创新发展。

在大数据质量保障方面，ACM/IEEE Fellow 加拿大滑铁卢大学教授 Ihab Ilyas 研发了 HoloClean 系统，该系统主要解决关系数据的错误检测和修复问题，在城市、医疗等领域的真实数据集上将数据质量提升了 1～2 倍。谷歌公司构建了 Knowledge Vault 系统，提出了知识融合方法，解决了万维网事实抽取过程中的数据质量问题，构建了规模远大于现有开源知识图谱的结构化知识库。清华大学的相关学者提出了人在回路的数据质量提升方法，提出在算法的回路中优化地引入人的识别与推理能力，在提升数据质量的同时，有效地控制人工参与的成本。哈尔滨工业大学的相关学者提出了一系列的数据清洗方法，解决了工业时序数据场景下的错误检测与修复问题，显著地提升了数据质量。在工业界，阿里巴巴公司推出了 DataWorks 全链路数据治理工具，华为公司推出数智融合系统，这些系统主要针对企业数据仓库和数据湖的真实场景，通过数据建模、数据集成、数据血缘等技术手段，支持面向数据全生命周期的质量保障能力。

在大数据开放流通方面，数联网成为互联网之上实现可信可管可控的数据互联互通和大数据应用的核心技术。数联网是基于软件定义的，将各种异构数据平台和系统连接起来，在"物理/机器"互联网之上形成的"虚拟/数据"网络，它正在世界范围内发展成为大数据时代的一种新型信息基础设施。当前最有影响力的数联网技术路线是互联网发明人、图灵奖得主 Robert Kahn 提出的数字对象架构（digital object architecture，DOA），美国、英国、德国、俄罗斯、中国等国是 DOA 标识解析系统 Handle 全球根节点的参与者。北京大学自主研发的"黑盒式"互操作技术及燕云 DaaS 系统，提出颠覆式的数据互操作技术途径-"黑盒"思路，消除了系统源码、数据库表、后台权限、原开发团队等"白盒"依赖，信息孤岛开放效率得到大幅提升。在此基础上，2018—2021 年，北京大学、清华大学、中国科学院等，在科技部"云计算与大数据"国家重点研发计划专项的支持下提出了数联网中国云方案。中国信息通信研究院于 2018 年开始建设兼容 DOA 的国家工业互联网标识解析系统。我国以 DOA 为代表的数联网系统软件方面取得了国际先进的技术成果。

在大数据安全与隐私保护方面，同态加密允许数据分析处理过程中，直接在密文数据上进行计算而无须事先解密，很好地解决了大数据价值利用与数据安全和隐私保护的矛盾，近年来受到各界高度重视，从学术研究逐渐进入实际应用。2017 年 IBM、微软、Intel、NIST 的研究者主导创立了同态加密标准化委员会，致力于研制同态加密安全性、API 和应用的标准。安全多方计算在保持各方数据隐私的同时，使多方可以合作完成某个共同的计算目标。此项技术是密码学的分支领域，在大数据应用的推动下逐渐成为热点，特别是针对机器学习场景，谷歌率先提出联邦学习概念，近年来得到快速发展。2020年美国 Meta、日本 NTT、中国阿里巴巴等众多企业共同创建了安全多方计算联盟 MPC Alliance，旨在推进安全多方计算的认知、接受和采用。当前谷歌、OpenMind、LatticeX 基金会，以及我国的百度、字节跳动等公司推出了各自的开源联邦学习框架，该领域呈现出百家争鸣的态势。

在标准化与生态系统建设方面，ISO/IEC JTC 1、ITU-T、IEEE 等国际各大标准组织积极制定大数据相关标准，已形成包括参考模型、关键技术、安全隐私、领域应用等在内的比较全面的标准体系。我国成立了大数据标准工作组与大数据安全标准特别工作组，现已发布 35 项国家标准，并积极参与国际标准的制定。同时，围绕大数据的开源软硬件社区蓬勃发展，全球最大的代码托管平台 GitHub 截至 2020 年采用社交化方式汇聚了全球约 1 亿代码仓，以及近 6 000 万名开发者，成为科技创新的强大引擎。开源硬件方面，OpenCores 已经成为全世界最大的免费开源硬件 IP 核线上社区。在大数据开源软件领域，截至 2020 年木兰社区托管的代码仓库量超过 1 500 万。在开源硬件方面，2007年美国赛灵思公司的大学计划资助创建了中国首个开源硬件社区 OpenHW。中国科学院的科学数据银行、上海交通大学推动白玉兰开放数据集社区做了很好的尝试，已经产生影响力。

大数据治理技术整体上尚不成熟，很多技术仍然处于探索阶段。在大数据汇聚融合方面，对比美欧日俄，我国的优势在于数据资源丰富、政府推动有力、行业应用广泛，这些为技术的创新发展奠定了良好的基础。然而，我国也显示出单点研究居多、整体性的系统创新不足、研究比较分散、缺乏有影响力的主流系统、缺乏应用示范效应等不足。在大数据质量保障方面，我国处于追赶状态，差距主要体现为基础理论薄弱、缺乏面向大数据全生命周期的统一的质量治理模型；缺乏可实现数据质量、治理成本、治理时延的统一优化的通用数据质量保障系统；缺乏尚无突破多组织跨辖域环境下的全链路数据质量追踪与治理体系。

在大数据开放流通方面，我国的"黑盒"互操作技术和燕云 DaaS 系统已成为打破数据孤岛的"撒手锏"技术，达到国际领先水平；在此我国已提出了数联网中国云方案，制定了 DOIP 新版标准，总体与国外处于技术并跑的阶段。一批行业级和区域级数联网基础设施正在开展建设，使得我国在数联网应用方面取得国际领先地位。在大数据安全与隐私保护方面，我国应用较多，基础性、原创性成果不足，还有待大力发展；在标准化与生态系统建设方面，我国紧跟国际发展前沿，大数据标准体系设计已基本形成，并在稳步推进中。我国开源生态建设方面近年来虽然有所进展，但总体处于跟跑阶段，部分我国企业主导的开源项目（如华为 CarbonData）崭露头角，但是我国主导的生态系统尚未建立。整体上我国数据治理技术发展较晚，体系远未成形，技术产品生态仍由外国主导，同时在以数联网为代表的数据开放流通技术方面与国际先进水平相当。

第三节 大数据发展

一、大数据的挑战

大数据分析相比于传统的数据仓库应用，具有数据量大、查询分析复杂等特点。为了设计适合大数据分析的数据仓库架构，列举了大数据分析平台需要具备的几个重要特性，对当前的主流实现平台—并行数据库、分布式计算系统（Map Reduce）及基于两者的混合架构进行了分析归纳，指出了各自的优势及不足，同时也对各个方向的研究现状及大数据分析方面进行介绍，并展望未来。

1.概述

最近几年，数据仓库又成为数据管理研究的热点领域，主要原因是当前数据仓库系统面临的需求在数据源、需提供的数据服务和所处的硬件环境等方面发生了根本性的变化，这些变化是我们必须面对的。

（1）三个变化

1）数据量。

由 TB 级升到 PB 级，并仍在持续爆炸式增长。

2）分析需求。

由常规分析转向深度分析（Deep Analytics）。数据分析日益成为企业利润必不可少的支撑点。根据中国商业智能网（TDWI）对大数据分析的报告，企业已经不满足于对现有数据的分析和监测，而是期望能对未来趋势有更多的分析和预测，以增强企业竞争力。这些分析操作包括诸如移动平均线分析、数据关联关系分析、回归分析、市场分析等复杂统计分析，我们称之为深度分析。

3）硬件平台。

由高端服务器转向由中低端硬件构成的大规模集群平台。由于数据量的迅速增加，并行数据库的规模不得不随之增大，从而导致其成本的急剧上升。出于成本的考虑，越来越多的企业将应用由高端服务器转向了由中低端硬件构成的大规模集群平台。

（2）两个问题

传统的数据仓库将整个实现划分为 4 个层次，数据源中的数据首先通过 ETL 工具被抽取到数据仓库中进行集中存储和管理，再按照星形模型或雪花模型组织数据，然后由联机分析处理（OLAP）工具从数据仓库中读取数据，生成数据立方体（MOLAP）或者直接访问数据仓库进行数据分析（ROLAP）。在大数据时代，此种计算模式存在以下两个问题。

1）数据移动代价过高。

在数据源层和分析层间引入一个存储管理层，可以提升数据质量并针对查询进行优化，但也付出了较大的数据迁移代价和执行时的连接代价。数据首先通过复杂且耗时的ETL 过程存储到数据仓库中，在 OLAP 服务器中转化为星星模型或者雪花模型；执行分析时，又通过连接方式将数据从数据库中取出，这些代价在 TB 级时也许可以接受，但面对大数据，其执行时间至少会增长几个数量级。更为重要的是，对于大量的即时分析，这种数据移动的计算模式是不可取的。

2）不能快速适应变化。

传统的数据仓库假设主题是较少变化的，其应对变化的方式是对数据源到前端展现的整个流程中的每个部分进行修改，然后再重新加载数据，甚至重新计算数据，导致其适应变化的周期较长。这种模式比较适合对数据质量和查询性能要求较高，而不太计较预处理代价的场合。但在大数据时代，分析处在变化的业务环境中，这种模式将难以适应新的需求。

（3）一个鸿沟

在大数据时代，巨量数据与系统的数据处理能力间将会产生一个鸿沟：一边是至少PB 级的数据量，另一边是面向传统数据分析能力设计的数据仓库和各种商业智能（BI）工具。如果这些系统工具发展缓慢，该鸿沟将会随着数据量的持续爆炸式增长而逐步拉大。

虽然，传统数据仓库可以采用舍弃不重要数据或者建立数据集市的方式来缓解此问题，但毕竟只是权宜之策，并非系统级解决方案。而且，舍弃的数据在未来可能会重新使用，以发掘出更大的价值。

4.分布式计算系统（Map Reduce）

Map Reduce 的编程模型不同于以前学过的大多数编程模型，它是一种用于大规模数据集（大于 1TB）的并行运算的编程模型。其概念映射（Map）和化简（Reduce），及它们的主要思想，都是从函数式编程语言里借来的，还有从矢量编程语言里借来的特性。它极大地方便了编程人员在不会分布式并行编程的情况下，将自己的程序在分布式系统上运行。当前的软件实现是指定一个映射（Map）函数，用来把一组键值对映射成一组新的键值对；指定并发的化简（Reduce）函数，用来保证所有映射的键值对中的每一个共享相同的键组。

Map Reduce 采用"分而治之"的思想，把对大规模数据集的操作，分发给一个主节点管理下的各分节点共同完成，接着通过整合各分节点的中间结果，得到最终的结果。简单来说，Map Reduce 就是"任务的分散与结果的汇总"，

Map Reduce 处理过程被 Map Reduce 高度的抽象为两个函数：Map 和 Reduce，Map 负责把任务分解成多个任务，Reduce 负责把分解后多任务处理的结果汇总起来。至于在

并行编程中的其他种种复杂问题，如分布式存储、工作调度、负载均衡、容错处理、网络通信等，均由 Map Reduce 框架负责处理，可以不用程序员烦心。值得注意的是，用 Map Reduce 来处理的数据集（或任务）必须具备这样的特点：待处理的数据集可以分解成许多小的数据集，且每一小数据集都可以完全并行地进行处理。

5.并行数据库和 Map Reduce 的混合架构

基于以上分析，可清楚地看出，基于并行数据库和 Map Reduce 实现的数据仓库系统都不是大数据分析的理想方案。针对两者哪个更适合时代需求的问题，业界近年展开了激烈争论，当前基本达成共识。并行数据库和 Map Reduce 是互补关系，应该相互学习。基于该观点，大量研究着手将两者结合起来，期望设计出兼具两者优点的数据分析平台，这种架构又可分为：并行数据库主导型、Map Reduce 主导型、并行数据库和 Map Reduce 集成型。

（1）并行数据库主导型

并行数据库主导型关注怎样利用 Map Reduce 来增强并行数据库的数据处理能力。代表性系统是 Green plum（已经被 EMC 收购）和 Aster Data（已经被 Teradata 收购）。

Aster Data 将 SQL 和 Map Reduce 进行结合，针对大数据分析提出了 SQL Map Reduce 框架。该框架允许用户使用 C++、Java、Python 等语言编写 Map Reduce 函数，编写的函数可以作为一个子查询在 SQL 中使用，从而同时获得 SQL 的易用性和 Map Reduce 的开放性。不仅如此，Aster Data 基于 Map Reduce 实现了 30 多个统计软件包，从而将数据分析推向数据库内进行（数据库内分析），大大提升了数据分析的性能。

Green plum 也在其数据库中输入了 Map Reduce 处理功能，其执行引擎可以同时处理 SQL 查询和 Map Reduce 任务。这种方式在代码级整合了 SQL 和 Map Reduce：SQL 可以直接使用 Map Reduce 任务的输出，同时 Map Reduce 任务也可以使用 SQL 的查询结果作为输入。

总的来说，这些系统都集中在利用 Map Reduce 来改进并行数据库的数据处理功能，其根本性问题一可扩展能力和容错能力并未改变。

（2）Map Reduce 主导型

Map Reduce 主导型的研究主要集中于利用关系数据库的 SQL 接口和对模式的支持等技术来改善 Map Reduce 的易用性，代表系统是 Hive Pig Latin 等。Hive 是 Facebook 提出的基于 Hadoop 的大型数据仓库，其目标是简化 Hadoop 上的数据聚焦、ad-hoc 查询及大数据集的分析等操作，以减轻程序员的负担。它借鉴关系数据库的模式管理、SQL 接口等技术，把结构化的数据文件映射为数据库表，提供类似于 SQL 的描述性语言 Hive QL 供程序员使用，可自动将 Hive QL 语句解析成一优化的 Map Reduce 任务执行序列。此外，它也支持用户自定义的 Map Reduce 函数。

Pig Latin 是 Yahoo 提出的类似于 Hive 的大数据分析平台，两者的区别主要在于语言接口。H We 提供了类似 SQL 的接口，Pig Latin 提供的是一种基于操作符的数据流式的接口。

（3）并行数据库和 Map Reduce 集成型

Hadoop DB 的核心思想是利用 Hadoop 作为调度层和网络沟通层，关系数据库作为执行引擎，尽可能地将查询压入数据库层处理。目标是想借助 Hadoop 框架来获得较好的容错性和对异构环境的支持；通过将查询尽可能推人数据库中执行来获得关系数据库的性能优势。Hadoop DB 的思想是深远的，但目前尚无应用案例，原因在于：

1）其数据预处理代价过高，数据需要进行两次分解和一次数据库加载操作后才能使用。

2）将查询推向数据库层只是少数情况，大多数情况下，查询仍由 Hive 完成。因为数据仓库查询往往涉及多表连接，由于连接的复杂性，难以做到在保持连接数据局部性的前提下将参与连接的多张表按照某种模式划分。

3）维护代价过高，不仅要维护 Hadoop 系统，还要维护每个数据库节点。

4）目前尚不支持数据的动态划分，需要手工方式将数据一次性划分好。总的来说，Hadoop DB 在某些情况下，可同时实现关系数据库的高性能特性和 Map Reduce 的扩展性、容错性，但同时也丧失了关系数据库和 Map Reduce 的某些优点，如 Map Reduce 较低的预处理代价和维护代价、关系数据库的动态数据重分布等。

6.研究现状

对并行数据库来讲，其最大问题在于有限的扩展能力和待改进的软件级容错能力；Map Reduce 的最大问题在于性能，尤其是连接操作的性能；混合式架构的关键是怎样能尽可能多地把工作推向合适的执行引擎（并行数据库或 Map Reduce）。下面对近年来在这些问题上的研究做分析归纳。

（1）并行数据库扩展性和容错性研究

华盛顿大学在文献中提出了可以生成具备容错能力的并行执行计划优化器。该优化器可以依靠输入的并行执行计划、各个操作符的容错策略及查询失败的期望值等，输出一个具备容错能力的并行执行计划。在该计划中，每个操作符都可以采取不同的容错策略，在失败时仅重新执行其子操作符（在某节点上运行的操作符）的任务来避免整个查询的重新执行。

（2）Map Reduce 性能优化研究

Map Reduce 的性能优化研究集中于对关系数据库的先进技术和特性的移植上。

Facebook 和美国俄亥俄州立大学合作，将关系数据库的混合式存储模型应用于 Hadoop 平台，提出了 RC File 存储格式。Hadoop 系统运用了传统数据库的索引技术，并通过分区数据并置（Co-Partition）的方式来提升性能。基于 Map Reduce 实现了以流水线方式在各个操作符间传递数据，从而缩短了任务执行时间；在线聚集（online aggregation）的操作模式使得用户可以在查询执行过程中看到部分较早返回的结果。两者的不同之处在于前者仍基于 sort-merge 方式来实现流水线，只是将排序等操作推向了 Reduce，部分情况下仍会出现流水线停顿的情况，而后者利用 Hash 方式来分布数据，能更好地实现并行流水线操作。

（3）Hadoop DB 的改进

Hadoop DB 针对其架构提出了两种连接优化技术和两种聚集优化技术。

两种连接优化的核心思想都是尽可能地将数据的处理推入数据库层执行。第 1 种优化方式是根据表与表之间的连接关系。通过数据预分解，使参与连接的数据尽可能分布在同一数据库内，从而实现将连接操作下压进数据库内执行。该算法的缺点是应用场景有限，只适用于链式连接。第 2 种连接方式是针对广播式连接而设计的，在执行连接前，先在数据库内为每张参与连接的维表建立一张临时表，使得连接操作尽可能在数据库内执行。该算法的缺点是较多的网络传输和磁盘操作。

两种聚集优化技术分别是连接后聚集和连接前聚集。前者是执行完 Reduce 端连接后，直接对符合条件的记录执行聚集操作；后者是将所有数据先在数据库层执行聚集操作，然后基于聚集数据执行连接操作，并将不符合条件的聚集数据做减法操作。该方式适用的条件有限，主要用于参与连接和聚集的列的基数相乘后小于表记录数的情况。

总的来说，Hadoop DB 的优化技术大都局限性较强，对于复杂的连接操作（如环形连接等）仍不能下推到数据库层执行，并未从根本上解决其性能问题。

7.Map Reduce 与关系数据库技术的融合

综上所述，当前研究大都集中于功能或特性的移植，即从一个平台学习新的技术，到另一个平台重新实现和集成，未涉及执行核心，因此也没有从根本上解决大数据分析问题。鉴于此，中国人民大学高性能数据库实验室的研究小组采取了另一种思路：从数据的组织和查询的执行两个核心层次入手，融合关系数据库和 Map Reduce 两种技术，设计高性能的可扩展的抽象数据仓库查询处理框架。该框架在支持高度可扩展的同时，又具有关系数据库的性能。在此尝试过两个研究方向。

一是借鉴 Map Reduce 的思想，使 OLAP 查询的处理能像 Map Reduce 一样高度可扩展（Linear DB 原型）。

二是利用关系数据库的技术，使 Map Reduce 在处理 OLAP 查询时，过近关系数据库的性能。

（1）Linear DB

Linear DB 原型系统没有直接采用基于连接的星形模型（雪花模型），而是对其进行了改造，设计了扩展性更好的、基于扫描的无连接雪花模型 JFSS（Join-Free Snowflake Schema）。该模型的设计借鉴了泛关系模型的思想，采用层次编码技术将维表层次信息压缩进事实表，使得事实表可以独立执行维表上的谓词判断、聚集等操作，从而使连接的数据在大规模集群上实现局部性，消除了连接操作。

在执行层次上，Linear DB 吸取了 Map Reduce 处理模式的设计思想，将数据仓库查询的处理抽象为 Transform、Reduce、Merge 三个操作（TRM 执行模型）。

1）Transform

主节点对查询进行预处理，将查询中作用于维表的操作（主要为谓词判断，group-by 聚集操作等）转换为事实表上的操作。

2）Reduce

每个数据节点并行地扫描、聚集本地数据，然后将处理结果返回给主节点。

3）Merge

主节点对各个数据节点返回的结果进行合并，并执行后续的过滤、排序等操作。基于 TRM 执行模型，查询可以划分为众多独立的子任务在大规模集群上并行执行。执行过程中，任何失败子任务都可以在其备份节点重新执行，从而获得较好的容错能力。Linear DB 的执行代价主要取决于对事实表的 Reduce（主要为扫描）操作，因此，Linear DB 可以获得近乎线性的大规模可扩展能力。实验表明，其性能比 Hadoop DB 至少高出一个数量级。

Linear DB 的扩展能力、容错能力在于其巧妙地结合了关系数据库技术（层次编码技术、泛关系模式）和 Map Reduce 处理模式的设计思想。由此可以看出，结合方式的不同可以导致系统能力的巨大差异。

（2）Dumbo

Dumbo 的核心思想是根据 Map Reduce 的"过滤和聚集"的处理模式，对 OLAP 查询的处理进行改造，使其适应于 Map Reduce 框架。

Dumbo 采用了类似于 Linear DB 的数据组织模式——利用层次编码技术将维表信息压缩进事实表，区别在于 Dumbo 采用了更加有效的编码方式，并针对 Hadoop 分布式文件系统的特点对数据的存储进行了优化。

在执行层次上，Dumbo 对 Map Reduce 框架进行了扩展，设计了新的 OLAP 查询处理框架-TMRP（Transform→Map→Reduce→Post process）处理框架。

主节点首先对查询进行转换，生成一个 Map Reduce 任务来执行查询。该任务在 Map 阶段以流水线方式扫描、聚集本地数据，并只将本地的聚集数据传到 Reduce 阶段，进行数据的合并及聚集、排序等操作。在 Post process 阶段，主节点在数据节点上传的聚集数据之上执行连接操作。实验表明，Dumbo 性能远超 Hadoop 和 Hadoop DB。

Linear DB 和 Dumbo 虽然基本上可以达到预期的设计目标，但两者都需要对数据进行预处理，其预处理代价是普通加载时间的 7 倍左右。因此其应对变化的能力还较弱，这是我们未来的工作内容之一。

最早提出"大数据"时代已经到来的机构是全球知名咨询公司麦肯锡。根据麦肯锡全球研究所的分析，利用大数据能在各行各业产生显著的社会效益。美国健康护理利用大数据每年产出 3000 多亿美元，年劳动生产率提高 0.7%；欧洲公共管理每年价值 2500 多亿欧元，年劳动生产率提高 0.5%；全球个人定位数据服务提供商收益 1000 多亿美元，为终端用户提供高达 7000 多亿美元的价值；美国零售业净收益可增长 6%，年劳动生产率提高 1%；制造业可节省 50% 的产品开发和装配成本，营运资本下降 7%。可见，大数据无所不在，已经对人们的工作生活和学习产生了深远的影响，并将持续发展。

大数据的来源这个问题其实很简单，其无非就是通过各种数据采集器、数据库，开源的数据发布、CPS 信息、网络痕迹（如购物、搜索历史等），传感器收集的、用户保存的、上传的结构化或者非结构化的数据，非常广泛。正是由于这种广泛性，人们才可以从产生数据的主体、数据来源的行业、数据存储的形式三个方面来对大数据的来源进行分类，并借此窥视大数据的来源途径。

二、大数据技术的未来发展趋势

在大数据应用需求的驱动下，计算技术体系正在重构，从"以计算为中心"向"以数据为中心"转型，在新的计算技术体系下，一些基础理论和核心技术问题亟待破解。提出新型大数据系统技术发展的十大趋势。

趋势一：数据与应用进一步分离，实现数据要素化。数据一开始是依附于具体应用的。数据库技术的出现使得数据与应用实现了第一次分离。数据存储在数据库中，不再依赖具体的应用而存在。数据要素化的需求将推动数据与应用进一步分离，数据不再依赖于具体的业务场景，数据以独立的形态存在于数据库中，并通过数据服务为不同的业务场景提供服务。例如，人口数据库可以为全部的涉及人口信息的业务场景提供服务。

趋势二：数联网成为数字化时代的新型信息基础设施。将形成一套完整的数联网基础软件理论、系统软件架构、关键技术体系，包括：针对数联网软件以数据为中心的特点，需要从复杂网络和复杂系统等复杂性理论出发，研究数联网软件的结构组成、行为模式和外在性质；针对数联网软件的数据转存算一体化需求，需要采用数据互操作技术和软件定义思想，研究数联网软件运行机理、体系结构与关键机制；针对数联网软件跨层级、跨地域、跨系统运行带来的可靠性、可用性、安全性等质量挑战，需要以数据驱动为手段，研究数联网环境下保障服务质量与保护质量的原理、机制与方法。

趋势三：从单域到跨域数据管理，促进数据要素的共享与协同。以数据为中心的计算的核心目标是数据价值的最大化，关键要打破"数据孤岛"，实现数据要素的高效共享与协同。传统数据管理局限在单一企业、业务、数据中心等内部，未来大数据管理将从传统的单域模式发展到跨域模式，跨越空间域、管辖域和信任域。但跨空间域会造成网络时延较高且不稳定；跨管辖域会造成数据与应用异构，数据管理复杂度大大提升；跨信任域则要求具备容忍各类恶意错误的能力。跨域带来的这些变化将为大数据技术带来新的机遇和挑战。

趋势四：大数据管理与处理系统体系结构异构化日趋明显。体系结构创新进入"黄金十年"，围绕不同数据处理特征的新型加速器（GPU、TPU、APU 等各种 xPU）层出不穷，存储器件快速发展，高速固态硬盘（solid state disk，SSD）、新型非易失内存、新型计算网络等成为大数据处理系统的重要硬件配置，计算与存储的融合趋势明显。为了最大限度地发挥数据管理能力，大数据管理系统在存储、网络、计算等硬件上最大化挖掘新型硬件的处理能力。在处理上针对不同数据处理需求，配置不同计算与存储硬件成为大数据处理系统的主流架构。数据驱动的计算架构快速发展，以数据流为中心的系统结构成为重要的系统设计理念。

趋势五：扩展性优先设计到性能优先设计。数据规模急剧增长，大数据处理需求越来越走向深度价值挖掘，数据处理计算愈发密集，数据管理与处理的成本成为大数据管理与处理系统的重要考量因素，传统"扩展性优先"的大数据处理系统设计将会被"以性能优先"的系统设计代替。Spark、Flink 等系统在大数据处理生态系统中的占有率明显体现了这一趋势，图计算（图加速器、图计算框架等）、深度学习框架（Tensorflow、PyTorch 等）等领域专用大数据处理系统的崛起也是这一系统设计理念在技术生态上的表现。智能化数据管理、近似计算等新兴管理和处理方法成为性能优先设计的重要技术手段。

趋势六：近数处理成为突破大数据处理系统性能瓶颈的重要途径。存算一体类体系结构技术快速发展，新型 SSD 等新型存储赢家功能愈发丰富，分布式计算系统边缘能力迅速发展。以上 3 种体系结构技术发展为大数据近数处理提供了良好的发展契机。近数处理体现在"存储上移"（如在 GPU、现场可编程门阵列（fieldprogrammable gate array，FPGA）等计算设备上集成 HBM）、"算力下沉"（如在 DRAM 内存或者 SSD 存储设备上集成处理能力）、"分布扩展"（如在云、边、端分布式处理数据，降低数据处理中心压力）3 个方面。

趋势七：从单域单模态分析到多域多模态融合，实现广谱关联计算。传统大数据分析技术大多仅聚焦于单一来源、单一模态的数据，而实际应用中往往要对来自不同来源、不同模态（如文本、图像、音视频等）的数据进行联合分析，从而实现不同来源于不同模态数据之间的信息互补。此外，诸多领域的大数据具有重要的时空属性，当前研究对这类信息的利用还不够充分。因此，探究能够跨模态关联、跨时空关联的广谱关联技术是大数据分析处理的一个重要趋势。

趋势八：从聚焦关联到探究因果，实现分析结果可解释。如何让大数据分析模型更加稳定且具有可解释性，从而使其分析结果对于用户而言变得更加可信、更加可用最好还能具备一定的可回溯性，是大数据分析面临的巨大挑战。虽然因果推断与可解释性分析技术取得了一定进展，但总体来说尚处于起步阶段，离实际应用还有很长一段距离。因此，从关联到因果也是未来大数据分析技术的重要研究方向。

趋势九：高能效大数据技术是可持续发展的关键。全球大数据量的持续高速增长，以及"碳达峰、碳中和"目标的提出，要求大数据技术栈必须走低碳高效、可持续发展的路线。例如云数据管理系统以资源共享、节能高效为主要特点，将是未来大数据管理的主要基础形态；在云数据管理基础上的全国一体化高能效大数据管理，由于算力和数据要素的大规模调度与流通，可以进一步成为未来大数据管理的主要方向，形成低碳发展新格局。

趋势十：大数据标准规范和以开源社区为核心的软硬件生态系统将成为发展的重点。随着大数据在各个领域应用的迅速普及，标准化需求将不断增长，与大数据流动融合、质量评估，以及与行业、领域应用密切相关的大数据标准将成为发展重点。开源社区在大数据软硬件生态建设中的地位不断加强，对开源社区的主导权争夺将成为各国技术、产品和市场竞争的重点。

第四节 大数据的影响

1.大数据对思维方式的改变

过去，由于数据获取的困难程度，人们在分析数据时倾向于使用抽样数据，并通过不断改进抽样方法以提升样本的精确性，从而对整体数据进行推算，并竭力挖掘数据间的因果关系。但当前数据处理思维方式正逐步向全体性、混沌性以及相关性演变，以适应数据量的爆发式增长。

2.大数据对未来行业的影响

政府工作报告中，首次提出"互联网+"，即互联网其他行业的结合的概念。

（1）互联网+传媒广告业：传媒广告可以利用大数据分析广告受众群体的喜好，从而运用到广告中。

（2）互联网+制造业：制造业可以邀请客户全程参与到生产环节当中，由用户共同决策来制造他们想要的产品。

（3）互联网+酒店和旅游业：通过大数据分析，酒店为客户预定独特房间，旅游公司制定独特旅行计划。

3.大数据对未来生活的影响

（1）医疗：大数据可以通过利用各种采集人们身体健康指数的设备采集数据，对数据进行分析，对医疗技术产生帮助。

（2）教育：可以通过学习者在各大浏览器中通过访问查询的问题去挖掘学习者在学习上的欠缺对其进行帮助。大数据时代的来临，已经渐渐地改变了我们的生活，在未来的几十年，它很有可能会渗入我们生活中的点点滴滴，这也是技术研究人员一个很大的机会的降临。我们等待着那个时代的到来。

数据用户行为反映真实需求。一切行为皆有前兆，未来的不确定性，是人类生产工具类的根源之一。简单来说，从各种各样的数据中快速获取有价值的信息能力，即为大数据。大数据时代，软件价值体现在带来的数据规模、流量与活性；公司价值在于其拥有数据的规模、活性以及收集、运用数据的能力，决定公司的核心竞争力。以国家层面看，国家数据主权体现在对数据的占有和控制。数字主权将是继边防、海防、空防之后，另一个大国博弈的空间。

4.泛互联网化

泛互联网化是收集用户数据的唯一低成本方式，能够带来数据规模和数据活性。泛互联网化带来软件使用的三个变化：跨平台、碎片化和门户化。

（1）跨平台

应用软件深度整合网络浏览器功能，桌面、移动终端（手机，平板电脑）拥有相同的体验和协同的功能。

（2）门户化

用户不需要启用其他软件即可完成绝大多数的工作和沟通需求，对于个性化的用户需求，可以直接调用第三方应用或者插件完成。

（3）碎片化

把原来大型臃肿的软件拆分成多个独立的功能组件，用户可以按需下载使用。

这三个特征的核心意义分别在于收集用户行为资源，提高客户黏性；降低软件总体拥有成本，改变商业模式。

5.行业垂直整合

开源软件加剧了基础软件的同质化趋势，而软、硬件一体化的趋势，进一步弱化了产业链上游的发言权。大数据产业结构发展趋势有两个维度：第一维度是大数据产业链，围绕数据的采集、整理、分析和反馈。第二维度是垂直的行业，像媒体、零售、金融服务、医疗和电信。从这两个维度来看，大数据也有三类商业模式：第一，大数据价值链环节，专注于价值链的高附加值环节。第二，垂直产业大数据整合，利用大数据提高垂直产业效率。第三，大数据使能者，提供大数据基础设置、技术和工具。

6.数据成为资产

未来企业的竞争，将是拥有数据规模和活性的竞争，将是对数据解释和运用的竞争。围绕数据，可以演绎出六种新的商业模式：租售数据模式、租售信息模式、数据媒体模式、数据使用模式、数据空间运营模式、大数据技术提供商。

（1）租售数据模式

简单来说，即是租/售广泛收集、精心过滤、时效性强的数据。

（2）租售信息模式

一般聚焦某个行业，广泛收集相关数据、深度整合萃取信息，以庞大的数据中心加上专用传播渠道，也可成为一方霸主。此处，信息指的是经过加工处理，承载一定行业特征的数据集合。

（3）数据媒体模式

全球广告市场空间为5000亿美元，具备培育千亿级公司的土壤和成长空间。这类公司的核心资源是获得实时、海量、有效的数据，立身之本是大数据分析技术，盈利来源于精准营销。

（4）数据使用模式

如果没有大量的数据，缺乏有效的数据分析技术，这些公司的业务其实难以开展。通过在线分析小微企业的交易数据、财务数据，甚至可以计算出应提供多少货款，多长时间可以收回等关键问题，把坏账风险降到最低。

（5）数据空间运营模式

从历史上看，传统的互联网数据中心（IDC）即为这种模式，互联网巨头都在提供此类服务。海外的多宝箱（Drop box）、国内微盘都是此类公司的代表。这类公司的想象空间在于可以成长为数据聚合平台，盈利模式将趋于多元化。

（6）大数据技术提供商

从数据量上来看，非结构化数据是结构化数据的5倍以上，任何一个各类的非结构化数据处理都可以重现现有结构化数据的辉煌。语音数据处理领域、视频数据处理领域、语义识别领域、图像数据处理领域都可能出现大型的、高速成长的公司。

7.云平台数据更加完善

企业越来越希望能将自己的各类应用程序及基础设施转移到云平台上。就像其他IT系统那样，大数据的分析工具和数据库也将走向云计算。云计算能为大数据带来哪些变化呢？

首先，云计算为大数据提供了可以弹性扩展、相对便宜的存储空间和计算资源，使得中小企业也可以像亚马逊一样通过云计算来完成大数据分析。其次，云计算IT资源庞大、分布较为广泛，是异构系统较多的企业及时准确处理数据的有力方式，甚至是唯一的方式。

当然，大数据要走向云计算，还有赖于数据通信带宽地提高和云资源池的建设，需要确保原始数据能迁移到云环境以及资源池可以随需弹性扩展。

第五节 大数据的应用与大数据产业

1.大数据的特点

大数据满足以下三个条件：

第一，数据体量巨大

第二，数据类型繁多。除了包括以往便于存储的以文本为主的结构化数据，也包括网络日志、音频、视频、图片、地理位置信息等大量的非结构化数据。据 Gartner 预计，全球信息量中的85%由各种非结构化数据组成。

第三，处理速度快。1 秒定律。大数据的 3V 构成也导致其数据价值高但价值密度低的特点，也被称为大数据特点的第 4 个 V，即数据价值 Value

2.大数据的来源

随着物联网的发展，人类产生和储存的数据类型越来越多样化，包括人与人之间产生的数据如社交网络、即时通信等信息，人与机器之间产生的数据如电子商务、网络浏览等信息，以及机器与机器间产生的数据如 GPS、监控摄像等。

3.大数据现今的应用

大数据在越来越多的领域当中逐渐得到广泛的应用。通过对大数据的储存、挖掘与分析，大数据在营销、企业管理、数据标准化与情报分析等领域大有作为，从实力雄厚的传统 IT 企业及互联网公司到基于 hadoop 平台初创公司纷纷进入大数据领域中掘金。

（1）大数据营销利用对海量数据的挖掘和分析，实现对用户精准化、个性化的营销。例如：亚马逊；谷歌。

（2）大数据咨询管理：为企业进行大数据获得、组织、分析及决策，提供建模、规划、预测和预测性分析，帮助企业加快业务决策。例如 IBM。

（3）大数据标准化：让 hadoop 的配置标准化，帮助企业安装，配置，运行 hadoop 以达到对企业大规模数据的处理和分析。

（4）大数据情报分析：梳理所有可以获得的数据库，对相关信息进行确认，并将其整合起来。

一、大数据在医疗商业模式领域的应用

大数据分析可以为医疗服务行业带来新的商业模式。在新的医疗商业模式领域，大数据有两个主要的应用场景：患者临床记录和医疗保险数据集、网络平台和社区。

（一）基于大数据的患者临床记录和医疗保险数据集

汇总患者的临床记录和医疗保险数据集并进行大数据分析具有重要意义。对医药企业来说，它们不仅可以生产出具有更佳疗效的药品，而且能保证药品适销对路。

以诺华公司为例，该公司在研发心衰治疗药物时，采用了差异化的定价策略，但是没有引起医疗保险支付方对这一做法的兴趣。只有少数医疗保险支付方愿意将该药引入报销目录，理由是：评价这种药物实际疗效的过程太复杂，传统的、固定式的定价方法实现起来简单得多。但是，如果一直采用固定式的定价方法，会使得患者无法承受治疗疾病所需费用的增长。这就需要制药公司能够提供新的医疗保险支付方法来减少医疗支出的浪费，但支付方是否支持这一改变将是一大挑战。i 汇总患者的临床记录和医疗保险数据集并进行分析为药品的差异化定价提供了可能。

（二）基于大数据的网络平台和社区

网络平台是一个潜在的，由大数据启动的商业模型，大量有价值的数据已经在这些平台产生。因此，这些网络互动信息平台是最好的医疗大数据来源。

在国内，好大夫在线 www.haodf.com 作为互联网医疗平台，已经在线上诊疗、电子处方、会诊转诊、家庭医生、图文咨询、电话咨询等多个领域取得领先地位。前几年，好大夫在线与银川市政府合作共建智慧互联网医院，取得了医疗机构执业许可证，业务从疾病咨询领域发展到诊疗领域。全国正规医院的医生获得相关资质后，均可在好大夫在线平台提供线上诊疗，电子处方，远程会诊，手术预约等医疗服务。通过好大夫在线的"找医生"模块可以在线咨询医生病情，或完成门诊的提前预约。同时，该平台记录了大量的患者咨询的病情数据及医生回复的诊疗建议数据。

二、大数据在公共健康领域的应用

在大数据技术下，可以想象这样一个医疗场景：从生产数据，到挖掘、管理、分析数据，以及最后提供解决方案。在这个场景下，如果全球每年有几百万人患心脏病，大数据能从这些患病人群里找到共性，实现提前治疗预警，这将极大地提高人们对抗疾病的能力。《大数据时代》一书中有这样两个案例：

案例一：苹果公司创始人乔布斯曾在治疗胰腺癌期间获得了他的整个 DNA 序列，医生们将乔布斯自身的所有 DNA 和肿瘤 DNA 进行排序，然后基于乔布斯的特定 DNA 组成，按所需治疗效果进行用药，并调整医疗方案。乔布斯自患癌至离世长达 8 年的时间，几乎创造了胰腺癌历史上的奇迹。

案例二：乔布斯的案例是针对个体的，而 Gongle 成功预测流感暴发期的这个案例是针对群体的。甲型 HINI 流感暴发几周前，Google 通过对网民的网上搜索记录进行分析与建模，预测出了甲型 HINI 流感的爆发，其预测结果与官方数据的相关性高达 97%，并且得出结果的时间要比当地的疾病控制中心更早。

从个人健康管理到公共健康管理，大数据对个人医疗的改变极富价值。在国内，百度公司首先发布大数据引擎，将开放云数据工厂。百度大脑三大组件在内的核心大数据技术进行开放。同时，百度研发了"软硬云"结合的智能健康医疗移动平台，记录下人们日常生活方式，例如每天的运动量和运动时间，睡眠质量久坐时间，身高、血压等，这些被量化的数据具备及时性和趋势化，可以成为病情分析的重要依据。

大数据的应用场景包括各行各业对大数据处理和分析的应用，其中最核心的还是用户个性需求。下面将通过对各个行业如何使用大数据进行梳理，借此展现大数据的应用场景。

第七章 公共图书馆信息资源建设

随着计算机技术、网络技术及通信技术在图书馆的普遍应用，文献信息资源的数字化、管理与服务信息化、网络化将成为新世纪图书馆发展的必然趋势。用户对信息知识的需求越来越大，重视信息资源的开发。基于此，本章主要努力探索和创新公共图书馆信息资源建设。

第一节 公共图书馆信息资源的类型

信息资源是图书馆的基本组成部分，是图书馆为读者提供服务的基本前提条件。信息资源是经过人类采集，开发并组织的各种媒介信息的有机集合。图书馆信息资源是指图书馆依据读者需求与本馆性质、建设目标而有计划地建设和组织的各类型信息资源。包括图书、期刊、报纸、政府出版物、家谱方志等纸质文献资源，以及各种声频、视频出版物，数字化书刊报纸、数字化声像，数据库等网络资源。公共图书馆的信息资源共有两大类型：文献型信息资源和数字化信息资源。

一、文献型信息资源

文献型信息资源是以文献为载体的信息资源。依据文献型信息资源的生产方式，载体资料和知识内容，可将其分为刻写型文献信息资源、印刷型文献信息资源、古籍、缩微资料和声像资料。

（一）刻写型文献信息资源

以手工刻画和书写为主要手段，包括古代的甲骨文、简册、帛书和现代的笔记、手稿、书信、会议录等。这类文献有很多稀有和珍贵的信息资源，如著名作家的手稿。

（二）印刷型文献信息资源

自印刷术产生以来，印刷型文献逐渐成为占主导地位的知识信息载体。印刷的方式包括石印，油印、铅印，胶印、复印等。印刷型文献资源主要包括图书、连续出版物、特种文献、内部资料和其他零散资料。

1.图书有广义和狭义之分。广义的图书泛指各类型读物，包括甲骨文、简册、书刊、报纸，声像资料等，我们这里所讲的图书是狭义的图书。联合国教科文组织对图书下的定义是：凡由出版社（商）出版的不包括封面和封底在内 49 页以上的印刷品，具有特定的书名和著者号，编有国际标准书号，有定价，并取得版权保护的出版物。图书是迄今为止最主要的文献资源，具有主题突出、知识内容完整、系统和成熟等特点，要想系统地学习各学科知识，深入研究某知识领域，图书是必不可少的信息源。图书按照使用目的可分为著作（专著、译著、教材、通俗读物）和工具书（书目、索引、文摘、百科全局书、年鉴、字典、词典等）。按照出版方式，图书可分为单、多卷书丛书等类型。

2.连续出版物是一种具有统一名称、固定版式、统一开本、连续编号，汇集多位著者的多篇著述，定期或不定期在无限期内编辑发行的出版物。包括期刊报纸、年刊（年鉴、机构名录等）、各种机构的报告丛刊、单行本的丛书。其中期刊和报纸流行最广，影响最大。期刊虽然只有几百年的历史，但内容包罗万象，知识新颖、出版周期短、信息量大，流通范围广，受到广大读者的喜爱。按照内容性质和使用对象，将期刊划分为学术性期刊、文学艺术期刊、通俗性期刊、检索性期刊、资料性期刊报道性期刊等。报纸是出版周期最短的连续出版物。按照出版周期，可分为日报（包括早报、晚报）、双日报、三日报、周报，旬报等。按照内容范围，可分为综合性报纸、专业性报纸，或者全国性报纸、地方性报纸。

3.特种文献是指出版形式比较特殊的科技文献资料。介于图书和期刊之间，似书非书，似刊非刊，具有重要的科技价值。公共图书馆收藏的特殊文献资料主要有科技报告，专利文献、标准文献、会议文献、政府出版物、产品资料等科技报告是科技工作者围绕某一课题从事研究之后，对所取得成果的总结报告或在试验和研究过程中所作的记录报告。专利文献指发明人或专利权人向专利局提供申请保护某项发明时所呈交的技术说明书，经专利局审查、公开出版后形成的文献。

标准文献经权威机构（各国国家标准局）批准的一整套在特定范围内必须执行的规格、规则、技术要求等规范性文献，简称标准。标准可分为国际标准、国家标准、部标准和企业标准。如公共图书馆服务规范 GB 是国家标准。会议文献是指在国际国内各种会议上宣读和交流的论文、报告和其他资料。政府出版物是由政府机构出版或由政府机构编辑并授权指定出版商出版的文献。包括行政性文件和科技文献两大类，前者包括法律、法规、规章，政府工作报告，议案，决议，司法资料等。后者包括研究报告、科技政策、公开的科技档案、经济规划、气象资料等。产品资料是定型产品的结构、原理、操作方法、维修方法的详细介绍资料。如产品样本、产品说明书、产品目录等。

4.内部资料是个人或组织生产的非正式出版、非公开发行的出版物。是基层公共图书馆文献信息资源的重要组成部分。

5.其他零散资料包括舆图，图片，乐谱等。

（三）古籍

我国国家标准《古籍著录规则》中的定义为：古籍是中国古代书籍的简称，主要指1911 年以前，反映中国古代文化，具有古典装订形式的书籍。

（四）缩微资料

缩微资料是用缩微照相技术制成的文献复制品。分为缩微胶卷、缩微胶片、缩微卡片。有的是透明体，有的是不透明体。

（五）声像资料

又称视听资料、声像文献。分为视觉资料、听觉资料、音像资料。

二、数字化信息资源

是以数字代码方式将图文声像等多种形式的信息存储在光、磁等非纸质载体中，以光信号、电信号的形式传输，并通过计算机或其他外部设备读取使用的信息资源。

1.根据可传播范围划分

（1）网络信息资源借助于计算机网络获取或利用的信息资源。包括非正式出版信息（电子邮件、专题讨论小组、论坛、电子会议、电子布告板新闻等，流动性随意性强，信息质量难以保证和控制），半正式出版物（指各种灰色信息，如各种学术团体、教育机构、企业和商业部门等在网，上发布的信息，在正式出版物上找不到）、正式出版物（万维网上可以查询到的数据库，联机期刊、电子期刊、电子版图书、报刊和专利信息等，受知识产权保护、质量可靠、利用率高）。

（2）单机信息资源是指通过计算机存储和阅读但不在网络上传输的数字化信息资源，被称为机读资料。主要包括磁盘和光盘。

2.根据建设方式划分

根据建设方式数字资源可分为购买的商业数据库、自建数据库、网上链接资源三种类型。这是基层公共图书馆常用的分类方式。

3.根据信息资源的加工程度划分

信息资源还可分为一次信息资源、二次信息资源、三次信息资源。一次信息资源是著作者最初发表的原始文献，如专著、论文、专利文献、报告文献等。二次信息资源是在一次信息资源基础上加工整理而成可供检索的信息资源，如书目、索引、文摘等，它是使用一次信息资源必不可少的工具。三次信息资源是通过利用二次信息资源对一次信息资源进行系统分析综合研究、评述而生成的信息资源，如综述、述评、专题研究报告、百科全书、年鉴、手册、指南等。

第二节 公共图书馆文献资源建设

一、规划与设计

公共图书馆要搞好自身馆藏建设的重要前提是依照科学的理论对本馆的文献资源建设进行科学、合理的规划与设计。文献资源规划可以分为长期规划和短期规划，其中长期规划是馆藏发展政策，短期规划是年度采购计划。

（一）馆藏发展政策

包括文献资源的规划设计、文献资源的搜集与维护制度、馆际合作政策三部分内容。

1.文献资源的规划设计要根据本地区服务人口等因素，确定规划期内需要入藏的图书、报刊、电子资源的数量及学科分布。根据图书馆定位、任务和读者需求，确定文献资源的收藏范围、类型、主题和深度。

2.文献资源搜集与维护制度

（1）文献采访制度：包括文献采访方针、总原则和指导资源配置的采访政策。

（2）文献资源维护制度：对馆藏组织、盘点、更新、评价与剔除在内的工作制定规范制度。

（3）馆藏评价制度：包括对质的评价（专家评鉴法、书目核对法：评估、读者意见调查），对量的评价（相关数据统计：文化和旅游部报表）。

3.馆际合作政策加强馆藏特色资源的收集，增加特色资源的数量与载体形式，提升馆藏服务的质量，展现馆藏特色的实质效益，并以多种方式参与文献资源共享合作与协作。

（二）年度采访计划

一般在每年第四季度编制下一年度采访计划，具体内容包括：年度文献发展任务，年度入藏文献的重点和范围，各类型，学科、语种文献资源的采访经费分配比例，完成计划的具体方法、步骤和措施。

二、文献资源选择与采访

（一）文献资源采访工作

是指根据图书馆的性质、任务、读者需求，经费状况，通过寻找、选择、采集等方式建立馆藏，并连续不断地补充新出版物的过程。其步骤和工作内容如下：

1.制定采访方针

2.制订计划和文献搜集标准

3.研究文献市场和文献资源信息

4.收集相关书目

5.调查读者需求

6.研究书目

7.初选和查重

8.领导和专家小组审核初选书目

9.订购和发订单（或现场采购）

10. 建立文献采访档案并归档

11.新书到货验收和登录。

文献资源选择就是选书、采书的过程。文献选择工作应吸纳专家及一般读者参与，并由专职采访人员选择，采集文献。

（二）文献资源选择原则

在采选过程中，要遵循本馆的基本原则、规定不同载体文献的采选原则，采选方法及所占比例。各类型文献采选要注意学科结构和层次结构的合理组配。中文图书获奖图书及畅销图书尽量全面采选，各学科最前沿，最重要以及经典著作要及时入藏，丛书、多卷书及重要的工具书不能缺订，漏订；中文报刊采选应从总体上保持入藏量相对稳定，保持系统性和完整性，尽可能提高期刊需求满足率；外文图书报刊应根据和馆藏特色和用户需求有重点地精挑细选。各学科文献采选要区分重点馆藏和一般馆藏，根据读者需求，调整比例结构，保证重点、兼顾一般。采访文献要注意协调文献的学科结构，等级结构、文种结构，时间结构等。

根据本馆的具体情况规定每种文献单册采选的数量，这就是我们经常说的复本量。图书馆应根据本馆的性质、任务、特点和读者需求，以及典藏空间和管理能力，确定不同学科、文种、等级、类型文献的复本量。

（三）文献资源选择标准

制定文献选择标准要重点考虑四方面的因素：文献的读者对象、文献的责任者，出版者、价格。基层公共图书馆要以满足读者一般生活、休闲、学习与工作为主，同时兼顾高端应用或科学研究需求。责任者是指文献的著者或编者，优先考虑著名责任者的著作。出版者，优先考虑专业或著名出版机构出版的文献。价格，在制定文献选择标准时，各馆应根据经费情况确定文献的单种最高限价，对价格高而又必须入藏的文献，应提交具有审批权限的主管领导研究决定。

（四）文献资源采访方式

公共图书馆的文献采访包括购买方式和非购买方式两大方式，主要有以下几种形式：

1.期货文献订购根据书目选择文献。包括报刊预订。

2.现货文献选购采访人员到出版发行部门或书店现场挑选。竞拍也是现货文献选购的一种，适用于对古籍、手稿、善本、字画真迹等的购买与收藏。

3.协调采购（合作采访、联合采购）某区域内的图书馆通过统筹规划，就各馆收藏范围及收藏重点进行协商，建立地区文献联合采购体系及文献资源保障体系。

4.集团采购一定数量的图书馆在协调机制下统一与书商谈判，以优惠价格购入文献。适用于批量较大或金额较高的文献。

5.交换指图书馆之间或图书馆与其他文献收藏单位之间相互交换文献。

6.调拨在上级主管部门组织下或按照一定的协调机制，有计划地将部分馆藏调拨给需要的图书馆。

7.征集通过发函、专人登门访求、向社会发布广告或启事等方式，有针对性地从机构或个人那里获得珍贵馆藏。如地方文献的征集。

8.接受捐赠接受个人、单位或社会团体的捐赠的文献。

9.租借适用于不出卖或无力购买而又急需的文献，可支付短期使用费，获得短期使用权。

10.复制主要有复印、照相、录像、扫描等形式，但必须注意知识产权问题。

11.自行制作利用录音、录像和计算机等技术设备制作。同样也需要注意知识产权问题。

（五）采访理念的创新

为了提高文献的利用率，近年来国内图书馆开始改变过去的"小而""大而全"的做法，积极采访读者喜爱、利用率高的文献，越来越重视读者的参与度。越来越多的图书馆开始进行读者参与图书馆采访模式的创新。例如，召开读者座谈会；在网站上开辟新书荐购专栏；在流通部门放置新书采购意见箱和张贴新书书目或利用 E-mail 等方式与读者交流。

1.读者荐购

读者通过征订目录推荐或自行推荐，采访人员在设定的期限内汇总信息，形成最终选书策略。如，佛山图书馆使用了专家采访系统。

2.读者决策采购

读者通过导入联机公共目录查询系统的预设文档查到相关书目记录后，直接购买电子图书或提出购买印刷本的要求，由图书馆统一付费购买。

3.读者自主采购

是由图书馆和书商合作提供的借阅服务。读者外借的图书视为读者自主采购，列入馆藏。

（六）加强采访队伍建设

文献采访人员整体素质的高低直接影响到对图书馆馆藏文献采集方针原则、计划和标准的理解能力与文献采集质量的优劣，所以理想的图书馆采访人员应该是集多种知识和技能于一身的复合型人才。

1.搭建合理的知识结构

（1）具有比较系统的图书馆学专业知识和书目文献知识，了解图书馆的方针、任务、读者情况，掌握本馆文献资源体系结构、收藏的范围和重点，熟悉图书馆工作的各个环节，以便挑选适合的文献资源。

（2）具有广博的科技文化知识，精通1-2门专业，掌握文献资源的出版动态、善于掌握先进的工作方法，熟悉计算机和网络和使用。

（3）具有较强的研究能力，以便开展文献资源的相关调查研究，提出文献资源建设的策略。

2.加强职业道德和行为规范

建设文献采访工作者要充分认识到文献采访工作在整个图书馆工作中的重要地位，利用自己的专业水平，努力采集能够满足读者需求的文献，在采选过程中公正无私，不从个人兴趣、立场、学术观点出发，不利用职务之便谋取私利。同时要加强法律意识，遵守国家法律法规和行业规范，尊重知识产权，自觉抑制采访过程中的各种违法违规行为。

3.持续开展继续教育

采访人员素质的提高是一项长期的艰巨的任务。采访人员必须具有广博的知识。作为基层图书馆，我们可以通过继续教育、集体培训、请专家来馆举办讲座等方式进行培训，也要通过读者调研明确图书馆性质、任务和服务对象，减少文献采访的随意性和盲目性。

4.加强社交组织能力

培养文献采访工作头绪多、涉及面广，经常需要与书商、读者等单位和个人进行沟通和交流，需要协调处理各项采访事务，没有一定的社会活动能力和组织协调能力是不能胜任的。所以在选拔采访人员时，我们就要有意识考察这方面的能力，同时采访人员要注重培养和锻炼这方面的能力

5.提高身体素质

文献采访工作既有体力劳动又有脑力劳动，可能需要经常出差现采文献。所以，采访人员要有健康的身体、充沛的精力和较强的记忆力和敏捷的思维。

第三节 公共图书馆特色文献资源建设

公共图书馆特色文献资源是指图书馆收藏的，具有特定学科（或主题），地域、历史，政治、文化背景的，或者关于某一语种、某一类型或人物的具有一定规模的成系列的文献。特色馆藏是一个图书馆区别于其他图书馆的特色所在，在图书馆文献资源建设中占有重要地位。特色馆藏基本上包括地方特色馆藏文献、学科专业特色馆藏、非文献特色馆藏、其他特种文献资源建设。

一、地方特色馆藏

主要包括地方文献和非物质文化遗产。

（一）地方文献

是反映特定区域内自然环境与社会环境沿革，发展和现状的历史资料和现实资料的总和。它具有很强使用价值和保存价值，同时还具有资政、励志、存史的重要价值。地方文献是图书馆特色馆藏建设的一个重点和亮点。

1.地方文献的范围

对地方文献的内涵和外延，目前图书馆学界没有统一的认识。各级图书馆在实践中也没有形成统一的收藏标准。广义的理解是与本地区相关的一切资料，包括地方出版物和地方人士著作；狭义的理解是指内容上具有地方特点的出版物，而地方人士著作和地方出版物则不作为地方文献处理。大多数图书馆按照狭义的理解来收集与保存地方文献。

2.地方文献的类型

过去以纸质文献为主，包括图书、报纸、期刊等。除此之外，还应当把照片，地图、邮票、钞票，火花、传单、广告，海报等列入收藏范围。其中的相当部分不只具有文献价值，同样具有文物价值。今天，数字化地方文献也越来越受到重视。

3.地方文献的收集

地方文献的收集不同于普通文献的收集，它的途径很多，但难度较大，并且与工作人员的专业技术水平、敬业程度、责任心大小、公关能力大小都有着直接关系。

（1）建立呈缴本制度

利用政府行为保证地方文献采集的完整性和系统性。除了地方出版社，各级政府和企事业单位、科研学术部门编撰的相关文献都应当收集。

（2）构建地方文献采集协作网络

25

　　大部分地方文献是征集而来的，征集工作量大，涉及面广，特别是地方文献中很大一部分是非正式出版物，发行量小，发行范围小，获取难度较大。地方文献采访人员可以通过新闻出版部门了解内部图书、期刊、报纸的出版情况，主动与本地区的史志办，史办，科委、政协文史委、学术团体、研究机构教育行政部门、大中专院校、大中型企业等单位和部门加强协作，建立长期的固定的合作关系。

　　（3）加强馆际协作，促进地方文献交流

　　与本地区其他图书馆建立协作关系，双方互通信息，主动索取或赠送。

　　（4）扩大宣传渠道，营造地方文献征集社会氛围

　　通过报纸、广播，电视等媒体或馆内的广告牌、网站等途径发布征集地方文献的信息。

　　（5）举办展览征集地方文献，丰富馆藏

　　可举办各类地方特色展览，如地方文献征集成果展、地方名人书画创作展、地方非物质文化遗产展、个人著作及手稿展、专题图片展等，以此展览检阅地方文献工作成果，同时动员鼓励更多的人捐赠文献。

　　（6）广开渠道，保障经费

　　在文献采购费使用上，要保障地方文献入藏经费的合理比例。地方文献的保存、整理和开发各馆要设立地方文献专藏，基层馆要设立专架、专柜保存地方文献；有条件的馆要设立专室，收藏和展示地方文献。收集入馆的地方文献必须要进行分类，编目、整理上架。并且可按内容、性质、形式等编成不同用途的目录，如按照著述形式可编制地方志目录、家谱目录、地图目录、论著目录、年谱目录等；按照内容可编制地方文献综合目录，专题目录等；按文献的揭示程度可编制地方文献简目、地方文献考录。

　　另外，要组织力量整理地方文献，有价值的要进行二次文献开发，便于读者利用。更为重要的是要培养一支收集、整理、加工，研究开发地方文献资源的专业技术队伍。要有一支高素质的队伍，高素质体现在：工作人员要有一定的研究开发能力，有敏锐的信息意识和地方文献捕捉能力，有较强的综合分析能力和文献鉴别能力，能够维系公共关系，拓展用户群体，并能掌握基本的计算机信息处理技术。随着信息网络时代的发展，地方文献数字化成为必然趋势，它可以帮助读者更快捷地查阅所需资料，而且可以减少文献的破损，更好地保护珍贵的文献。并真正实现地方文献资源的共建共享。

（二）非物质文化遗产

　　是指被各群体，团体，有时为个人视为其文化遗产的各种实践、表演，表现形式、知识体系和技能及其有关的工具、实物、工艺品和文化场所。过去，图书馆只注重保存文字产品，对非文字的文化传统和田野中的活态知识等非物质文化遗产没有重视。作为

保存和传承历史文化遗产的机构，公共图书馆应将本地区的非遗明确纳入收藏范围。收集非遗的方式主要有横向收集（从相关文化部门、民间团体和个人手中征集）、纵向共享（图书馆系统开展馆际互借和馆际协作）和自采自建（利用现代化手段现场采访记录并将其转化成数字化文档）。

二、学科专业特色馆藏

如北京图书馆成立了北京包装资料馆，上海曲阳图书馆创办了上海影视文献图书馆，杭州图书馆创办了佛教分馆。

1.学科专业特色是指图书馆馆藏中某类学科或某些专业文献系统完整，能基本满足该学科或专业研究要求。

2.与专业出版社合作，对重点收藏的某学科或专业出版物进行筛选、征订。

3.到相关学科或专业的研究机构收集或交换内部文献资料和出版物以及专业发展的实物。

4.与企业、公司建立长期合作关系，联络收集和交换相关文献资料和出版物。

5.非文献特色馆藏：指的是实物馆藏，如与本地区历史有关的玉石、古钱币，碑帖书画作品、老照片、老城镇的录影等。

三、其他特种文献资源

古籍、政府信息资源、工具书、标准文献、专利文献、馆史文献、珍贵馆藏。

1.政府信息资源

根据《政府信息公开条例》的要求，2008 年政府公开信息正式纳入图书馆收藏范围。公共图书馆应发挥自身专业优势，对政府信息进行科学组织，要深度标引，形成方便检索的政府信息检索平台或数据库。在地方文献阅览区内开辟了政府公开信息查阅区，设专架专人管理，建设政府公开信息全文数据库，可为广大市民提供数字查阅服务。

2.工具书

工具书入藏是图书馆的传统工作。工具书是指按一定排检次序把有关知识、资料或事实加以汇编、专供检索查考的书籍。工具书分为三类：一是检索型工具书，包括书目，索引、文摘；二是辞书型工具书，包括字典和辞典；三是资料型工具书，包括百科全书、类书、政书、年鉴，手册、名录、表谱、图录，以及其他参考性资料。

工具书采访要掌握三点：辞书类工具书要及时更新版本，保持连续性和完整性；综合性与专科性工具书要互相补充，根据内容确定采访数量；特殊工具书与相应馆藏配套典藏，方便使用。主要是与古籍关系密切的工具书，如《中国丛书综录》《中国古籍版刻辞典》《中国感知善目》等等。

3.馆史资料

是记录和反映一个图书馆自身建设和发展历程的史料，包括文字资料、图片资料和各类实物资料。一方面必须依据原始档案资料全面精炼系统地汇聚史料；另一方面要加强口述历史的收集与考证。对馆史资料可以按相关主题分类，整理编辑。利用这些资料图书馆可以编史修志，举办馆史展，可以记录和反映图书馆的历史，加强馆员爱馆教育。

第四节 公共图书馆数字资源建设

一、数字资源建设规划

数字资源建设是一项庞大的系统工程，影响因素众多，关系复杂，必须从不同层次进行规划。从微观上看，每个图书馆都应该根据自身的性质、任务和读者需求，确定本馆的建设原则、范围、重点和采集标准，提出适合本馆的模式，在此基础上制订发展规划，协调各类资源在整体馆藏资源中的比例，建立有重点、有特色的数字资源体系。

二、基层公共图书馆的数字资源建设

通常包括书目数据库建设、特色数据库建设、商业数据库的采购，网络信息资源的开发和利用。

（一）书目数据库建设

是对图书馆馆藏进行揭示，帮助读者检索和利用图书馆的信息资源，是图书馆工作最基础的数据库，也是图书馆全面实现网络化、自动化和资源共享的基础与关键。书目数据库建设有自建、标准书目套录，套录和自建相结合三种方式。目前多数馆采用的是第三种方式套录和自建相结合，这样既保证质量又保证速度。为保证书目数据库的质量，图书馆必须做好四个方面的工作：

1.编目系统的选择

常用的有 ILAS、文津图书馆管理系统、汇文文献信息服务系统等。

2.数据录入

严格根据国家制定的著录标准，进行规范化的标准的著录。

3.建立严格的工作程序

在书目数据库建设的准备、数据录入、数据核校三个阶段中建立严格的工作规范，确保数据的准确性。

4.人员的组织培训

编目人员的综合素质是保证数据库质量的关键，要强化他们的技能培训和责任心教育。目前，很多地区实现了集中编目，就是一个地区、行业或系统内的图书馆协商，由一个技术条件好的图书馆承担各馆的采购和编目工作，其他成员共享成果。这种方式有明显的缺陷：只限于小区域的书目资源共享；承担编目的中心馆压力过大，容易造成工作积压。书目数据库的建设的发展趋势是联机编目，各成员馆与联机编目中心通过计算机自动化系统和网络连接起来，按照标准的机读目录格式著录书目数据，从而实现联机编目。

（二）特色数据库建设

1.数据库选题

在建设前应该针对数据库建设的可行性展开调研，包括已有或在建数据库的情况、读者现实需求与潜在需求情况，待建数据库的学术价值、利用价值、经济效益和社会效益等评估，以及信息源的充足性及信息搜集渠道的畅通性、数据库建设所需的软硬件环境、技术人才、资金等情况。

2.数据收集

完成选题后，图书馆应派出技术力量通过各种信息渠道采集信息，然后进行汇总、整理集中，保证信息资源的完整性、权威性和及时性。

3.数据加工

共有五道工序第一道工序：筛选，对收集的信息进行审核筛选，剔除重复的、不准确的以及价值不大的信息，保留可收录进数据库的数据。第二道工序：数字化处理，对传统纸质文献进行图像扫描、图像处理、转换识别、核对等工作。第三道工序：标引，选择合适的标引方式，制定标引细则，规定标引的深度、分类的集中与分散、主题词、关键词的选用规则等。第四道工序：制定严格的质量管理制度，确保输入数据准确无误。最后一道工序：审核，进行全面认真的审核，确保每一条录入数据的准确性。

4.数据管理与维护

使用数据库管理软件，以网页的形式发布数据库内容，同时根据读者的反馈信息，及时对数据进行修改和整理。

5.自建特色数据库应注意的问题

协调规划：不能盲目求大求全，要根据本馆的情况量力而行，利用有限的资金，建设出高质量，精品化的特色数据库，避免重复浪费。知识产权问题：要有知识产权保护意识，在充分利用知识产权保护的信息资源合理使用的权利，开发建设不以盈利为目的的特色资源库，避免引起知识产权的纠纷。数据库的宣传推广：图书馆耗费人力，物力，财力建成了特色数据库，大多数馆忽略了对它的宣传推广。使数字资源处于"养在深闺无人识"的境地。所以，要加大宣传力度，让更多的读者了解、利用。

三、商业数据库的购买

是指直接购买数据库商生产发行的正式出版物，通过网站提供给内部或远程的读者。这是目前图书馆数字资源建设最重要的方式。省时省力，但需要充足的经费。

四、网络信息资源的开发和组织

1.站点导航即网址导引库。馆员对网络信息资源进行科学系统地组织、标引、建立网络导航、学科导航或专题资源库。

2.搜索引擎运用网络自动搜索技术，跟踪网上站点并对站点信息进行收集、整理、分类、索引等处理，同时对每个网站加以注释，给出范畴词或关键词，以产生新的数据库供读者利用。

3.资源导航具有站点导航和搜索引擎的双重功能，它是利用已有的信息标引等文献的理论与实践，精选网上海量的学术信息资源，并将经过注释或评注的网站组织到特定的界面，从而为读者提供免费信息服务的过程。可实现站点内容的整理、指引和检索。

第五节 公共图书馆文献资源的加工与管理

文献资源入藏后必须经过加工整理才能上架供读者借阅。主要工作流程如下：

一、文献资源的加工

（一）验收

文献到馆后，首先核对包数，检查外包装是否破损，确认没问题是否与清单相符；检查文献质量，发现图书装订、印刷质量有问题、光盘破损的内容反动，封建迷信，黄色淫秽的、不符合本馆资源建设原则的、盗版的均可要求供货商退货。如果是订购的文献，要核对是否与订购目录相符，如未订购或复本量超标应退回供货商。验收确认后，保留清单，退书单等单据备查。

（二）加工

1.盖馆藏章通常要盖在三处：题名页、书口、书内某固定页。

2.粘防盗磁条用于防盗监测。已经实现 RFID 技术的以电子标签替代。

3.粘条形码即每册件文献的身份证号码，既是个别登录号，也是进行借阅时的验证码。每册文献粘两个同一号码的条形码。一般题名页一定要贴一个，要端正，不能跳号、漏贴，不要遮盖书名、责任者，出版社等重要信息。

4.粘贴电子标签（RFID）每件文献粘贴一个，以实现自助借还，文献定位、高效整架和清点。

5.粘贴书标和保护膜分类编目工作完成后，要在指定位置粘贴印有索书号的书标，并覆盖上透明胶带，以延长书标的使用寿命。

二、文献资源布局

馆藏文献经过加工，分类，编目后，接下来就是入藏到相应的馆藏地点，这就是文献资源的布局。

（一）资源库的划分

公共图书馆进行馆藏资源组织时，一般为方便资源保护、存贮和开展用户服务，首先区分资源类型分别建库，如纸质资源库，缩微资源库、电子资源库、数字资源库。其次，对纸质资源库再区分为图书库、期刊库、报纸库、古籍库等。根据服务对象可进一步区分为基藏库、保存本库、开架阅览库、闭架借阅库、新书库，地方文献库，不同时间段的各类型资源库等；对缩微资源、电子资源根据资源规模和特点也可以进一步进行物理区分，如视听磁带库，视听光盘库等馆藏库信息是信息资源的索书号、索刊号、索报号、索盘（带）号等索取号或唯一标识符的重要组成部分，是否合理划分资源库直接影响到资源长期保存、资源利用、资源发展以及资源库中的排架。文献布局有很多方式，主要有展开式水平布局，塔式垂直布局、立体交叉式混合布局、借阅藏一体化布局、三线典藏制布局等。

展开式布局：适用于馆藏规模在 10 万册以下的小馆，书库，阅览室、办公区共处于一个水平面。三线典藏布局：将全部馆藏文献划分为利用率最高的、比较高的和利用率低的三部分，并依次组成一、二、三线书库。藏借阅一体化布局：全开架布局模式，采用大开间、少间隔的阅览室风格，馆内各处设置桌椅，方便读者就近阅读，除了特藏文献外，尽量不设单独的阅览室。读者可以随意浏览，自由取阅。其优点是读者可以用着方便，节省工作人员。这种布局要求图书馆在建筑上符合三大、三同要求，三大是大书库、大开间，大阅览；三同是同层高、同柱网、同载荷。要求图书馆改变管理模式，在排架方面突出借阅量大的书刊，架标设计清晰简明，便于查找。这种格局更多地依靠读者自己检索和找书，所以工作人员要提供检索辅导、阅读辅导，参考咨询等服务，这对工作人员的业务能力提出了更高的要求。同时要统筹好藏，借，阅各项功能分区，营造人性化的服务环境。

（二）文献资源的排架

选好馆藏地点之后，文献就开始上架排架了。排架的方法有很多种，主要包括内容排架法和形式排架法。

1.内容排架法以文献内容特征为标志进行排架。分为分类排架法和专题排架法。

（1）分类排架法按学科分类体系排架，排架号（索书号）是由分类号和书次号组成的。优点：按文献所属学科的逻辑体系排列文献，内容相近的书排在一起，便于馆员熟悉馆藏，开展阅读推广工作，便于读者按类检索找书，提高查全率。缺点：书架上要为以后出版的同类文献留位置，书架浪费较多。如果原有空架留置位不足时，需要进行倒架，增加了劳动强度。分类号码较长，容易排错，一旦排错，容易造成死书。

（2）专题排架法按照一定的专题范围对文献进行排架，带有专架陈列、专架展览性质。如流通部除了按分类排架外，利用展示台将部分主题的书单独排列出来，这就是专题排架法。它是一种辅助性的内容排架法，不能用来排列所有的文献。

2.形式排架法是按文献的外部特征进行排架的方法。

（1）登记号排架法按照文献的个别登记号顺序排架，节约空间，但无法检索。

（2）固定排架法按照固定的编号排架，一般有四组号码（库室号、书架号、层格号和书位号）。

（3）字顺排架法按照文献名或著者名称的字顺排列藏书的方式。中文图书常用笔画笔形法，汉语拼音字母来确定排架顺序。图书馆界常用著者字顺排架法结合分类排架法，组合成分类著者排架法，将同类同著者的书排在一起。

（4）年代排架法按出版物的年代顺序排架，是一种辅助性组配排架法，适用于排列过期的报刊合订本。比如：某些图书馆报纸合订本排架采用字顺和年代组配，期刊合订本排架采用分类和年代组配。

（5）语文排架法按文献的语言文别排列各种外文书刊，与分类排架法组配在一起。

（6）书型排架法按文献的外形特征，排列特殊规格或特殊装帧的书刊资料，是一种辅助性的组配排架法。需与其他排架法组配。

3.各类型文献的排架

根据实践经验，不同的文献应采用不同的排架方法，并且用两种以上的排架法组配使用，才能达到最佳效果。

（1）中外文普通文献一般采用分类与字顺或分类与种次号组配。

（2）期刊排架方法较多，一般说来，现刊宜采用分类排架，有两种方法：分类刊名字顺排架法、分类种次号排架法。过刊的排列广泛使用的是刊名字顺排架法，同一种期刊再按年代排列。

（3）资料一般装入资料盒或资料袋，用登记号顺序排架。

（4）特殊版型的文献如大开本、图表、卷筒等，采用书型与登记号组配的排架法。一般的是先分成各种类型，以不同字母标示书型号，再按登记号排架。无论使用哪种排架法，都要编制相应的排架规则和目录在书库，服务区和书架上设立醒目的标识，以便于读者检索。

三、馆藏文献资源的管理

包括馆藏文献资源登记、馆藏文献资源复选与剔除、馆藏文献资源保护。

1.登记要求完整，准确，及时。共有两种方式。

（1）总括登记将图书馆每批采购或注销的文献按批次进行整体登记。一般分为收入部分，注销部分、总结部分。相当于文献总账。

（2）个别登记是对每册件文献或每种文献进行的登记，在总括登记后进行，依据文献的题名页和版权页。过去是手工完成的，现在是通过计算机完成的。

2.复选与剔除是指依据图书馆制定的原则和标准，将失效、利用率低的文献，从馆藏文献中分离进行处理的工作。一般原因是书库饱和或者一部分文献利用率低甚至完全失去使用价值或者服务对象发生变化，部分馆藏不再符合本馆任务和读者需求。各馆应制定复选和剔除的标准，并完善工作流程，经过严格审批才能下架剔除。

3.文献资源保护一般造成图书馆文献资源损失的原因有社会原因和自然原因两部分。社会原因是个别读者乱涂乱画，甚至开天窗、撕页、偷窥造成对文献的破坏；自然原因指火、水、尘、鼠、虫害等对文献造成的损失。针对这些破损原因，图书馆要制定严格的文献保护制度。首先要做好防火防水工作，要加强防火防水教育，严格按制度办事，馆内严禁使用明火，严禁易燃易爆品入馆。定期检查电路及电气设备是否完好，定期检查消防器材是否有效，培训馆员学会使用消防用品。这关系到图书馆文献资源的安全保存也关系到每位馆员和读者的生命安全。防水工作平时要注意低洼处的排水是否申通，查看馆内水管，洗手间，饮水处是否有漏水现象。同时，防尘防菌也是文献保护的工作内容。书库内要保持通风，卫生清洁。灰尘为各种细菌和害虫提供滋生条件。可用消毒灯灭菌等方法消毒，被污染的文献可用甲醛溶液熏蒸除菌。对文献资源破坏较大的还有蛀虫和老鼠，防止其破坏的根本方法是通风、防尘、防潮，并及时堵塞各种漏洞、墙缝，禁止食物带入馆区，必要时投放杀虫和灭鼠药等。

第八章　公共图书馆云服务系统建设

随着国家相关政策的不断深化和机器人技术的不断发展，智能服务机器人在图书馆等行业的应用及其对行业的智能化变革将发挥更大作用，迸发出新的市场活力。本章基于对移动数字图书馆的相关介绍，详细概述了公共图书馆云服务系统建设的相关内容，总结出云计算为图书馆带来的发展机遇。

第一节 云计算概述

一、云计算的由来

90 年代，美国斯坦福大学的两位学生，布林和佩奇（中文名），他们编写了一个搜索爬虫软件叫 Back Rub，该软件的主要功能是分析网页之间存在的关系。由于销售不出去，他们就继续研发这个软件，进一步扩大搜索的网页数量，提高信息搜索的效率。为了获得更高的计算性能，他们决定用多台服务器来实现。但是这两位学生并不富裕，买不起新的服务器，就在他们无计可施时，认识了一位中国朋友，这位中国朋友跟他们聊起了中关村的点点滴滴。于是，他们学会了如何组装最便宜的服务器。买一些旧纸箱、旧主板、旧的 CPU、淘汰的硬盘和低价的电源等，将它们装在纸箱上，就这样他们组装了很多很多的服务器，每台的价格也就几百元人民币，相当便宜。到了 21 世纪初，他们已经拥有了数千台这样的服务器，在这些服务器上运行 Back Rub。可是这些服务器是旧的，容易坏，而且又不稳定，只能靠完善的软件和系统容灾来克服这些问题，即使服务器坏了，软件系统也照样运行，数据不会丢失。就这样，他们在 Back Rub 系统里研究出先进的运算模式来实现高性能的运算，这就是现在我们所说的云计算。

二、云计算的特点

1.规模大。例如，Amazon、微软等均拥有数十万台服务器，"云"计算能力非常强。

2.虚拟化程度高。"云"没有固定的位置，也不是固定的实体。"云"在某个地方运行，我们无须了解，也不必知道它的具体位置。借助电脑和移动设备，实现我们需要的"云"服务，如超级计算服务。

3.可靠性强。"云"采用了数据容错和计算节点同构互换等技术来保障其服务的可靠性。"云"服务安全、可靠。

4.通用性强。"云"的应用千变万化，一个"云"可同时运行多种应用，提供多种服务。

5.扩展性强。"云"的规模变化莫测，可大可小，以适应用户的实际需求。

6.按需付费。"云"提供的资源相当丰富，可以按需购买与计费。

7.成本低。"云"资源的利用率比传统资源高，用户可以充分享受"云"的低成本优势，过去费用高、时间长才能完成的任务，有了"云"，就大大减少了费用、缩短了时间。

三、云计算的定义

云计算的发展和应用相当迅速，但是对云计算的定义众说纷纭。下面列举部分计算机专家、云计算专家和知名学者对云计算的定义。

Reuven Cohen-国际云计算论坛创始人认为云计算最简单的解释就是将其描述为"以互联网为中心的软件"。

Douglas Gourlay-思科高级主管认为云计算指的是一个大的宏图，基本上说，就是让用户透过 Inteme 搜索资源，利用云计算获取服务。

Kevin Hatig-SUN 高级数据结构工程师认为云是一个庞大的资源池，按需购买；云是虚拟化的，可以像自来水、电、煤气那样计费。

Aaron Riceadela-美国《信息周刊》主编认为大多数人应该是同应用或服务打交道，而不是同软件打交道。对于云计算，希望软件本身被虚拟化或躲藏在系统、专业人员的背后，或者说是躲藏在"云"的背后。

Irving Wladawsky 博士-IBM 公司科技部副总裁认为云计算就是将以前那些需要大量的软、硬件投资，以及专业技术能力的应用，以基于 Web 服务的方式提供给用户。刘鹏一个中国网格计算、云计算专家，认为云计算将计算任务分布在由大量计算机构成的资源池上，使各种应用系统能够根据需要获取计算力、存储空间和各种软件服务。

确切地说，云计算（Cloud Computing）是分布式计算（Distributed Computing）、并行计算（Parallel Computing）和网格计算（Grid Computing）的发展，或者说是这些计算机科学概念的商业实现。从本质上讲，云计算是指用户计算机、移动设备等终端通过远程连接的方式，获取存储、计算、数据库等资源。云计算可作为一种商品进行流通，就像公众设施一样，取用方便，费用低廉。但不同于商品的是，云计算是通过互联网进行传输和应用的。

四、云计算的经济效益和社会效益

云计算给整个社会带来重大变革。云计算的应用遍布各行各业，如银行、电信、物流、医疗、制造业、公共服务行业、教育、科研部门等，为这些行业带来了巨大的经济效益和社会效益。

虚拟化作为云计算的基础，可为 IT 行业节省成本，节省的资金可用于业务发展的创新。

用户可以灵活选择业务服务、开发环境、基础架构等开箱即用的 T 能力，只需付少量费用就可获得计算、软件、数据、存储等云资源，切切实实地帮助用户把资产成本转换为运营成本。

银行、金融、电信、教育等是云技术应用的重镇，云计算的应用使他们获得高效益。

五、云计算类型

从云计算的架构和业务模式来看，云计算分为公共云、私有云、混合云三种类型。

（一）公共云

公共云为公众提供开放的计算、数据、存储等服务。公共云部署在公司的防火墙之外，由云供应商进行维护和管理。软件、硬件、应用、带宽等云供应商都负责其系统的安装、管理和维护。用户只要为其使用的资源付费即可。例如，百度的搜索、亚马孙的弹性计算云和微软的 Azure 云等。

（二）私有云

私有云部署在公司的防火墙之内，为某个特定组织或企业内部提供相应的服务。私有云由组织或企业自己维护和管理。与公共云相比，私有云具有以下优势：数据管理安全、服务质量稳定、硬件资源和软件资源可充分利用、不影响 IT 流程的管理。但是，对于组织或企业的部来说，建立私有云比较困难，且持续运营成本较高。例如，IBM 的 eloudburst 和暴风影音等。

（三）混合云

混合云是公共云和私有云的混合。一般来说，混合云由企业内部创建，由企业和公共云提供商共同完成维护和管理任务。混合云可以为其他弹性需求提供一个良好的平台，这极具成本效应，如灾难恢复。也就是说，私有云把公共云作为转移灾难的平台，并在需要的时候去使用它。混合云使用公共云作为一个选择性平台，同时选择其他的公共云作为灾难转移平台。结构完整、合理的混合云可以为各种重要的流程提供安全的服务，如接收客户支付流程和员工工资单流程等。使用混合云，比单独使用私有云或公共云复杂得多。

第二节 云服务模式

从云架构的服务层次来划分，云计算可提供三种服务，即软件即服务（Software as a Srvice，SaaS）、平台即服务（Platform as a Serice，PaS）、基础设施服务（Infrastructureasa Service，IaaS）。下面从功能角度来介绍这三种服务。

一、软件即服务

Saas 服务供应商将软件部署在服务器上，用户不再像传统模式那样花费大量的资金在软件及维护上，他们只需支付一定的服务费用，通过互联网就可以得到相应的软件和维护服务，这是网络应用最佳的营运模式。例如，云计算 ERP 服务，用户可以根据软件的功能、数据的存储空间等实际应用进行付费，对于软件许可、操作系统、数据库等费用都不需支付，软件系统的设计、开发、管理、维护等费用也无须支付。云计算 ERP 服务的特点是继承了开源 ERP，免许可费用、只收服务费用、突出服务。

二、平台即服务

PaaS 服务供应商将开发环境当作一种服务来提供。PaS 供应商将开发环境、服务器、硬件、软件等服务平台租给用户，用户在此平台上进行软件开发，通过 PaS 服务平台将软件出售或租用给需要的用户。PaaS 平台还提供软件开发、数据库设计、服务器租用、服务、器托管等服务给个人或单位使用。例如，Big Table 数据库（一种非关系型的数据库。可靠地处理 PB 级别的数据，并且能够部署到上千台机器上）及 GFS（谷歌文件系统）组成的平台，为开发者提供主机服务器环境、在线应用服务平台等资源，用户可以在此平台上编写应用软件基础架构上运行，以此为互联网用户提供便捷的服务。

三、基础设施服务

IaaS 服务供应商将多台服务器组成的"云端"基础设施，作为计量服务提供给用户。它将处理、存储、网络、计算能力、用户部署和运行的软件、操作系统以及应用程序等组成一个庞大的资源池，为用户提供虚拟化的存储和服务器等。IaaS 提供的是一种硬件托管服务。用户可以根据实际需要租用其硬件资源。用户不需要管理、控制任何云计算基础设施，但能控制操作系统的选择、储存空间的分配和应用部署，也可以控制部分网络组件（如防火墙、负载均衡器等）的应用。例如，Amazon EC2&S3（EC2 是弹性计算云，用户可以租用云电脑运行需要的系统；S3 是一个公开的简单存储服务云，Web 应用程序开发人员可以使用它存储文档、图片、音乐、视频等）和 IBM 的 BluecCloud 等均是将基础设施作为服务出租。

IaaS 的优点：用户只需低成本硬件，按需租用相应的存储、网络、计算能力和存储能力，大大减少了用户在硬件上的投入。

四、云服务框架模型

云服务涉及的人员和组织机构，关系复杂，其中有服务用户、服务管理员、服务供应商、服务设计人员等。设计和开发人员开发出各种服务，用户发送服务请求，云服务供应商将这些服务提供给用户使用，按需收费或免费，供应商后台管理员对系统进行维护。

五、知名的云计算厂商及其云服务

国外云计算起步较早，云计算厂商实力较雄厚，开发的语言种类很多。目前，国外知名的云计算厂商有微软、亚马孙、Salesforce、VMware 等。国内的云计算公司有中国移动、中国电信、华为、中兴、新浪、盛大等。

第三节 流行的云服务

一、国外流行的云服务

英国《每日电讯报》根据用户体验评选出几项最受欢迎的采用云计算的服务。

Fickr：

理由：史上最佳照片分享网站之一。用户可以每月向 flickr 上传数百兆的照片和视频文件。最为重要的是，通过此云服务，可以将用户的照片分享给好朋友。Flickr 的图片编辑器能够使照片呈现非常好的效果，用户甚至可以通过 F lickr 制作相当于专业水准的照片。

Spotify：

理由：灵活多样的音乐库网站。Spotify 提供几百万首流行音乐的在线收听，用户可以创建自己的音乐节目单，并和好朋友一同分享。Spoify 的客户端可以安装到笔记本电脑、iPad、手机等移动设备上，用户可以随时随地登录到 Spotify，收听自己喜爱的音乐。另外，用户也可以将自己的音乐上传到 Spotify。

W indows live：

理由：提供一体化的服务网站。W indows live 网站含 Hotmail 邮件服务和即时通信服务，具有图片和音乐编辑服务，以及 SkyDrive 网络硬盘服务等。SkyDrive 利用云计算向用户提供网络存储服务，用户可以存储 25GB 的大容量文档，而且还可以为自己的文档设置访问密码。

Dropbox：

理由：强大的虚拟文件柜服务网站。Dropbox 是一个基于云服务的虚拟文件柜，可以帮助用户存储和管理重要文件。Dropbox 的客户端可以安装到笔记本电脑、平板电脑、手机等移动设备上，用户可以随时随地访问自己的文件。用户还可以将自己的文件分享给其他朋友，而且设置和操作过程非常简单。

二、国内流行的云服务

1.浦软汇智

浦软汇智提供先进的云终端产品研发、云技术咨询和云计算数据中心服务，提供全方位的行业整体解决方案。

2.华为

华为是世界领先的信息与通信解决方案供应商，向用户提供弹性的计算、存储、网络、监控等 IAAS 服务，支持按需付费。华为提供一站式云计算基础设施服务，主要提供云主机、云托管、云存储等基础云服务，以及超算、内容分发、视频托管、云电脑、游戏托管、应用托管等云服务和一体化解决方案。

3.阿里云

阿里云是互联网数据分享的第一平台网站。它提供完整的云计算基础设施服务，如开放云存储服务、云数据处理服务、云结构化数据服务等。它提供的弹性计算云服务包括云服务器、负载均衡服务等；数据存储和计算服务包括开放存储服务、关系型数据库、开放数据处理服务、开放结构化数据服务；其他云服务包括云监控、云盾、云搜索，云地图、云邮箱等。

4.中国万网

中国万网是国内领先的域名注册与云计算应用服务供应商。中国万网云致力于为用户提供域名、互联网基础应用、网站建设和高端解决方案等云计算服务。中国万网是国内域名注册服务的领先者、国内虚拟主机服务的开创者，国内企业邮箱服务的先行者和网站建设服务的创新者。

三、云计算为图书馆带来发展机遇

云计算必将改变数字图书馆的管理模式，服务模式和功能定位。

（一）"云存储"降低了数字图书馆的管理成本

云计算简化了信息技术架构的实施，即信息技术的应用可以像水、电、煤气等公众设施一样，随时定制、随时取用、按需付费。图书馆内大量的电子资源，不论是自建的，还是购买的，都可以存储在"云"上，而不再需要"镜像"在本地存储设备上。"云存储"化解了电子资源数据剧增与存储空间不足的矛盾，化解了知识信息剧增与图书馆馆藏能力有限的矛盾。"云存储"提高了电子资源的利用率。构建标准化、低成本的"云存储"，实现资源的共建、共享。

（二）加快资源整合进程

云计算最重要的思想是"整合"。云计算具备全部的硬件能力，还可以将其存储的数据进行整合和应用。在图书馆系统内，各种资源（如电子资源、馆藏书目数据、自建数据库等）可以被一个"云"整合在一起，信息高度融合，构筑"信息共享空间"，即"行业云"或"区域云"，使读者能够享受到更全面，更专业的云服务。

（三）促进"泛在图书馆"服务的实现

"泛在图书馆"作为图书馆未来的发展趋势，我们把它理解为一种不受时间和地点限制地获取信息资源服务的图书馆。"泛在"指出了未来图书馆服务的便捷性和广泛性，而云计算恰恰为这种新兴的图书馆形式奠定了技术基础。云计算整合的对象并不止于计算机，还整合了笔记本电脑、手机、PDA、PSP、平板电脑等所有移动终端，为之提供强大的无线网络功能。随着云技术的深入应用，随时随地获取信息资源将很快就能够实现。

四、图书馆需要的"云"

"OCLC 云"的到来，意味着图书馆云计算已经开始，但是，"OCLC 云"只是一朵"私有云"，还不是人们所希望的那朵"公有云"。图书馆的 IT 架构和应用要完全进入"云服务"时代，还需要相当长的时间去发展和推进，而且需要 I 部门、IT 产业、图书馆以及热心用户等多股力量的智慧来协同完成。

未来图书馆云平台，就是要利用云技术，把数字化资源通过移动终端设备展现给任何地方的用户，实现海量的数字浏览。阅读、下载等服务，使用户能够在任意时间。任意地点、以任意终端实现以上需求。

图书馆既是云计算的使用者和受益者，也是云服务的开发者和提供者。前者是作为一个体验用户，后者是作为服务供应商。目前可以肯定，所有的"云"服务都可以在图书馆领域得到发展和应用。图书馆的具体"云"服务如下。

1.软件服务：指各种软件应用，如图书馆自动化集成系统、办公自动化管理系统、数据库建设系统、网站管理系统等，都可以网络服务的形式提供给用户。

2.存储服务：指各种数字资源，包括图书馆自建的数字资源，都可以放在"云"端上，不再需要做本地镜像。

3.数据服务：中心图书馆作为"云"服务的供应商，提供本地数据或者其他业务的服务。

4.平台服务：引入"云"基础设施，利用云计算解决方案，搭建"私有云"，满足本地或局部应用。

5.网络整合服务：图书馆作为服务供应商，理应整合多家图书馆的云平台和资源，实现不同"云"之间的操作与共享，为用户提供更全面的服务。

五、图书馆云未来

"云"的迅速发展，将带来图书馆的重大变革。未来大多数图书馆将无需配备庞大的机房设施，图书馆的所有业务、资源服务，资源建设等系统都可以通过"云"来实现。所以在未来，图书馆将不再需要配备各种复杂的系统，如自动化集成系统，只需让少数的、大型的、肩负重任的"中心图书馆"来提供这朵"云"服务，大多数图书馆都将是这朵"云"的使用者。

未来，读者以个人身份信息登录"云"系统，就可以获得图书借阅、信息查询、参考咨询等服务。图书馆的所有资源都放在"云"上，图书馆利用"云"平台，进行数字资源的整合，包括馆际互借、资源共享等都通过"云"来实现，整个图书馆行业就是一片"云海"。

未来，图书馆工作人员只要一按计算机开关，计算机就能迅速进入到桌面。图书馆工作人员只需打开浏览器，在"图书馆云"的统一身份认证系统界面上输入用户名和口令，系统桌面就能保留个性化设置。只要进入"云"，工作人员之前所做的图书馆业务和工作就都将展现在桌面上。

在"云"中访问资源、请求服务，就像人们平常使用水、电、煤气等设施一样，随心所欲。让我们共同期待这朵"云"的到来。

我国的图书馆事业正处在一个快速发展时期，为了紧跟时代的需要，许多高校和省、市级图书馆不仅在兴建新的图书馆建筑，而且在资源建设方面也加大了资金的投入，不断引进先进的自动化设备和软件系统，不断提升服务和管理水平，以满足读者日益增长的需求。

随着计算机、网络、通信等技术在图书馆的广泛应用，图书馆的数字化、网络化和信息化占据了主导地位。随着图书馆服务的不断拓展，各种功能和应用的不断深入，如何建设图书馆电子信息系统成为一个重要课题。为了打造一个功能齐全的图书馆信息资源服务保障体系，图书馆电子信息系统的建设就成为当前图书馆事业发展的一项重要内容。

智能化图书馆建筑是指采用现代计算机通信技术、信息技术，对图书馆建筑的各种设备和各种信息资源进行自动控制和管理，为读者提供快速高效的信息查找和服务通道的建筑物。智能化图书馆建筑要求建筑设计应充分利用自然条件，采用绿色环保和节能降耗设计，有效合理安排空间，体现智能化图书馆的现代特点；为便于学术交流，应有较多的报告厅，并为未来的发展奠定基础。温湿度调节、照明取暖、监控保卫、通风消防等设施的建设，应该采用安全先进的全覆盖、多点式的中央控制系统，同时，因现代图书馆的各种信息资源建设需要，综合布线系统有着更严格的标准要求，并要为将来进一步发展预留一定的空间和位置，以满足飞速发展的时代要求。

第九章 新媒体技术在公共图书馆服务中的应用

新媒体随着时代的发展应运而生，并且对社会的发展和人们的日常生活的影响越来越大。在国家倡导全民阅读的大背景下，公共图书馆作为国民获取知识的主要场所，要想在众多的服务机构中表现自身的优势和特色，就要提供良好的阅读氛围，就应该充分利用科学技术，将新媒体技术及相应的理念应用到公共图书馆的服务推广中，提高图书馆的核心竞争力。因此，本章主要讲述新媒体技术在公共图书馆服务中的应用。

第一节 网络媒体在公共图书馆服务中的应用

一、网络图书馆的概念释义

目前网络媒体在公共图书馆服务中的应用已经普及，图书馆的互联网门户网站和官方微博等迅速发展，但至今对网络图书馆并无明确定义，可以看到数字图书馆、电子图书馆、网络图书馆、在线图书馆、虚拟图书馆、图书馆网站等不同提法，而且人们常常把这些混为一谈。为了便于研究，把网络图书馆从数字图书馆、电子图书馆等中分离出来，认为网络图书馆是借助互联网平台，以建设图书馆门户网站等为主要形式的、融信息资源的建设、管理与服务为一体的在线数字资源接口。

网络图书馆，可以理解成数字图书馆的网络版，可以通过互联网为读者提供全方位、个性化的数字信息服务，包括用户管理、阅读引导、信息检索、资源查询等。网络图书馆的建设必须依托强大的数字资源的支撑，这就要求图书馆以资源建设为核心，围绕馆藏文献数字化，做好信息资源的加工、存储、管理和传输。同时加强馆际联合，开展文化资源的共建共享，建设跨库无缝连接与智能检索的知识中心，进而更好地为广大用户提供实时的、便捷的、个性化的信息服务。

二、网络图书馆的服务优势

随着全国文化信息资源共享工程和数字图书馆推广工程的深入推进，公共图书馆对数字门户网站的建设十分重视，积极拓展数字资源的开发与利用，网络图书馆的规模在不断扩大，服务也在不断加强，已经成为昼不关门、夜不闭户的全天候图书馆；成为百问不厌、百答不烦的服务型图书馆；成为开门建馆、惠及大众的全民型图书馆；成为技术先进、功能全面的智能型图书馆。充分继承了数字技术与互联网的优秀基因，具有与生俱来的服务优势，可以整合不同载体、不同地域的信息资源，可以跨越区域、跨越时空，最终为用户提供方便、快捷、个性化、高效能的信息化服务，成为大众获取价值信息的精神家园。

1.资源丰富、形式多样

网络图书馆利用先进的计算机技术及网络技术，积极开发利用网络信息和数字资源，突破了传统图书馆以纸质文献为主要载体的局限，转向以包括电子文献在内的数字资源为主的格局，成为集各种数字信息于一身的资源中心。以国家数字图书馆为例，资源类型包括文本、图像、音频、视频、网络资源等多种形式，涵盖范围包括古今中外各个历史时期，内容丰富，种类齐全，其中超过76%的资源已发布服务。如此庞大的数字文化资源，为新时期公共图书馆事业的发展提供了强有力的技术支撑，也为网络图书馆的建设打下了坚实的基础。

2.覆盖广泛、惠及全民

我国省市级图书馆全部拥有自己的网络图书馆，而地市、区、县级开通网络图书馆的更是数不胜数。大多资源完备，覆盖广泛，被人们称为没有围墙的图书馆。首先，网络图书馆对读者没有条件限制，面向全体社会成员，为所有人提供信息服务，特别是给那些没有机会到图书馆读书的群体创造了良好的服务平台。与此同时，还可以为个人、企事业单位及政府部门等提供多样化的、灵活的、有针对性的个性化服务。其次网络图书馆对场地和时间也没有限制，人们对馆藏信息资源的利用不受时间和地域的局限，摆脱了实体图书馆只能到馆借阅的束缚，可以随时随地享用信息资源。可以在图书馆，也可以在办公室，可以在社区文化站，也可以在家庭，可以在白天，也可以在深夜，总之只要能够登录到网络图书馆的主页，就可以在任何时间、任何地点享受它的资源信息。网络技术的广泛应用，为进一步拓宽图书馆服务范围提供了条件。网络图书馆的服务能够覆盖全国省、市、县、乡镇（街道）、村（社区），充分体现了公共图书馆的公益性，做到了惠及人民，成为普通百姓加油充电的供给基地和修身养性的精神家园。

3.开放互联、共建共享

网络图书馆可以实现全方位的开放性服务，因为具有开放性的建设平台，开放性的整合资源，开放性的管理模式。图书馆文献信息传播的网络化，促进了文献信息资源的传播与共享，推动了文献信息资源的社会化，提高了图书馆的服务效能。网络图书馆作为开放的知识与信息服务中心，充分给予社会中每个成员自由获取知识和信息的权利，为所有用户提供了不受时空限制的网上书目检索、参考咨询、文献提供等服务，从根本上改变了人们获取信息和使用信息的方法，提高了人们的学习效率，并且便于人们随时随地分享、互动。网络的高速传输为图书馆的数字化建设提供了强有力的保障，公共图书馆网络与宽带接入是为读者提供网络信息服务的基础。

可以预见，随着网络技术的发展，特别是"云计算"和"三网融合"技术的开发利用，网络图书馆的服务能力和水平将会进一步提高。同时网络图书馆可以借力文化共享工程，利用文献资源共享信息平台，加强公共数字文化资源生产，打破资源独立的壁垒，实现信息资源和知识资源的智能共享，创造近乎无限的资源空间，提高资源利用效率。网络图书馆的共建共享不仅极大地丰富了公共文化产品服务的内容和形式，提高了文献信息资源的保障能力，更提高了新媒体环境下公共图书馆数字文化产品的供给与服务能力，形成了一个资源丰富、方便快捷、技术先进的满足人民群众基化需求的重要阵地。通过虚拟网建设，地方图书馆不仅可以访问国家图书馆的海量数字资源，还可以在省内各馆间便捷地进行数据传输，实现数字资源与服务的共建共享。目前，国家图书馆已向黑龙江省图书馆、浙江省图书馆、福建省图书馆、贵州省图书馆、广西壮族自治区图书馆、辽宁省图书馆、广东省立中山图书馆、厦门市图书馆等 8 家副省级以上图书馆开放了总量超过 120TB 的中外文数字资源，包括 100 余万余册中外文图书、700 余种中外文期刊、7 万余个教学课件、1 万余种图片，18 万余份档案全文以及 3000 余种讲座和地方戏曲等，使读者在当地就可以方便快捷地访问全国各地建设的特色资源。

4.发挥特色、区域互补

网络图书馆在共建共享的同时，瞄准区域特点，重点开展地方特色资源的发掘和整理，实现了对地域性文化资源的传承与利用，为地区地方特色文化和民族特色文化的传承和发展提供支撑。这不仅避免了因重复建设造成的资源浪费，而且极大地丰富了图书馆的信息容量。所谓馆藏特色资源是各个图书馆具有特色的资源，是各馆经过长期建设积累，在某一方面形成一定规模，结构比较完整的优势文献资源。馆藏特色资源形式各异、内容丰富多彩，能为读者提供多样的视角和具有特色的服务。例如中国国家数字图书馆开设的地方馆资源，便集中了一些省级图书馆的特色资源，其中包括山东、黑龙江、吉林湖南、湖北、浙江、安徽、四川等省馆具有特色的资源，分为视频数据库和图片数据库两类。

视频数据库有湖南图书馆的湖南地方戏剧资源库和湖北省图书馆的非物质文化遗产专题资源库。图片数据库包括地方文献和地方出版物图片、珍贵古籍善本图片、历代人物图像，具有浓郁地方特色的建筑、美术、幌子、木雕艺术图片，以及少数民族绘画艺术中富有艺术特色的文化遗产之一藏族唐卡等。各级图书馆都已充分认识到馆藏特色资源建设的重要性，而且已经建成了一批主题明确，特色鲜明，类型丰富的馆藏资源。

比如天津图书馆特色馆藏有：服装装饰外刊精选、革命文献、古籍善本图录、缩微影像；

安徽省图书馆的馆藏特色资源有：安徽文化、安徽国家级名城、工艺美术、廉政文

化、企业信息专题文献、文化简报、安徽戏曲、红色旅游、淮河纪事、馆藏名人手札等;

河北省图书馆的馆藏特色资源有:皇家陵寝、河北戏曲、红色旅游、河北杂技、唐山皮影、河北古建筑、民间遗产、文化旅游等;

南京图书馆的馆藏特色资源有:轻纺艺术杂志、盲人有声读物等;长春图书馆的馆藏特色资源有:百年长春资源库、长影影片资源库、"红色记忆"专题数据库、馆藏国家珍贵古籍数据库等。由此可见,我们可以举全国公共图书馆之力,以文化共享工程和数字图书馆推广工程为抓手,发挥特色,优势互补,共建优秀地方特色数字资源,提升数字图书馆资源建设和保障的整体水平。

三、网络图书馆存在的问题

随着我国公共文化服务体系建设的大力推进,网络图书馆的建设也在蓬勃发展。国家图书馆将馆域网与互联网接入带宽扩宽,为提高数字资源的供给和传输能力奠定了基础,使人们对网络图书馆的信息保障水平和信息服务能力充满期待。但从整体上来看,我国网络图书馆还存在发展不均衡、资源重复、人才匮乏、资金短缺等问题,特别是数字版权之争成为网络图书馆最大的隐忧。

1.数字版权

在如今网络大发展的时代背景下,数字版权问题已成为全世界范围内的一个重大难题,我国也不例外,许多案例令人深思。由此可见,妥善解决数字版权的授权问题,成为目前图书馆行业亟待解决的重中之重,不仅关乎图书馆的现代化发展,关乎公共文化事业的走向,甚至关乎经济社会的发展以及科学文化事业的繁荣。在这个因为版权之争而乱象丛生的网络时代,我们应该对数字图书馆的版权保护问题给予高度的关注,共同参与解决,寻求共赢方案,形成全社会共同保护版权的局面,努力为图书馆事业的发展创造有利的法律和社会环境。

2.重复建设

目前网络图书馆建设热情持续高涨,数字门户网站成为各地公共图书馆的标配门面,但由于各馆之间的沟通和融合还存在很多问题,缺乏统一的规划与协调,所以无论是硬件设施还是文献数据都难以兼容,不能充分利用网络资源,共建共享困难,重复建设依然严重。中国知网、维普网、万方数据、超星数字图书馆、读秀学术搜索等,数据库虽各有侧重,但为了各自的"大而全"不可避免的交叉重复收录,各级图书馆也有类似现象。这种各自为政的、完全独立的建设方式带来大量的重复性工作,造成人力、物力、财力的极大浪费。因此,公共图书馆应结合本地数字资源的实际需要,转变观念,增强资源共享意识,扩展馆际互联,综合利用目前国内已经建立的各种数据库、知识库资源,补充和完善馆藏数据库,尽量避免重复建库。同时应结合本地的历史文化和人文特点,建设一些具有本地特色的地方文献数据库，丰富具有特色的馆藏资源。总之，各地图书馆可以借力全国文化信息资源共享工程和数字图书馆推广工程，杜绝重复建设，在打造自己的特色资源的同时，实现中华优秀文化资源的共建共享。

3.人才匮乏

重点提高基层公共图书馆骨干的业务素质，加大对优秀中青年人才队伍的培养，特别是围绕古籍保护、未成年人服务、信息资源建设、数字图书馆建设等事业发展重点领域培养一批领军人物，造就一支数量合理、结构优化、素质优良、有良好职业道德与服务能力的人才队伍。但是目前公共图书馆中这样的领军人物实在匮乏，甚至可以用凤毛麟角来形容。尽管公共图书馆的发展得到了越来越多的重视，不断加强馆员队伍知识结构的调整，但是目前馆员的专业知识和技能还不能适应网络图书馆发展的需求，仍然缺乏同时具有图书馆专业知识和网络应用技能的高素质复合型人才。

随着网络图书馆的快速发展，数字信息资源的挖掘、整理与传输成为图书馆的核心竞争力，这也对图书馆的管理和工作人员提出了更高的要求，不仅需要文献资料数据的加工人才，需要开展参考咨询服务的专业导师，需要能够支撑技术维护的网管高手，需要独具慧眼采集情报的信息猎头，需要既有信息创新能力又具备专业学科知识的学科馆员，更需要一支学有专长、爱岗敬业、善于管理的专业队伍。

4.资金短缺

公共图书馆是政府扶持的公益服务性的事业单位，建设经费主要依靠上级主管单位的拨款。尽管投入资金有所增加，但要建设自动化、数字化、先进化的网络图书馆，目前的投入资金还远远不够。近年来图书、刊物价格的大幅暴涨，书刊订购费每年迅速增长，采购新增数字资源以及续订维护的投入资金也在快速膨胀，这必然加重各馆的支出负担，许多图书馆只能维持现状，保障基本经费支出，开展网络图书馆建设更是举步维艰。国家图书馆实施了"县级数字图书馆推广计划"，通过全国文化信息资源共享工程的服务网络，将国家图书馆优秀的数字资源推送到全国每一个县，使全国所有县级图书馆都具备了数字图书馆服务能力。但网络图书馆的建设是一个庞大、系统、长期的工程，硬件设备、软件资源、人员培训、数字化资源的更新、馆藏文献的数字化转换等等，都需要充足的经费做后盾，因此资金短缺仍是建设网络图书馆的最关键的问题，是困扰网络图书馆发展的老大难问题。

四、网络图书馆的发展前景

建立公共文化服务体系建设协调机制，统筹服务设施网络建设，促进基本公共文化服务标准化、均等化。这显示了政府对公共文化事业的高度重视，为公共图书馆建设指明了方向，也为我们加快建设网络图书馆提出了要求。

1.坚持公益理念，发挥教育功能

网络图书馆作为公共图书馆的主要组成部分，作为公益性公共文化服务的重要阵地，也必然承担着保存人类文化遗产、提供知识信息、传播先进文化、开展社会教育的重要职能。网络图书馆具有信息资源丰富、覆盖范围广泛、传播速度快等特点，应该积极抢占网络文化阵地，维护和保障公众的基本文化权益，突出公益性，在尊重和保护知识产权的前提下，提供广域网范围的免费服务。作为资源中心和服务阵地，不仅能够提供各种数字信息资源，更应该充分发挥社会教育功能，创设良好的学习环境，成为聚集优秀文化资源的信息宝库，成为开展公众教育的坚实堡垒，成为重组与更新知识的第二课堂，成为分享人类文明成果的精神家园。

2.加强技术研发，制定标准规范

网络图书馆要加快高新技术在公共图书馆领域的应用与推广，利用"云计算"和"三网融合"技术，推动技术研发与标准规范的制定，为公共数字文化建设提供强有力的服务资源保障和技术标准支撑。标准规范的建设，尤其是在开放和可互操作基础上的标准与规范建设，是数字图书馆建设高效、经济、可持续的根本保证，是数字图书馆能够长期发挥作用的必要条件。忽略数字图书馆标准规范体系建设，将会导致资源的重复开发，影响资源的共建共享，限制数字图书馆的作用空间和发展能力。网络图书馆作为数字图书馆的网络平台，要借力数字图书馆推广工程，加强标准规范的制定，统一技术平台标准规范，统一资源建设标准规范，统一资源服务标准规范，坚持共建共享、开放共赢的原则，加强合作共建，联合建设超大规模的资源库群，建设互联共享的知识网络，扩大资源总量，形成规模效益，有效扩充网络图书馆的数字资源。

3.创新服务模式，提高服务效能

网络图书馆应坚持需求主导、服务为先的原则，了解群众对公共数字文化的需求，建设丰富适用的数字资源，加强公共数字文化的惠民服务，创新服务模式，拓展服务渠道，扩大服务功能，丰富服务手段，为广大人民群众提供多层次、多样化、专业化、个性化的数字文化服务，切实保障信息技术环境下公共文化服务的公益性、基本性、均等性、便利性。网络图书馆不是简单地把信息服务推送到网络上，而是要打破被动局面，采取主动的服务方式，以用户信息活动为中心建设立体化的服务网络，为用户提供全方位的交互服务，以精准的智能信息检索服务，一体化的综合信息服务，向用户提供个性化、高效、快捷的服务。

第二节 手机媒体在公共图书馆服务中的应用

随着互联网与移动通信的结合，造就了一种全新的网络环境-移动互联网。利用移动互联网传播公众信息的新媒体—手机，已成为具有巨大发展空间的信息终端。目前，移动信息服务广泛应用于各个领域，在图书馆中利用手机移动信息平台来扩展服务，已成为图书情报界的研究热点。手机图书馆具有便捷性、实时性、互动性和个性化的特点，不仅可以实现网站浏览、借阅服务，而且可以提供文献检索、互动阅读、参考咨询、自助服务等形式丰富的动态服务，成为大众欢迎的"口袋图书馆"。

一、手机图书馆的概念释义

手机图书馆就是利用移动信息服务技术，在图书馆提供无线接入方式的基础上，通过接入网络的手机、平板电脑等移动终端享用数字资源的"移动图书馆"。是一种新兴的图书馆信息服务，具有手机增值服务和图书馆服务的双重属性，是图书馆信息服务的延伸与补充。手机图书馆将无线通信网络和图书馆系统结合起来，利用高普及率的手机终端延伸拓展了传统的图书馆服务，信息通知、借阅管理、在线阅读等几乎所有的数字图书馆功能都将在手机平台上得以实现，极大地方便了读者，拓展了图书馆的服务范围，提高了图书馆的服务效率。

二、手机图书馆的服务优势

1.便捷性

手机图书馆能以最方便快捷的方式获得信息与服务。有线网络服务的方式，无法随时随地获得图书信息资源，手机图书馆打破了时间空间和电脑终端设备的限制，用户可以利用短信、登录网站和安装手机软件等方式，随时随地接收或浏览文字、图片、声音等各类信息。手机图书馆的移动性让手机真正成为读者的"随身图书馆"，手机的便携性、随身性让其无所不能、无处不在。在手机图书馆的环境下，借助人工智能和移动通信环境，读者可以通过手机向馆员提问并获取帮助，读者不必局限于电脑桌前，可以自由自在、随时随地进行不同目的、不同方式的信息获取和帮助，从而提高读者对图书馆资源的利用率。

2.实时性

手机图书馆服务不受时间、地点、空间的限制，能随时随地提供信息与服务，最大化利用图书馆的资源，成为读者的"随时图书馆"。图书馆的实体资源服务时间有限，用户在服务时间以外无法获取所需的信息资源，即使全天开放服务的数字化资源也会受外在环境的影响，如 IP 地址、硬件水平的限制等，而只能到图书馆或局域网范围内才能获取相应的服务。手机图书馆具有"无处不在，无时不在"的特点，不仅可以让读者在任何时候和地点都可以享受到图书馆资源的服务，还可以让用户充分利用"垃圾时间""碎片时间"来阅读各种信息。极大地提高了图书馆的信息服务能力，使图书馆的服务范围和服务时间不断扩大和延长，满足读者随时随地获取信息的需求，最大限度地实现图书馆的价值。

3.互动性

手机媒体可以随时随地发出和接收信息，图书馆可以通过手机进行信息传递，包括图书续借、借阅证挂失、问答咨询、书目查询、借阅信息等，这类服务的特点是图书馆与读者之间有互动过程，读者收到短信后随时可以用回复的方式咨询详细业务。读者向图书馆发送请求，图书馆将相应的信息反馈给读者，让读者及时了解相关信息内容，做到交流可以随时随地，方便了图书馆员和读者之间的互动。此外，手机用户可以加入图书馆移动信息服务系统，在线阅读时不仅可以做书签、笔记，可以画词翻译，可以写书评等，而且可以参与读者社区聊天、在线评论、写博客、网上发帖等。同时短信、微信的互动，是一般互联网做不到的，可以说手机扩大了图书馆的影响力，加强了图书馆宣传的渗透力。

三、手机图书馆的服务模式

1.基于短信的服务模式

短信简称 SMS，基于短信的服务模式是图书馆利用手机短信的服务平台，为读者提供的主动推送式服务，如读者借阅情况查询、图书预约、图书到期提醒、读者证挂失等。这种服务方式对软硬件的要求较低，只要具有短信收发功能的手机都可使用此业务。优点：及时、快捷、便宜，便于跟踪，能够覆盖较大的用户群体。缺点：格式简单，文本消息字符长度受限，长消息需要分拆成几个短信发送，对于数据库复杂的信息检索无法实现。手机短信作为最基本的手机图书馆服务实现模式，由于其技术含量相对较低，容易实现，我国的手机图书馆几乎都实现了手机短信服务。

2.基于 WAP 网站的服务模式

WAP 即无线应用协议，是一项开放的、通用的、全球性的网络通信协议。手机 WAP 上网已经成为移动用户常用的功能之一，因其不受时间、空间的限制，非常方便。天津图书馆开通了"天津市民移动阅读平台"，该平台资源丰富、操作简便、互动性强，持证读者可利用手机或平板电脑等移动终端登录并免费访问该平台上的所有资源。读者通过具有上网功能的手机，可以脱离计算机随时随地访问手机图书馆网站，从而方便地进行文献检索、个人信息查询、借阅信息查询、图书到期或逾期信息查询、图书预约或续借手续办理等，同时还可以访问图书馆电子资源、点播视频节目、在线阅读、在线咨询、定制个性化互动服务，甚至数据库资源下载等功能，实现与图书馆自动化和数字化系统的交互操作。优点：与手机短信功能相比，手机图书馆使用方便，与使用互联网一样快捷。具有将通知、查询、阅读三种服务方式于同一平台上完成的优势，提升了手机服务的功能，满足了读者手机阅读的需要。缺点：受限于 WAP 模式，其网络访问带宽与数据传输速率较小，导致服务效果有时不稳定。

3.基于客户端的服务模式

基于客户端的服务模式是图书馆为读者提供的个性化软件服务，读者在使用时，需下载软件到手机上，再进行功能操作。手机客户端是一种 G/S 模式，比 WAP 的 B/S 模式更方便快捷，采用的是 J2ME 技术。温州市图书馆推出名为"温州市图书馆"的手机客户端，读者只要通过移动设备下载安装，即可轻松实现获取各类活动信息、查询馆藏书目、续借图书、下载电子图书、阅读手机端提供的各类报纸杂志、手机观看视频等功能。

优点：J2ME 客户端开发更具灵活性，功能更丰富，操作更方便快捷，可以实现最佳的读者体验，最精美的用户界面，最从容的交互方式，可以有效地减少网络流量，同时还可以为上网的手机提供丰富的图像，视频等多媒体内容。

缺点：操作系统各异，配置参差不齐，各种多媒体文件格式不兼容，图书馆以现有的技术能力开发手机客户端软件难度相当大，多平台移植与维护成本更新代价高。

四、手机图书馆的服务功能

1.借阅、查询服务

图书查询检索功能和原来数字化检索功能基本一致，读者通过手机登录图书馆自助服务网站，点击相应菜单，通过任意词匹配检索，用高级检索和简单检索两种进行书目、文献查询，查询所需图书的具体状态、所在库的信息。不仅如此，用户还可以检索到联盟共享图书资源信息，使得数字图书信息的利用率最大化，能快速查找到所需信息。

2.提醒、通知服务

通知提醒服务是手机在图书馆服务应用中内容最基础的部分，当读者所借图书或者读者证快到期时，图书馆通过手机为读者提供图书到期催还提醒服务。读者登录个人信息界面就可以进入借阅信息、续借、借阅证件挂失、预约信息、超期欠款、我的书库以及系统推荐资源等。当读者所借图书或者读者证快到期时，图书馆通过短信方式向已在图书馆网络平台绑定的手机号码发出图书、读者证到期提醒短信，提醒读者还书或者延期读者证，提醒服务使读者不用时刻惦记着书籍的借阅状态，不用怕超期被罚款。

3.新书推荐、信息发布服务

图书馆可以定期更新 WAP 网站上的新书目录、活动精选、书摘书评、新闻公告及讲座信息等，也可以通过软件把这些信息推送到用户桌面，还可以用短信、微信的方式发送给读者，为读者提供更多、更快的信息服务，使读者能及时了解馆藏新书和各种活动动态，这样就大大拉近了图书馆与读者的距离，加强了两者之间的互动性。

4.参考咨询服务

通过手机 WAP 网站和定制的软件，图书馆可以在读者和图书馆员之间建立一个虚拟的"面对面"的交流平台，可使双方进行随时互动交流，同时建立知识积累库，通过智能语义分析，为读者提供自助服务，简化图书馆员的咨询工作。目前手机的参考咨询服务还处在初级阶段，还有很大的功能扩展空间。

5.个性化定制服务

手机图书馆将无线通信网络与数字图书馆系统结合起来，在方便用户，提高服务效率的同时，也为读者提供个性化服务。个性化服务是图书馆根据读者的兴趣、爱好、需求等开展的一种服务，也是图书馆信息服务向纵深发展的一种体现。目前手机图书馆个性化服务主要有短信定制和信息资源查询定制。读者通过登录图书馆移动服务网站，根据兴趣和需求定制信息与服务。具体来说，就是读者将自己所要征询的问题以短信的方式发送至手机图书馆咨询中心，图书馆工作人员通过手机短信，或 WAP 平台针对读者的问题进行解答，以最快的速度将这些信息传递给读者，以满足图书馆用户个性化需求。

五、手机图书馆的应用现状

图书馆手机业务的发展是伴随着中国移动通信读者的迅速增加而开展起来的。近年来，手机图书馆发展十分迅速，我国已经有数十所图书馆相继建立了手机图书馆系统，取得了较好的效果。

1.短信服务

利用手机开展图书馆服务的 24 家公共图书馆，基本都开通了短信服务平台，短信服务项目有代表性的是：国家图书馆、深圳图书馆。国家图书馆通过全国统一特服号"106988106988"为移动、联通、电信的全国手机用户提供借阅相关的读者短信服务和短彩信信息订阅服务。读者服务短信是国家图书馆最早利用移动技术为读者提供的一种服务方式，是移动服务中的基础服务项目，进一步拓展了与读者的信息沟通渠道。该服务提供包括图书催还、续借、预约到达通知，读者卡挂失，发表意见与建议等基础服务，读者开通短信服务后即可免费享受这些服务。信息订阅服务是指国家图书馆将推出一系列短彩信形式的信息服务，用户通过手机或者掌上国图网站订阅后，国家图书馆将定期向读者推送订阅的信息，这一服务满足了读者更广泛的需求。

2.WAP 网站服务

公共图书馆采用 WAP 网站服务的平台结构一般分为三个部分：第一部分读者管理，包括读者的个人信息，如读者注册、注销、借阅证挂失等个人账户信息。第二部分 WAP 信息，如图书馆概况、读者指南、馆藏图书查询、图书续借和预约等，读者可以根据需要浏览。第三部分用户知识服务，指根据读者需求制定的个性化互动服务，如图书借阅到期通知、到馆新书提醒、讲座预告、咨询服务等。以国家图书馆、上海图书馆和深圳图书馆为例：

（1）国家图书馆

国家图书馆推出"掌上国图-国家图书馆移动服务"，国家图书馆 WAP 网站服务平台的推出为用户以无线通信方式接入国家图书馆的服务系统提供了界面支持。国家图书馆手机门户作为国家图书馆移动服务的重要形式之一，承载了大量国家图书馆特色资源，并且为能够向更大范围的读者提供服务，设计开发了三个版本，系统自动检测手机适配最优界面。其功能主要包括读者服务、在线服务、读者指南、文津图书奖、新闻公告、资源检索等栏目。国家图书馆手机门户为读者打造一个随时随地的图书馆，提供适用于平板电脑、智能手机等移动终端的书刊和多媒体资源服务。

（2）上海图书馆

上海图书馆开通了如下七项手机服务：

第一，上海与世博。上海乃至中国在各届世博会上的参展历史，力求以图文并茂的内容、多元化的展现手段，将中国与以往历届世博会联系在一起。在内容展现方面，分为"参展珍闻"与"世博记忆"两部分。手机版则将该项目展示的内容进行浓缩与再编辑，放到手机图书馆网站上进行服务。

第二，我的图书馆。运用手机进行读者个性化服务，通过访问手机网站，登陆"我的图书馆"查询借阅信息，进行图书续借。同时还可以通过手机"我的图书馆"查询读者卡信息和借阅信息，极大地方便读者使用图书馆的资源和服务。

第三，上图讲座。即时了解上图讲座的最新信息，并可通过图书馆所开通的手机特服号进行上图讲座预订，支持移动、联通、电信的手机用户，方便读者随时随地举办讲座预订。同时可以利用手机短信提供咨询问答服务。

第四，分馆导引。详细展现了上海图书馆以及上海市中心图书馆"一卡通"全市开通的 130 多家分馆和服务点的地址，电话，开放时间等信息，同时还配有手机网上地图服务，即可导引读者前往各图书馆借阅书刊。

第五，上图电子书。上图电子书在阅读上进行了创新，为读者提供全新的电子书借阅服务，只要读者凭上图读者卡和身份号码就可以通过手机移动阅读方式看电子书。在线阅读时读者可以做书签，笔记，重点字句高亮保存，画词翻译，书内全文搜索并以列表方式显示，读者看某本电子书的同时可以提问或回答问题，写书评等多个实用功能。

第六，书目检索。全市图书馆馆藏尽在掌中，通过 3G 手机上网或具有 GPRS 上网功能的任何一部手机，就可以通过访问手机网站，进行全市书目和馆藏联合检索，提供200 万种，1150 万册馆藏书刊、音像资料和文献的搜索。

第七，电子期刊。电子期刊（试用）能够让所有读者使用移动手持设备随时随地地检索本馆文献和查看正文，让学术速读成为可能，并成为一种新的风尚，让学术无处不在，让读者在任何时间，任何地点都能获取自己所需的资源。

（3）深圳图书馆

深圳图书馆开始与深圳移动合作共建"手机图书馆"项目，以手机 WAP 为载体，与本地图书馆进行数据对接，读者通过手机 WAP 查询个人借阅信息、进行注册管理、定制短信服务等。"手机图书馆"作为深圳移动"无线城市"阅读频道的一个栏目对读者开放服务。

3.客户端服务

客户端服务可以为用户提供馆藏信息检索、借阅信息查询与预约、图书下载、在线咨询等功能，实现一站式检索，一站式服务，可以充分发挥公共图书馆的社会教育职能，进一步满足读者对移动阅读的需求，成为移动的"私人图书馆"。目前开通手机客户端服务的公共图书馆还不多，实现该功能的有国家图书馆、首都图书馆、上海图书馆、广东省立中山图书馆、重庆图书馆等。智能手机客户端使用更加灵活，不仅摆脱了短信服务的单一性，也彻底摆脱了 WAP 网站服务对浏览器的依赖性。图书馆服务被整合到手机客户端中，延伸了图书馆的服务功能，拓展了图书馆的服务空间，增加了与读者的互动途径，为读者带来更新鲜，更丰富、更灵活的服务方式。

4.微信服务

微信服务其实也是一种客户端服务，之所以单列出来，是因为微信服务支持多人参与，可以为用户提供关系链拓展、便捷工具、微信公众号、开放平台等功能，是一种集语音短信、视频、图片和文字等交流方式于一体的跨平台的即时通信工具。公共图书馆开展微信服务，借助微信平台很容易实现实时的、在线的咨询服务，突出与读者的交互功能，成为图书馆服务的有益补充。以"图书馆"为关键字，在微信平台查找公众号，可以发现目前 30 余家公共图书馆都开通了微信服务，其中包括上海图书馆、首都图书馆、深圳图书馆、贵州省都匀市图书馆、陕西西安市图书馆等等。尽管目前有的服务还处在测试阶段，相信微信服务会随着其功能的加强，成为移动图书馆的得力助手。

六、手机图书馆的发展策略

随着移动通信技术的进步和三网融合的不断深化，特别是 4G 网络的铺开，手机图书馆的建设与服务快速发展。4G 通信技术不仅有利于开发图书馆丰富的馆藏信息资源，而且有利于提升图书馆服务的质量和效能，可以为用户提供更高质量的多媒体服务，量身定做的个性化服务，从而满足读者的阅读需求。

1.完善手机图书馆服务内容

当前，手机在图书馆的应用只是将成熟的移动通信技术应用到图书馆服务中来，把图书馆自动化系统的 WEB 模块功能从 PC 机转移到手机上，这就造成手机图书馆能够提供的服务内容不可能太深入，服务内容较为单一，目前大部分图书馆的手机服务只是单向的短信提醒、信息公告，或者只停留在读者预约、续借、书目查询等文献借阅的最基础的浅层次服务上，为读者提供的数据库交互检索、咨询交流等内容相对较少。此外，许多图书馆并未将电子图书、期刊、专业数据库全文服务延伸到移动终端设备，有些图书馆虽然实现了文献信息资源的在线阅读和下载，但其提供的文献信息资源在数量和范围上与读者的需求还有很大差距。如国家图书馆的"掌上国图"手机阅读服务，仅提供30 余种报纸和千余种图书的在线阅读和下载，数字化全文服务尚未真正普及。读者对于图书馆的要求是希望通过手机界面便捷地获取多样化服务，因此图书馆应该考虑更多的内容提供方式，与资源供应商深度合作，推出适合手机图书馆的信息内容和服务项目，才能实现图书馆应用手机服务的真正价值。

2.加强整合图书馆信息资源

目前，图书馆的文献数字信息资源丰富，但这些资源的检索查询方式、数据格式和界面不同，加之手机的操作系统各异，兼容性较差，读者每看一个数据库都要重新登录，通过一个界面无法浏览所有数据库，这就要求图书馆充分考虑用户利用信息服务的便利性，对信息资源进行深度加工，加强整合图书馆的数字信息资源，建立标准化的数据库，实现信息资源、信息技术、信息内容的集成，提供统一的检索平台和信息服务体系，形成统一的 WAP 界面，使读者能够利用同一检索入口对信息资源进行同步检索，方便快捷地查询所需资料。

3.建立资源与服务的共建共享平台

要解决技术、资源、经费、推广等方面的问题，建立一个优质的手机阅读平台，盘活图书馆馆藏文献，避免资源的重复建设，不仅需要依托互联网技术，同时也需要各图书馆之间的协作，建立资源与服务的共建共享，从而弥补单个图书馆资源与服务的不足，提高图书馆服务水平和公共服务价值。国家图书馆牵头，充分利用全国文化信息资源共享工程平台，启动"数字图书馆推广工程"。数字图书馆推广工程将建设分布式公共文化资源库群，搭建以各级数字图书馆为节点的数字图书馆虚拟网，建设优秀中华文化集中展示平台、开放式信息服务平台和国际文化交流平台，打造基于新媒体的公共文化服务新业态，最终实现数字图书馆的服务惠及全民，切实保障公共文化服务的公益性、基本性、均等性、便利性，最大限度地发挥数字图书馆在文化建设中引导社会、教育人民和推动发展的功能。国家数字图书馆基于新媒体服务资源建设重点是：开展基于手机、数字电视、网络电视等新媒体服务的资源建设，拓展国家图书馆服务阵地，开展跨行业合作。推广工程将在国家数字图书馆资源成果基础上，加强全国各级公共图书馆的资源共享推广与合作共建，在全国范围内形成有效的数字资源保障体系，从而使公共图书馆的手机服务实现最大化的资源共享。

第三节 数字电视在公共图书馆服务中的应用

在新媒体环境下，公共图书馆服务的创新手段-数字电视图书馆，已经作为文化和旅游部、财政部开始实施的"数字图书馆推广工程"国家数字图书馆资源建设重点中"基于新媒体服务的资源建设"的重要组成部分。随着推广工程的深入开展，各地公共图书馆在硬件配置、技术平台和资源建设方面取得了长足发展，同时也带动了国家数字图书馆服务形式的全面创新，越来越多的省、地市和县级公共图书馆加入数字电视图书馆建设中来。数字电视图书馆是公共图书馆为读者（用户）提供到馆服务、互联网服务、手机服务以外的又一种新型服务载体，是现代图书馆延伸服务的新模式；是公共图书馆为读者提供多元化服务的新载体，是保障公共文化服务公益性、基本性、均等性、便利性的有效举措；是现代图书馆实现自身进一步发展的新手段。

一、数字电视图书馆的概念释义

数字电视（TV）又称数位电视或数码电视，是指从演播室到发射、传输、接收的所有环节都是使用数字电视信号，或对该系统所有的信号传播都是通过由0、1数字串所构成的二进制数字流来传播的电视类型。数字电视是一个从节目采集、节目制作、节目传输到用户端都以数字方式处理信号的端到端的系统。数字电视图书馆是利用数字电视的交互功能，开发相应的接口，将数字图书馆与数字电视连接起来，结合数字电视传播技术和数字信息技术，以专业服务频道的形式把图书馆的资源和服务主动提供给用户，让观众能以新的方式观看和利用电视节目内容，就可享受到丰富的数字化图书馆服务。

目前图书馆主要通过交互式数字电视 JPTV 和互联网电视三种业务形式进行数字电视业务的拓展，借助数字电视网络把图书馆搬到千家万户，通过数字电视这一载体，使读者（用户）随时随地阅读、观看图书馆提供的相关信息、资源，成为用户按需索取的图书馆，成为通过电视荧屏就能免费享受图书馆提供的文献信息等服务的名副其实的家庭图书馆。数字电视图书馆将丰富的馆藏资源同先进的传输手段结合，充分利用电视网络资源，为用户提供 OPAC（联机公共目录查询系统）查询、图书预约续借、看展览、听讲座、接受远程教育、进行参考咨询与互动等服务，实现图书馆的功能拓展和服务延伸，进而为用户带来不一样的阅读体验，最大限度地满足人民群众的精神文化需求。

二、数字电视图书馆的服务特点

1.广泛性

数字电视图书馆在我国拥有庞大的潜在用户群，更有强大的生存和发展空间。数字电视图书馆把图书馆的馆藏资源通过视频、音频、字、图片等多种内容形式呈现给用户，可看、可听、可读，将不熟悉或不习惯使用计算机、手机的用户通过电视这个大众平台纳入图书馆的用户范围内，扩大了数字文化服务的人群覆盖面。以国家图书馆为例，其开通的数字电视图书馆，将经典文化和优秀资源借助广电双向平台实现入户服务，仅北京地区的受众就达 280 万户。所有数字电视用户，可以随时享用图书馆的服务，不仅可以看公益文化视频节目，还可以读书看报、浏览图文信息等资源，并通过交互技术体验图书馆的特色功能，从而提供全方位的阅读服务，使图书馆融入广大用户的生活中，满足不同用户的需求。

2.跨时空性

数字电视具备时移（回放）功能，在收看电视节目过程中可随时暂停、快进、后退，从而使数字电视图书馆能够突破传统媒体受困于时间、空间的限制，不受传统图书馆馆内服务的约束，为丰富群众业余生活提供了新途径，使得读者足不出户就能享受图书馆的各种优质资源，享受数字电视图书馆带来的高效便捷服务，为社会发展和人民生活质量的提高提供知识和智力的保障。

3.交互性

数字电视提供的最重要的服务就是视频点播（VOD）。VOD 是一种全新的电视收视方式，不像传统电视那样，用户只能被动地收看电视台播放的节目，为用户提供了更大的自由度，更多的选择权。具有更强的交互能力，传用户之所需，播用户之所点，有效地提高了节目的参与性、互动性。随着"三网融合"的不断推进，电视图书馆将成为巨大的交互式多媒体平台，用户不仅可以自由操控电视的各项智能功能，还可以收藏自己喜欢的栏目，可以对视频节目、书刊内容进行评论、分享，用户互动交流等成为信息传播和普及的重要渠道。以"国图空间"为例，是国家图书馆与北京歌华有线电视合作开通的世界上第一个由图书馆制作的专业电视频道。该频道采用双向信息传输技术，增加了交互能力，将传统的单向式传播转变为双向交互式传播，使数字电视图书馆成为方便快捷地交流信息的互动平台。

4.可控性

与良莠不齐的网络资源不同，数字电视图书馆的内容具有可控性。数字电视内容是经过编辑、整理并由国家广电总局授权的数字电视运营商严格审核后才允许发布，电视阅读内容条理清晰、健康、安全，便于查找，不会淹没在海量信息之中。此外由于有线电视网络是一网专用，不易受到黑客攻击，版权保护容易实现，不易盗版侵权，为数字出版提供了安全保证。

5.专题性

数字电视图书馆以图书馆为依托，可以充分发挥图书馆的资源优势，注重开发多样化资源，策划多种类型的选题，运用图书馆学、情报学、信息管理学专业手段整合图书馆馆域网内外资源，对各个专题进行策划、加工、制作、揭示，通过专业化的信息处理，改变一般数字图书馆只是将物理馆的内容移植到网络上的局限，打造多元文化形态的综合性信息服务平台。通过数字电视，图书馆可以将特定的信息向特定的用户群进行定时或滚动发布，从而提高了图书馆服务的针对性和有效性。以镇江电视图书馆为例，是在国家大力推进"三网融合"的背景下，视频类栏目轮流播放精选的舞台精品、名家戏曲、优秀电影、文化讲座和多媒体课堂等节目；图文类栏目包括欢乐家园、文心讲堂、文心展厅、发现镇江、翰苑撷英、心随阅动、童学书香、期刊博览，其中"期刊博览"引入了大型期刊数据库，把当前流行的 100 种期刊制作成电视期刊供观众收看，并实时更新。

三、数字电视图书馆的服务功能

图书馆通过数字电视平台走入家庭，不断研发具有图书馆特色的电视服务功能，不仅可以提供查阅图书馆馆藏书目、办理图书续借手续、浏览图书和期刊等功能，而且可以通过开展专业频道播出、视频点播、参考咨询等服务项目，为用户提供更开放、更灵活的图书馆服务内容，提升图书馆的文化传播能力，丰富人民群众的文化生活。数字电视图书馆的发展，使公共图书馆的信息服务得到了进一步的深化，从而提升了数字图书馆的服务水平。利用数字电视这个新平台，公共图书馆可以实现下述四个方面的服务。

1.导航服务

导航服务是数字电视图书馆的窗口服务，利用数字电视图文并茂地介绍图书馆的一些基本情况，如图书馆的历史沿革、馆藏情况、新书通报、服务对象、借阅制度、图书馆各种活动的新闻公告等；根据馆藏特色，利用数字电视指导读者如何利用图书馆的资源，怎样进行文献、信息的检索查询等。

2.视频播放服务

在数字电视图书馆系统中，视频播放可以让用户通过电视终端及时收看图书馆举行的各种专业讲座、学术报告以及各种用户培训，辅导讲座等视频影像，适时为用户提供符合当前形势的视频节目播放服务。此外，图书馆馆藏光盘资源，可以统一以光盘塔的形式对外服务，为用户提供光盘点播服务，满足用户自学的需求。这样既可以避免光盘被损坏，又可以提高光盘的使用率。视频资源涉及的学科范围广泛，包括语言、文字、哲学、宗教、政治、法律、军事、文化、教育、体育、经济、艺术、文学、工业技术、医药卫生、历史、地理、数理科学、化学、天文学、地球科学、生物科学、农业科学、航空、航天、环境科学、安全科学等领域。其中中外经典故事影片是视听资料收藏的一个重要方面。此外国家图书馆每年都花费大笔资金购买国外原版的影视精品 DVD 光盘，其中以经典电影、电视剧为主，也包含舞蹈、动漫等领域的经典作品。

3.预览预约服务

随着数字电视图书馆的进一步发展和完善，用户不仅可以预览图书馆馆藏电子图书，还可以利用电视终端查询图书馆的馆藏书目和自己的借阅信息，进行自助式的图书预约和续借。

4.专题服务

根据用户的信息需求，图书馆可确定视频资源收集范围和专题内容，在对信息资源进行分类、整理、序化的基础上，制作成有针对性和实用性较强的专题视频信息，并通过数字电视快捷地提供给用户。以国家图书馆的自有品牌栏目"文津讲坛"为例，该栏目选择的多为用户感兴趣的主题，知识涵盖历史、航天等多个学科，至今已经举办各类讲座400余场。

四、数字电视图书馆的应用状况

目前，我国数字电视图书馆建设尚处在探索阶段，有些地区的公共图书馆已经开展了数字电视图书馆的建设与服务工作。国家图书馆、江苏省常州图书馆、浙江省绍兴图书馆、天津泰达图书馆等积极与数字电视运营商合作，在数字电视上开辟了专业栏目，为用户提供公益服务，积累了不少成功的经验。特别是国家数字图书馆加入互联网电视服务，将图书馆的电视服务扩展到整个交互电视领域。

1.国家图书馆

国家图书馆同北京歌华有线电视网络股份有限公司、北京市有线数字电视交互式服务平台共同推出的"国家图书馆数字频道"-"NLCTV"，是世界上第一个由图书馆制作的专业电视频道。此外，国家图书馆还利用 CIBN、CNTV 的互联网电视及 IP 电视通道，通过广电及电信的中央播控平台提供全国化图书馆数字电视服务，其中 CNTV 数字图书馆用户已有两千多万。国家图书馆作为综合性研究图书馆和国家的总书库，拥有雄厚的自建数字化资源和媒体库，丰富海量的信息储备为实现数字化新媒体服务提供有力保障。国家图书馆制作的电视频道"国图空间"，展示了电子图书馆的双向式交互服务，是全球首家国家图书馆的数字电视应用服务，现已覆盖北京地区 360 余万户家庭，用户足不出户即可享受国家数字图书馆的资源和服务。本着服务大众、惠及全民的原则，针对不同文化层次、年龄阶段的使用群体，国家图书馆将资源内容加以整合分类。其中包括文津讲坛、馆藏精品、图说百科、书刊推荐、文化播报、百年国图、经典流畅、经典相册、图书收藏、书画鉴赏、华夏遗珍、中华世遗、名城名镇、文保探曲、书刊预约等栏目。

2.杭州图书馆

所有杭州有线电视用户可以 24 小时点击电视数字图书馆服务，数字电视登录"文澜在线"电视图书馆-华数数字电视首页-全媒体-文澜在线。结合电视信息传播与受众的特点，杭州电视图书馆开设了七个栏目：图书检索、个人空间、心随阅动、活动预告、视听专区、信息发布、数字杂志。随着技术日臻完善，读者通过电视频道在线阅览即将成为现实。同时，按照泰达图书馆档案馆实施图书情报档案一体化创新管理模式要求，泰达数字电视图书馆将涉及的档案服务、信息服务、读者服务、资源介绍和服务指南在内的服务也集中整合在数字电视图书馆中的服务平台栏目中，为读者提供了便利。

五、数字电视图书馆的发展方向

1.制定规范，全面推广

目前，人们已经认识到利用现有的电视网络将图书馆服务推送到家庭，是一种最经济、最高效的服务模式。为引导全民阅读的多元化发展，我国多家公共图书馆都已开展了基于交互电视的数字信息服务，数字电视图书馆已经成为公共图书馆开展无边界图书馆服务的重要延伸方向。数字电视图书馆的快速发展，开创了以数字电视为媒介，"家庭数字图书馆"为主体的服务模式，有效地促进了数字图书馆服务新业态的形成。"数字图书馆推广工程"在下一阶段将着力加强数字电视图书馆服务相关标准规范的制定，进一步完善项目体系建设。借助各地图书馆特色馆藏优势，优化资源加工流程，加大资源加工力度，逐步形成以特色服务为主体，以资源共建共享为基础，覆盖全国的"家庭数字图书馆"文化服务体系，为提升我国公共数字文化水平发挥积极作用。

2.节目容量大、服务范围广，可交互操作、符合个性化要求等特点，在家庭文化娱乐和文化传播方面拥有巨大的影响力和不可替代性，数字电视图书馆继承了数字电视的这些优点，同时又具有图书馆的资源优势，二者完美的结合必将实现阅读领域的一次飞跃。把图书馆服务"搬进读者家"，实现了读者"坐享其成"的梦想，为读者省去从家到图书馆的奔波劳顿，这将在很大程度上改变人们传统的阅读习惯。电视图书馆走入家庭，结合虚拟图书馆服务，使读者建立家庭电视图书馆成为可能。家庭电视图书馆将把数字资源和虚拟现实技术相结合，改变人们被动接受或机械点播的现状，为读者提供主动选择方式，为读者提供"全息服务"，提供更为广泛的个性化服务。

3.三网互联，高度融合

目前电信网、广播电视网、互联网在向宽带通信网、数字电视网和新生代互联网演进过程中，其技术功能逐渐趋于一致，业务范围趋于相同，实现三网融合，网络互联互通，资源共建共享已成共识。公共图书馆应该构建以三网融合为基础的数字图书馆建设框架，将网站平台、智能移动终端平台与数字电视平台整合，不仅是资源的整合，更重要的是服务的整合，来共同构筑图书馆的立体网络服务体系，为用户提供不受地域限制、不受时间限制、不受访问工具限制的服务，提高公共图书馆的个性化服务水平。

以杭州数字图书馆为例，市民可以通过网络、电视、手机三大信息平台来登录杭州数字图书馆，当然这三种访问方式也会各有侧重：网络的定位是各层次市民，主要为用户提供书目查询、预约续借等个人图书馆服务，馆内活动信息、国内外文化资讯查询服务，以及涵盖多学科的数据库资源服务，是集中体现现代图书馆文献收藏、文化传播、社会教育和信息服务等功能的综合性重要平台；电视主要面向在家的中老年读者和周末休息人群，提供书目查询、预约续借、新书推荐、活动信息预告以及大量的数字杂志阅读服务；手机则针对上班一族和年轻人，除提供个人图书馆服务外，还有近三千种大众期刊可以在线阅读。这样全时空的数字信息服务模式打破了传统图书馆馆内服务的限制，充分发挥了数字图书馆超越时空限制的优势，使数字图书馆成为人们生活的"第三空间"，真正嵌入了日常生活。

第十章 大数据时代的图书馆安全管理

大数据时代下，数据海量且纷繁复杂，这在丰富图书馆资源的同时也给图书馆数据存储安全管理等方面带来了新的挑战。基于此，本章主要分析大数据时代的图书馆安全管理。

第一节 图书馆设备管理

一、科学化设备管理

随着计算机新技术的高速发展、新产品的不断涌现及其在图书情报领域内应用研究的不断深入，促使图书馆与情报界传统工作中使用的设备工具发生了根本性的变化。大量代表着当前最先进科技水平的电子自动化设备的引入，大大推动了数字化图书馆建设的发展，提高了工作效率，加快了信息传递的速度；同时，也给图书馆设备的维护与管理工作提出了更高的要求。

（一）设备管理的意义

长期以来，人们只注重设备的使用，很少注意对它的管理，实际上在设备使用和运行中出现的很多问题，是与设备管理不善有着直接、密切的关系。图书馆设备的管理应包含选购、应用、维护、用户培训、更新升级等诸多方面，一套科学严谨的设备管理体系，是维护图书馆有序运行的重要保障，同时也是图书馆管理体系中的重要组成部分，其意义是不言而喻的。

（二）设备的分类

数字时代图：书馆工作中涉及的电子自动化设备种类繁多，如果按产品品种分，可分为计算机系统设备、网络传输设备、卫星通信设备，电源设备、电子监控设备以及视像和语音设备等等。而计算机系统设备又可分为输入设备、输出设备、存储设备、多媒体设备和计算机通信设备等。如果按工作性质分，可分为公众服务设施、内部工作设备以及置放于内部机房而对外提供服务的设备。

（三）管理方法

1.购置计划

当图书馆根据具体工作需要购入相关自动化设备时，应该做好购置计划，做好资金准备，制订购置时间表，并考虑安装环境。在这个过程中，首先要全面地了解在具体的工作中需要解决的问题，尽量了解收集当前可参考借鉴的信息资料，了解它对设备的技术性能的要求，再根据要求拟订购置计划，制定与实施计划相关的检验标准。对于贵重大型精密设备，应邀请有关专家和学者对购置计划进行论证，确定优化方案，然后再转入设备的购置阶段。

2.设备购置

设备购置前要进行大量的市场调查，了解市场动态，掌握相关产品技术性能的最新信息、产品报价，做到心中有数，大宗设备须经政府采购。

3.安装调试这是设备运行应用的前期准备工作，这部分工作质量的好坏，将直接影响设备的正常运行。它包括对设备的工作环境准备、使用定位、安装调试、质量验收、登记注册。

4.设备运行这方面的工作包括建立设备使用的岗位责任制、岗前培训，制订设备保管与安全防范制度、设备的合理调配等。

5.设备更新

计算机设备的更新换代可谓日新月异，图书馆的设备经过几年高效率、高强度的使用后，就会造成性能下降，逐步转化成陈旧设备。即使是一套大型的图书管理系统，在运行若干年后，其硬件及软件都有可能不适应形势的发展，需要升级换代。因此自动化设备的更新是设备管理工作的一项重要内容，我们应该正确地对待设备的更新工作，要在设备性能处于先进状态下，充分利用它为我们提供高质量的服务。即使设备需要更新，也要认真做好旧设备的安置工作。在设备更新过程中，要做好设备变更和注销记录。

（四）建立具有数字时代特色的图书馆设备管理系统

信息和网络技术的飞速发展，给图书馆的变革带来了契机。数字化图书馆取代传统图书馆成为 21 世纪图书馆的发展方向。为了适应这种发展，图书馆购置了各种电子资源和相应的各种类设备，设备的类型越来越多，妥善有效地管理这些设备至关重要。目前，大部分图书馆还没有一套属于自己的设备管理系统。一套科学化、标准化、规范化的设备管理系统是维护图书馆工作正常有序的必要保障，同时也是图书馆管理软件中的重要组成部分。建立一套适应数字时代图书馆需求的设备管理系统，需要从现代设备的特色出发。传统的设备管理系统从设备的型号、规格等入手，是对设备外部特征的管理。数字时代图书馆的设备管理系统不仅要管理设备的外部特征，而且要管理到设备的内容，如计算机、服务器安装的系统、IP 地址、数据库内容、文档说明等。把管理与使用结合起来，建立设备的维护机制，如每一类计算机的系统镜像文件与设备编号联系，充分利用网络的功能，通过 B/S 的结构模式，在进行设备维护时从网上下载镜像文件进行安装，缩短了设备维护时间，提高了设备利用率。使用设备时也可从网上直接调用说明文档，并把设备的所有维修记录写入系统中，随时可掌握设备的情况。

二、长效 UPS 电源的安全管理

随着计算机的普及，UPS 电源作为计算机系统不可缺少的完备支持系统，对于保护数据和机器不受损害起到了很重要的作用。据统计，40%-50%的计算机故障是由于电源的故障和干扰造成的。目前大型数据中心机房选用的 UPS 在性能和可靠性指标（例如，工作效率、输出能力、平均无故障时间和使用的半导体功率器件的容量规格等）上都能满足要求，UPS 产品的平均无故障工作时间（MTBF）可达 20-40 万小时。

（一）UPS 电源的环境管理

资料表明，蓄电池在 25C 工作时，效率最高。环境温度每升高 8C，电池寿命就会下降一半；环境温度过低，电池可使用容量就会降低，备用电池的使用时间就会缩短。因此，一定要注意工作环境。同时由于 UPS 工作时发热较多，为此要把 UPS 摆放在有良好通风散热条件的地方，并经常清洗冷却风扇，确保整个计算机系统正常运转。注意：输入 UPS 的交流市电最好在 200-260V 之间。

（二）UPS 电源本身的维护与管理

UPS 设备是整个供电系统的核心，它的作用有两个：一是保证向负载供电的不间断性；二是改善对负载的供电质量。

1.完善维护管理制度，制定日常操作流程

UPS 是一个综合技术性很强的设备，在 UPS 的性能是否能充分发挥、UPS 的可靠性和使用寿命等方面，都与对它的使用和维护水平有关。统计显示，UPS 供电系统发生故障的原因中，人为因素占首位，由于维护原因造成的人为故障可归结为怀疑故障、知识性故障、操作故障、延时故障和交接故障等。因此要提高维护人员水平，需要制定相应的 UPS 维护维修管理制度、巡检制度、安全操作制度以及应急管理制度，签署厂家技术支持协议，制定 UPS 日常操作流程、电池放电与电池测试规程、应急处理流程等一系列规章制度，确保在遇到故障时不会造成盲目操作、人为二次故障情况，及时、迅速、准确地解决故障问题。

2.设备维护维修文档记录

UPS 供电系统管理的重要内容是预防性故障分析维护操作，数据中心机房要求 UPS24 小时不间断供电，供电质量的好坏，UPS 供电系统中蓄电池等各组成部分的日常维护是关键。在实际工作中，按照维护制度创建一系列工作表格去记录设备运行情况，并形成完整电子文档，包括数据中心 UPS 运行记录、UPS 设备维修维护卡、UPS 电池测试记录表、UPS 电池放电记录表等。通过这些数据可以对设备的运行情况进行分析，有的放矢地进行维护，将故障隐患消除在萌芽状态，改变以往的被动维护方式。

（三）UPS 电源的监控管理

大型数据中心机房的电源设备数量大且分布分散，在人力有限的情况下，采取一些远程监控的手段实时了解设备的运行状况已成为一种必然的维护方式。UPS 电源设备可通过 RS232 或 ES485 通信接口将 UPS 的输入电压、输出电压、电池工作参数、频率、负载等参数进行实时监控，利用电源监控软件，可以实现即时显示 UPS 工作信息、记录电源事件和电力数据、定时开关 UPS 等信息。如果供电系统出现问题，监控软件可以及时向用户发送报警信号，维护人员可以第一时间赶到现场进行处理。

（四）UPS 电源使用管理事项

UPS 电源使用管理事项如下：

1.避免 UPS 电源长期闲置不用。因为这样有可能造成 UPS 电源内部的蓄电池因超过储存寿命而引起内阻增大或永久性损坏。暂时不用的蓄电池应存储在低温、干燥的环境中，长期不用的蓄电池，必须每隔一段时间（一般 2-3 月左右），重新充电一次，以达到激活电池的目的。

2.在匹配功率时要留有余量，如 1000VA 的 UPS，按 80%的负载率即 800VA 配接负载。

3.在进行 UPS 连接时，应正确连接交流输入的极性，否则故障率将大大增加。

4.对长效 UPS 应注意：其前级不宜添带有大阻抗元件的交流稳压器。因为它会造成后备式 UPS 的市电供电与逆变器供电之间转换时间的明显增加，即将完成时（根据蜂鸣器报警频率确定）应立即关闭 UPS 电源，所以，在使用过程中一定要把蜂鸣器的开关打开。待市电来后再开机，利用机内充电器对其进行 10~12 小时浮充，还原到饱和后才能使用。

5.定期对 UPS 内部蓄电池的端电压和内阻测试，以确定电池组是否有足够的实际可供电使用容量，以备供电中断使用：定期对蓄电池进行维护保养，电池在 UPS 中占到总成本的 30%~50%，因此，一定要注意电池的维护保养。UPS 中安装的虽是免维护电池，但不是说就用不着维护了。若当地停电少，必须定期人为中断供电，使 UPS 带载放电，以保持电池原来容量。一般以间隔 3 个月放电一次为宜。

6.UPS 电源的使用应避免两次开机时间隔太短。否则，易烧毁机内元件，一般应等待 1 分钟以上。

7.对于新购的 UPS 电源，在使用前一定要对电池组均衡充电，充电 12-24 小时，以延长蓄电池的使用寿命。

三、电梯的安全管理

目前，图书馆大多安装有电梯，但是对电梯的管理不够重视，主要是缺乏严格的管理制度。电梯一般很少出现事故，但如果出事故就是大事故。

（一）建立完善的电梯安全管理制度

1.建立电梯安全管理制度

制定并坚持贯彻各项规章制度，其中包括电梯管理制度，使用制度，维护保养和修理制度，岗位责任制，司机、维修人员安全操作规程，日常维护、预检修制度，井道及机房的管理制度。

2.电梯专人负责制

配备专人负责对电梯进行全面管理，使责任落实到人。贯彻执行国家颁布的法令和规章制度，对电梯进行全面的宏观管理，包括合理使用、日常维护保养和修理等。

（二）电梯日常运行安全管理

电梯日常运行安全管理内容如下：

1.严格遵守额定定员、额定载重量及轿厢内、铭牌上所载事项，严禁超载。

2.保持轿厢内清洁，勿将碎石、垃圾等物踢入地坎沟（槽）内。

3.不要随便触摸按钮，胡乱操作按钮是引起故障及损坏的主要原因。

4.装卸货物或推小车上梯，不应碰撞门扇，以免引起门变形，影响正常的开闭。

5.在轿厢内不要玩闹或跳跃，以免引起安全装置误动作，发生困人事故。

6.在开门之际，不要触摸门扇，以免夹手。

7.万一被困在电梯里，不要强行开门走出，因为电梯随时可能运行，容易发生危险。要使用警铃、电话与外部取得联系，听取指导，等候解救。

8.地震、火灾时勿使用电梯逃生。

（三）定期进行电梯保养检查

应该定期对电梯设备进行严格的保养检测，确保电梯安全运行。我们不能只是单一地接受维保公司对电梯的自检结果，还应当聘请具有独立资格的电梯检查员或政府相关机构来检测电梯设备的安全性能、保养和修理质量，具体检测项目如下：

1.5 年一次的满载安全检验。

2.每 2 年做一次空载安全检验。

3.每年做一次缓冲的复位检验。

4.每 3~6 个月做一次消防功能检验。

5.每年检查一次紧急照明，并把所有结果记录在案。

6.双方向对讲机系统每月检查一次，确保其工作正常，并记录在案。

7.每月一次和维保公司对安全系统做细致检查，并做详尽记录。事实上有不少问题，都是在这样的检查中发现的。电梯设备的维修管理是一项很复杂且技术含量很高的工作。它要求管理者、维修人员不仅要在专业技术上下功夫，还要具备高度的责任心。这样才能实行科学、严谨的管理，发挥设备的最佳效能。

四、图书监测仪的管理

图书馆要实行开架借阅管理，必须使用图书防窃监测设备以防范书刊丢失。目前在图书馆使用的图书防盗系统大致分为四种不同原理的产品，即电磁原理、声磁原理、无线射频原理、称重原理。前三种需要在图书里预埋磁条或芯片，需要有发射源，而称重原理的监测仪是根据读者进出图书馆前后体重差来判断有无图书夹带，不需发射源。

（一）有源图书监测仪的管理

1.做好监测仪的日常维护

由于监测仪一般不容易出现故障，平时容易忽略维护和管理，当发现故障时往往已经造成了图书被盗。因此，要加强监测仪的日常维护，经常调试监测仪的灵敏度，使其达到最佳效果。监测仪应由专人负责定期的检查、保养和维护，并做好日志记录。

2.建立定期回检制度

为了防止图书磁条被抽取，工作人员要定期、定批地对图书进行回检，对缺失的磁条及时补加。少数读者为了达到偷书的目的，将借出的书抽去磁条，到图书馆还书后再夹带出馆。建立定期回检制度可有效地防止图书磁条被抽去而产生的被盗情况。

3.定期监测

磁性强度由于磁条强度随着使用的时间增长，磁性会降低。因此，通过监测，对磁性较低的图书磁条进行增补。

（二）测重监测仪的管理

当读者进入借阅区时，先要进行登记检测，此时要求读者在检测台上平稳站立（身体不得晃动或与周围人、物接触），然后由管理人员向监测仪中放入号码板，需 1~2 秒，监测仪即可自动完成检测并发出放行信号。此时管理人员再取出号码板，连同该读者借阅证一并保留后，准许读者入室（库）。读者出室（库）销号时再次使用同一号码板进行销号检测（过程同登记检测），读者通过销号检测后，该号码板即可供他人使用。测重监测管理成功与否的根本前提是测重仪判识准确，为了使设备不发生误判和漏判，必须保证进入借阅区登记检测数据的准确性，而在读者进馆高峰，读者常是跑得气喘吁吁，急于通过检测口入室占座，此时极易出现受试者被旁人挤靠，引起入馆检测误差，并导致其出库检测时不能通过（这也是设备误报警的主要原因）。为了保证监测的准确性可参考以下措施。

1.合理确定检测台摆放位置，严把进入借阅区的登记保证受试读者在检测台上不会与周围物件接触，并要求其余读者在距检测台一米外等候，依次进入借阅区登记。未轮到本人时，请勿靠近检测台，以避免受试者与他人接触。如果读者尚未站稳，或在讲话、提问时，工作人员不忙于放入号码板。

2.正确处理报警及误差

当读者出来未通过设备检测时，不应轻易认为其有窃书行为。如果测重仪显示超重（通常在 50-150 克），多因该读者进入借阅区登记检测时在检测台上晃动所致。对于超重者，管理人员应注意以后进入借阅区检测姿态，再按键放行。对于减重者，通常询问其是否遗忘物品。

（三）配备长效 UPS 电源

为了保证在停电时借阅区的正常运行，所有的图书监测仪均应由图书馆的长效 UPS 电源连接，防止在停电时图书丢失。

五、闭路电视监控系统的安全管理

闭路电视监控系统作为一种有效的观测工具，对图书馆内的主要进出口通道、人行楼梯、主要服务区域（阅览区、办证处、共享大厅、计算机主机房、文献库等）、重要非技术区域（办公区、休息区等）、电梯进行电视图像监视，监视图像传送到图书馆综合保安监控中心。保安监控中心对整个图书馆进行实时图像的监控和记录，使保安管理中心人员充分了解图书馆内的人员活动情况和动态。远程授权用户可以通过互联网络浏览监控图像，以及调用历史监控图像资料。为了保证闭路电视监控系统的运行，必须有一套有效的运行及管理机制，主要包括设备的管理及操作人员的管理。

（一）设备运行管理闭路电视监控系统

由摄像头、传输线路、电源、控制主机组成，摄像画面的录制及储存一般由计算机及硬盘完成。闭路电视监控系统是 24 小时不间断地运行，因此，必须保证设备及系统的完好性。

1.控制主机的环境管理

保证监控主机的安放位置平稳、通风、干燥、整洁，不要把任何无关物品放置在主机、显示器、键盘上及附近（尤其金属物品或有磁性物品）。

2.专人维护管理制度

由技术部指定专人负责，定期维护、检查系统的运行情况，扫描磁盘，查看录像数据是否完整，并做好日志记录。

3.控制主机的口令管理

控制主机必须设置超级管理员及操作员两级密码，超级管理员密码由维护人员使用，不得泄露，以防系统、数据被变坏和修改。

（二）管理人员及操作管理

1.制定严格的操作程序

由于操作人员大多是外聘人员，首先，需要对他们进行操作培训，并制定严格的操作程序。

2.操作人员管理要求

监控操作人员必须具有较高的工作责任心，认真负责履行好图书馆赋予的监控任务，不得在监控主机上进行任何与监控无关的操作。

3.做好日常监控工作

严密监视监控画面，遇有可疑或报警的需按规定程序迅速、准确处理，做好各种记录，遇有重大情况及时报告。

4.画面回放制度

监控操作人员不得随意回放摄像记录，回放摄像记录需由当事人以书面形式提出申请，交值班人员登记，经馆领导批准后方可实施操作。

六、空调设备的维护与管理

空调的作用是保证建筑物内具有舒适的工作、生活环境。空调目前已在图书馆内广泛使用，近些年新建的图书馆大多安装有中央空调，而以前的图书馆在计算机使用的场所大多安装了分体式空调。图书馆应加强空调的维护和管理，使其正常运行并发挥最大效率。

（一）空调设备的管理

图书馆要指定专人负责空调的管理。

1.建立空调设备维护保养制度

根据不同季节按有关技术规范制定中央空调设备的维护保养制度。定期对机组进行检修，更换零部件。对冷水机组每年须更换制冷剂和冷冻机油、干燥剂等，必要时还要对机组和系统进行气密性检查和防腐处理。对热水机组要做好换热器的除垢、缓蚀处理，燃油机组还要做好燃烧机及油路系统的检修保养工作。由图书馆制定空调设备维修保养制度，聘请专业的公司进行维护保养，对每一次的检修、保养都要认真做好记录。

2.建立完整的设备技术档案和设备运行记录

在空调设备安装调试完毕正常运转后，空调管理人员要将空调设备的说明书、合格证、技术文件、备用件等全部保存，并建立设备技术档案，要把设备的调试使用时间、使用后的运行情况、维修保养的时间及内容、零部件更换等详细情况填入设备技术档案中，以便全面掌握设备情况。

3.加强运行管理

在设备运行过程中，运行管理人员要增强责任心，不断提高业务水平，对出现的问题要及时与专业公司联系，保证空调设备的正常运行。

（二）制定严格的空调使用规定

1.使用条件

（1）夏季室内温度在30℃以上时可以使用冷空调，空调温度应设定在25℃-28℃之间。

（2）冬季室外温度在0℃以下时可以使用热空调，空调温度应设定在18℃~20℃之间。

（3）其他季节根据具体情况由馆长及相关人员确定使用。

（4）如当地发生疫情或传染病，在有读者的场所，空调系统宜停止使用。

2.使用规定

（1）空调设备仅用于图书馆中心的机房、电子阅览室、重要设备处。除中心机房24小时运行外，其他地方人员在离开或无人的情况下，必须关闭空调电源。

（2）空调使用时，应注意门、窗的关闭，有遮阳窗帘的要拉下。

（3）夏季雷雨天气时，有必要的话应立即关闭电源，以免遭受雷击，导致设备损坏。

（4）空调的开启、温度调节及关闭原则上由使用责任者进行，遥控器也由其负责保管。

（5）长时间使用空调后要打开窗户进行换气，保持室内空气清洁。

（三）空调设备运行管理

1.空调应按照使用说明书规定内容进行操作，如发生非人为故障时，应及时通知管理责任者，并由专职人员进行修理，不能自行拆卸。

2.空调设备在关闭后需要重新启动时，必须在3分钟以后才能重新操作。

3.空调设备在使用中不得随意改变风叶方向或打开机壳等。

4.空调使用后要及时进行维护及清洗，原则上为每月由使用责任者指定的人员，在管理责任者的指导下对空气过滤网等进行清洗。

5.空调设备使用季节结束后，请专业公司进行定期检查。

第二节 图书馆的安全保卫与消防安全管理

一、图书馆安全保卫

（一）图书馆安全保卫（安全管理）的特点

1.文献馆藏量大，贵重仪器设备多、价值高

随着文化事业的发展和图书馆由传统型向现代化的迈进，图书馆文献累积量逐步增加，馆内办公用具、服务器、网络设备、储存设备、计算机、光碟机、电视机、微阅读机等各种贵重仪器设备越来越多。首先，这些文献资料和仪器设备等大都是可燃物品，且经常对外开放，特别是印刷型文献资料作为不可再生资源，价值难以估算，所以一旦发生火灾，燃烧快、扑救难，损失无法弥补，不仅会使珍贵的绝版孤本书籍、稀缺书刊、科技文献、历史文化资料等化为灰烬，而且会危及读者生命安全；其次，它们也因其实用性强、价值高这一特点而被违法犯罪分子纳入视线，因此如果被盗也会严重影响图书馆的发展，影响高校教学科研工作的正常进行，故其防火防盗等任务非常艰巨。

2.读者流量大且具有相对不稳定性，安全教育及管理难度大

图书馆作为文献资料和文化信息中心，是广大读者学习、交流的一个重要场所。特别是高校图书馆研究生、本科生除在课堂上和实验室外，平时学习、做论文也通常在图书馆进行。大中型图书馆每天要接待大量的读者，读者种类繁杂，且具有不稳定性。由于部分读者阅历浅、好奇心强、自控能力差、法治意识淡薄、易受不良风气影响，况且由于读者来自各行各业，素质参差不齐，安全防范知识普遍欠缺。因而，对其安全教育及管理难度较大。

（二）图书馆的安全隐患

1.图书馆对安全缺乏足够重视，建设投入不到位

长期以来，除部分图书馆外，有相当数量的地方和高校领导认为图书馆安全投入多、产出少回报慢，加之保卫专业知识了解和掌握较少，因而对图书馆安全方面的"硬件"投入不到位，如没有安全防范装备、设施老化缺损等，读者安全教育和安全防范知识学习、宣传不够。

2.图书馆安全管理缺乏责任细则

部分图书馆安全管理责任没有真正落实，内部安全管理制度不够严格、细致，隐患

整改工作不彻底。以某高校为例，该校当初建图书馆时，多考虑防火功能，馆内防火器材及设施到位充足，并安装了自动防火报警系统，万一发生火灾便于人员及时逃生，但是防盗设施却因资金等方面的原因一直没有到位。该校保卫处就此隐患多次给校领导打报告要求解决，但迟迟得不到落实。另一高校图书馆则发现有这样的安全隐患：馆内电线线路严重老化，却始终未予更换。

3.图书馆馆舍面积不能达标

而造成安全隐患高校招生规模扩大后，在校生人数剧增，图书馆阅览室建筑面积却没有随形势的变化而迅速增加。如果按国家规定阅览室容纳人数每人两平方米计算，则有相当数量的高校图书馆没有达标，供需矛盾突出，以致学生因占座位引发的纠纷乃至治安案件时有发生。

4.读者集中，流动量大，容易传染疾病

图书馆由于读者集中，一旦出现传染疾病，很容易扩散。特别是像病毒性肝炎、肠道疾病、流行性感冒等传染病，"非典"或"禽流感"类疫情，在这些疾病会通过空气、书刊的接触交叉感染。

5.图书馆安全体制有待系统化、规范化

目前，图书馆专兼职保卫队伍不稳定，人员缺乏专门训练，工作积极性受到挫伤，安全防范装备老化不足，素质有待提高。以上问题在许多图书馆都或多或少地存在着，如何做好新形势下图书馆的安全管理，是图书馆领导和广大读者关注的问题。

（三）图书馆安全防范的对策及措施

1.提高对安全预防工作的认识，强化安全宣传教育

针对新形势下图书馆安全管理特点和存在的问题，提高认识，重视安全预防工作，采取多种形式和措施，广泛深入地开展防火、防盗、防事故和防泄密等宣传教育工作，对做好图书馆安全管理工作非常重要。

（1）图书馆各级领导提高认识并重视安全预防工作。各级领导提高思想认识，重视安全预防工作，对科学、及时、经济地解决安全隐患非常关键。否则就是发现安全防范上有隐患或问题，也得不到及时有效的解决，直至可能发生事故或案件。图书馆可在职工大会、年终检查评比总结表彰会以及平时工作会议等场合，经常强调安全，不断提高大家对图书馆安全管理重要性的认识。

（2）图书馆各职能部门开展多种活动对工作人员及读者进行安全教育。图书馆应每年对工作人员、各类读者进行与图书馆相关的安全教育，普及安全防范知识和有关法律法规，增强大家的安全意识，增强法制观念和社会责任感，使大家掌握各种防火防盗和灭火等技能，减少或杜绝因缺乏安全防范知识、思想麻痹和违规操作等造成的灾难、

案件及其他损失。

2.完善制度，明确任务，落实责任制

图书馆安全包括用水、用电、防火、防盗、防泄密、防混乱、防传染病、防疫情等安全工作。完善制度、明确任务、落实责任制是规范管理、保障其安全的有效手段。

（1）完善制度，照章办事。修订并完善图书馆的规章制度，如《安全保卫制度》等，使规章制度不断趋于完善、具体、有效、便于操作。通过加强内部科学管理，规范服务行为，使图书馆的安全管理有章可循、违章可究，逐步纳入法治化、科学化的轨道。

（2）明确任务，落实责任制。按照治安综合治理工作"谁主管谁负责"的原则和消防工作"预防为主，防消结合"的方针，图书馆安全管理实行逐级防火、防盗、防事故等安全责任制是一个很好的举措。图书馆签订治安承包责任书，图书馆馆长为安全责任人，各科室主任为本科室安全负责人，每个部室选出治保积极分子担任本部室的兼职安全保卫员。实行逐级安全责任制，通过逐级签订责任书的形式明确各自的任务和责任。同时，强化公安保卫部门指导检查监督职能，定期组织评比，奖优罚劣，实行图书馆治安综合治理一票否决制，对出现问题并给图书馆造成损失的，追究领导及当事人的责任。把图书馆安全责任制真正落到实处，已引起各级领导和职工的高度重视。

3.定期进行安全检查，消除安全隐患

通过定期检查发现问题，找出隐患，督促整改，将隐患消灭在萌芽状态。图书馆开展经常性的安全检查，在各种大假、年初、年终进行普查，节假日值班进行巡视，平时和专项活动进行抽查和专项检查，并要求图书馆各部门加强自查。对查出的问题要坚决下发安全隐患整改通知书，落实整改责任，定人、定时间、定措施整改，边查边改，一时改不到位的要采取应急措施，并及时上报领导，以求重视和支持，防患于未然。

4.加大投入力度，构建立体监控防范体系

随着科学技术的迅速发展，犯罪分子作案手段、作案工具在不断现代化、智能化。以往单靠人员巡逻、守候伏击等人海战术在现代安全防范工作中已力不从心。建立人防、物防、技防，做到无线、有线、电视电话报警三位一体的立体监控防范体系已是当务之急。对此，图书馆领导应有深刻的认识并在安全防范工作中加大资金投入力度，特别是针对图书馆安全管理工作，一定要下决心花重金解决预防的问题，即重视健全技术防范措施，加大技防、人防、物防投入力度，力争将案件或事故降到最低，如改、扩建图书馆，增加其建筑面积并给图书馆购配防火和自动防盗报警系统。通过加大投入力度等措施，构建一个安全的学习环境和图书馆立体防范体系，强化图书馆的安全管理，提高其安全防范能力。

5.建立专职与专兼职相结合的安全保卫队伍建设

鉴于目前图书馆安全管理的特点和存在的问题对安全保卫队伍的要求越来越高，要掌握各种安全系统的操作。因此，要保持队伍稳定，尽快提高全体人员素质。安全保卫人员要了解图书馆各个部位的环境，学习好安全防范知识，掌握好抢险和处警技能。图书馆每一位工作人员都要有安全防范意识，每个部门要有指定的工作人员兼任安全保卫。为了实现图书馆的长治久安，应建立一支训练有素的、稳定的、能快速反应的安全保卫队伍。

二、图书馆的消防安全管理

（一）图书馆消防安全的现状

图书馆收藏有大量的印刷文献、电子文献，并配备有较多的服务器、网络设备、计算机、储存设备、电视机、扫描仪、打印机等现代设备。纸张、电器、电脑等物品的消防要求和防范措施是存在一定差异的。目前，各类图书馆在灭火器配置中，还普遍存在一些不科学、不合理的现象。

1.灭火器配置存在的问题

图书馆应根据书库、阅览室的收藏对象、建筑面积、消防等级、应急措施等情况来配置灭火器的数量、品种。对灭火器配置的设计计算，原则上应先确定配置场所的危险等级、火灾种类以及要保护面积所需的总灭火级别，然后根据各设置点的具体要求、所应选的灭火器种类、灭火器规格，确定配置数量，并根据配置场所的固定消防设施情况进行修正。但在某些图书馆，在灭火器配置计算工作中，主观随意性较强，不遵守国家技术规范，或是降低标准，偌大的配置场所灭火器却寥寥无几；或是认为多多益善，超标准配置，即使配置场所设有消火栓、喷淋等灭火系统，也不按《建筑灭火器配置设计规范》规定的修正参数进行酌减，造成单位资金不必要的支出，发生变相浪费现象，加重图书馆负担。

2.报警系统存在的问题

火灾探测报警系统的种类较多，其主要产品有探测器、控制器、功能模块、显示设备、通信广播等五大类。据某省消防设施检测中心的报告，报警系统的问题相当突出，有60%的探测器失灵，存在误报或不报警的现象。这种情况各类图书馆都存在。

3.消防设施落后于时代的发展要求

目前，大多数图书馆对纸质文献的消防设施较为齐全，消防措施相对到位。但对数字资源，对计算机机房和电子阅览室等处的消防安全存在较大的隐患。随着现代技术的应用和对数字资源信息需求的日益增加，许多图书馆的计算机服务器提供24小时不间断的服务，而在这些重要部位，存在晚间无人值班，缺少消防监控系统和自动灭火设施的现象，给图书馆埋下了很大的火险隐患。

4.消防安全意识不强

许多图书馆的领导、职工消防意识淡薄，制度不全，管理不严，缺乏消防设施，或有之也形同虚设，无消防功能可言。图书馆消防栓无水，灭火器过期失效，书库、配电间有易燃品、烟蒂等情况普遍存在；更有甚者，一些木结构的古籍库房隔壁还开设有娱乐场所。

（二）图书馆防火管理

《机关、团体、企业、事业单位消防安全管理规定》指出，图书馆是消防安全重点单位，因此，图书馆的消防安全管理尤为重要。

1.实行防火安全责任制

图书馆的馆长为消防安全第一责任人，对图书馆的消防安全工作全面负责。明确逐级和岗位消防安全职责，确定分管消防安全的领导，落实各级防火责任制，并成立义务消防队，组织全馆职工定期（至少每年一次）开展消防知识的学习和培训，使职工了解基本消防常识、掌握消防灭火基本技能、学会逃生的几种方法等。图书馆各部室由部室主任担任消防安全负责人，建成消防安全管理立体网络。保卫部门应明确专兼职消防管理人员，进行日常消防安全管理工作，每日负责检查馆内消防设施、器材、疏散通道安全出口以及其他隐患并做好检查记录。各部室、岗位的安全负责人应对本岗位、本部门进行安全检查，对私接乱拉电线、违章使用电器等行为进行检查。发现的问题应逐级上报，并消除火灾隐患。

2.建立健全规章制度

图书馆必须建立健全各项消防安全管理制度和保障消防安全的操作规程并公布执行。单位消防安全管理制度应包括以下方面：消防安全教育、培训；防火巡查、检查；安全疏散设施管理；消防（控制室）值班；消防器材设施维护管理；用火用电安全管理；燃气、电气设备的检查管理。

3.电气设备的消防安全管理

据统计，55%以上的火灾是由电气短路、故障等因素引起的，因此规范地设计和安装电气设备，是预防和减少火灾的重要因素，平时还应按照法律法规加强对电气设备的管理。

（1）遵循"四个严禁"，确保用电安全。

1）在书库内设置配电盘，书库的电闸下不得堆放可燃、易燃物品，以防打火时溅落的火星引发火灾。

2）严禁电气设备带病运转，防止漏电、短路、超负荷等情况发生。

3）严禁多台大功率电器连接在同一线路上，不准私接乱拉各种临时线，电插座不能接力使用，如需长时间使用，应考虑布置固定线路，同时电插座应远离火源水源。

4）严禁在书库内使用碘钨灯等高温发热照明设施，以及在书库内使用电炉等家用电器。

（2）重点部位，重点防范。书库是图书馆的重点防火部位，库房的电器线路应采用金属套管保护的铜芯线。书库内照明灯应采用吸顶的白炽灯照明，且距可燃物保持50cm以上的距离，灯座尽量布置在走廊上方，采用荧光灯时，灯座不得直接固定在可燃物上。电器用完后应及时拔掉插头，人离开库房，必须切断电源，不能彻底断电的设备要经常派人检查。

（3）注意季节特点，采取相应措施。冬季天寒、物燥，馆内应严禁使用火炉等明火取暖，严禁使用电炉等电器设施取暖；夏季潮湿、多雨，下班后关好门窗，防止设备淋雨发生短路，引发火灾；电插座用完后，应及时拔掉插头，同时插座应用不燃、难燃物品垫离地面 10cm 以上。

4.火源管理

（1）加强烟火管理。图书馆内应严格控制一切明火，不准把火种带入书库、阅览室等场所。每天应派专人巡逻检查，防止遗留火种等诱发火灾的因素，并加强晚上的值班巡逻，设置明显的禁烟禁火标志。消防控制室应落实 24 小时值班备勤，值班人员不得少于两人，对火灾自动报警系统发出的警报，一人留守值班，另一人应迅速赶去实地查看并查明原因，进行报警登记，对误报的火警应及时消除警报；对实报的火警，应立即拨打 119 火灾报警电话报警，并通知有关领导，组织灭火自救。

（2）建立动火申请制度。为确保馆内的焊接、切制等施工的安全，图书馆应建立动火申请制度，施工前施工单位应按照用火管理制度办理审批手续，保卫部门应对施工人员的资质进行审查，杜绝无证上岗，同时制定相应的防范措施，如清除现场周围的可燃物、配备足够数量的灭火器并派两名以上保卫人员现场盯护直至施工结束。现场保卫人员还应对动火施工人员是否遵守消防安全规定进行监督，如发现违规操作应立即制止，防止事故发生。

（三）图书馆消防设施管理

对室内外消火栓、水泵接合器、水枪、火灾自动报警系统、自动灭火系统要加强保养，按要求进行检测，如有损坏、锈蚀、丢失应及早进行修复更新。灭火器还要定期检测、换药，确保灭火器材设施完整好用。灭火器、自动消防设施、室内外消防栓等对扑救火灾十分有用，因为消防队从接到报警到达火灾现场展开行动，需要一定的时间，在这段时间内小火可能变大酿成大灾。在报警的同时单位组织人员利用现有设施器材进行灭火自救，控制甚至扑灭火灾，将火灾损失降到最低。注重消防器材的管理，单位设置灭火器材管理档案，绘制消防设施方位图。每组灭火器、每个消防栓都由附近部室专人负责保养，如有损坏、丢失及时向保卫部门报告。保卫部门还要定期对这些消防器材进行全面检查并对过期失效、压力不足、损坏锈蚀等情况进行登记，及早进行维修更换。

（四）火灾应急方案

图书馆应会同当地消防部门共同制订灭火和火灾应急疏散预案，并定期（至少每半年一次）实施演练，结合实际，不断完善预案。灭火和火灾应急方案应包括重点部位的布置和人员的位置，初期火灾灭火作战方案，疏散措施，火灾前、中、后图书资料的抢救转移方案，火灾现场的医护抢救等。应使工作人员明确自己的职责，并且按程序实施应急方案。使职工们在演练中感受实战氛围，不至于临阵惊慌失措，同时在演练中熟练掌握正确报火警的方法、灭火器材设施的操作以及如何逃生等等。

第三节 网络系统的安全管理

一、主机房的安全管理

主机房是图书馆的中枢，只有通过各种管理制度保障主机房的安全，才能保证服务器、储存设备、网络设备长期、可靠地运行，为读者提供各项信息服务。同时为机房工作人员提供一个舒适、良好的工作环境。

（一）主机房的环境管理

主机房必须配备空调系统，保证机房温度、湿度和空气含尘浓度指标以满足系统设备处于最佳工作环境。空调系统设备选择应符合运行可靠，经济和节能的原则，应根据机房设备类型、机房面积、发热量及对温度和空气粉尘浓度的要求综合考虑。空调设备宜选用高效，低噪声、低震动的设备。空调的制冷能力应留有15%-20%的余量。由于机房设备长期连续运行，空调设备应配备备用装置。主机房应安装有湿度、温度计，每天检测，保证常年温度为22C左右、相对湿度为55%左右。

（二）消防与安全管理

主机房的消防与安全是十分重要的，保障机房各种设备，特别是核心设备的安全，必须认真做好防火、防盗、防破坏、防鼠、防虫等工作，并且应配备相关的设备。主机房应安装消防自动报警系统，采用二氧化碳气体自动灭火系统。机房内各区域的吊顶安装温感、烟感及二氧化碳气体喷头若干个，根据各区域面积合理分布。发生火灾时消防自动报警系统能够发出声光报警，提示工作人员离开机房，待工作人员撤出后，二氧化碳气体自动灭火系统根据温烟感的探测对发生火灾的区域进行灭火。这种分区域二氧化碳气体自动灭火系统既能保护机电设备，又能节省消防气体材料，不至于一个区域发生火灾，所有区域二氧化碳气体喷头都开始工作。主机房在装修材料上要使用非燃性的防火材料。机房配备手提式二氧化碳干粉灭火器若干支，配备应急照明，设置安全出口标识、消防安全通道，尽可能保证发生火灾时，各类损失降到最低。在防盗、防破坏方面，主机房入口大门安装金属防盗门，并安装门卫保安摄像机监视系统。机房应安装无线门铃，值班人员可根据保安监视系统了解来访人员情况，并可远程控制门禁系统。在防鼠、防虫方面，机房相对外界完全封闭，在各设备上安装防鼠、防虫网，各种线缆穿金属管和金属槽，防止鼠害和虫害。

（三）主机房的电源安全管理

主机房的供电对设备的运行非常重要。没有稳定的电源系统，不但无法保证设备正常运行，还将直接引发设备故障。因此，对主机房重要设备，比如服务器、储存设备、交换机等网络设备由长效 UPS 电源供电。各种设备的电源线不得交叉。为了防止晚上停电，空调不能工作，机房温度升高，长效 UPS 电源可由服务器进行控制，当 UPS 电量减少到一定程度时服务器可自动关机。

（四）健全主机房的管理制度

为了保证主机房的正常运行，必须制定一系列安全管理制度，如《主机房管理制度》《主机房技术人员岗位职责》《主机房监控员岗位职责》等。要求工作人员严格遵守规定的管理制度，主机房工作人员认真执行防火、防盗、节能和保证系统安全方面的有关规定，每天检查各机房的消防设施、长效 UPS 电源系统、防雷设备和空调设备工作情况，按时记录主机房运行日志，发现问题立即解决。每天对机房及配套附属房间进行保洁，定期对设备进行维护保养，要求换鞋、着工作服进入机房，禁止食物进入机房等，保证主机房的各种设备能够安全、稳定可靠地运行。

二、图书馆网络及 IP 管理

随着数字化的建设，图书馆的计算机越来越多，任何上网的计算机都离不开 IP 地址，IP 地址就像身份证一样，在图书馆的网络中扮演着非常重要的角色。如果对其进行很好的规划管理，可以收到事半功倍的效果，否则将会给以后的管理带来巨大的麻烦和不便，并带来隐患。

（一）IP 地址的构成及类型

1.IP 地址

IP 地址跟 IP 不是一个概念，IP 是多个计算机用于交换信息的基本格式，也有人将

IP 称为网络协议。IP 地址的首次标准化是在 1981 年 9 月，其规范要求连接在基于 IP 的互联网上每个系统的每个接口都必须分配一个唯一的 32 位的值，即 Internet 协议地址。在 Internet 上有成千上百万台主机，为了区分这些主机，人们给每台主机都分配了一个专门的地址，称为 IP 地址。通过 IP 地址就可以访问到每一台主机。IP 地址由 4 部分数字组成，每部分数字对应于一个 8 位二进制数字，各部分之间用小数点分开。由于地球上的人口总数已经超过 60 亿，再加上最初 IP 地址设计上的缺陷，因此产生了下一代的 IP 协议地址 IPv6。

2.固定 IP

固定 IP 地址是长期固定分配给一台计算机使用的 IP 地址，一般不改变地址，因此固定 IP 一般是给特殊的服务器使用。

3.动态 IP

因为 IP 地址资源非常短缺，通过电话拨号上网或普通宽带上网用户一般不具备固定 IP 地址，而是由 ISP 动态暂时分配一个 IP 地址。普通人一般不需要去了解动态 IP 地址，这些都是计算机系统自动完成的。除此之外还有公有地址和私有地址等。

（二）图书馆网络的规划管理

1.图书馆网络划分的原则

图书馆网络的核心是主机房的网络设备机提供各种服务的服务器、储存设备，以及这些设备承载的各种应用系统。根据图书馆服务的性质，原则上可将图书馆划分为三个子网：图书馆业务工作子网、电子阅览室系统子网、无线网子网。在图书馆业务工作子网内各种服务的服务器、储存设备应设置防火墙以防止外来黑客攻击。电子阅览室系统是向读者提供利用数字文献服务的，应与业务工作子网分开，无线网子网主要是向到图书馆自带笔记本电脑的读者提供开放性服务的，也应独立于以上两个子网。子网络分段划分是一项保证网络安全的重要措施，同时也是一项基本措施，其指导思想在于将非法用户与网络资源相互隔离，从而达到限制用户非法访问的目的。

2.图书馆网络划分的安全性要求

随着数字化图书馆的建设，图书馆计算机应用系统越来越多，根据服务性质有图书馆业务集成管理系统；镜像在本馆的各种数据库，在图书馆网络中，不同的系统对用户身份、安全性认证和使用权限的要求都是不同的。为了防止数据信息遭到破坏、病毒扩散和黑客恶意攻击，必须将以上多个应用系统划分到不同的网段中加以隔离开来，对不同网段的访问设置不同访问限制。

3.图书馆子网实现的方法

（1）子网划分

子网划分可分为物理和逻辑两种方式。物理划分通常是指将网络从物理层和数据链路层（ISO/OSI 模型中的第一层和第二层）上分为若干网段，各网段之间无法进行直接通信。逻辑分段则是指将整个系统在网络层（ISO/OSI 模型中的第三层）上进行分段。在实际应用过程中，通常采取物理分段与逻辑分段相结合的方法来实现对网络系统的安全性控制。

（2）虚拟局域网的实现

虚拟局域网（VLAN）由位于不同物理局域网段的设备组成。虽然 VLAN 所连接的设备来自不同的网段，但是相互之间可以进行直接通信，好像处于同一_网段中一样。采用 VLAN 有如下优势：抑制网络上的广播风暴；增加网络的安全性；集中化的管理控制。为了创建虚拟网络，需要对已有的网络拓扑结构进行相应的调整。将位于不同地理位置的相应的服务器、用户和其他网络对象进行分组，并设定相应的安全和访问权限，形成相应的虚拟网络工作组，使不必要的数据流量减至最少，隔离各个 VLAN 间的传输和可能出现的问题。这样不仅能够大大提高网络的数据传输能力，有效地实现数据的保密工作，增加了系统的安全性，而且易于管理，充分发挥出交换网络的优势，体现出交换网络高速、灵活、易于管理的特征。

（三）图书馆 IP 地址规划的基本原则

图书馆局域网与 ISP 的商业化网络相比，网络规模小，复杂程度也低，IP 地址的管理任务量较小，但是如果在 IP 地址的分配和使用方面不注意遵循一些基本原则，随着时间的推移，网络调整和维护的难度会不断增大。地址规划的基本原则如下。

1.体系化原则

地址分配应该从大局出发，按照从大到小逐渐分割的方式使用地址。类似于电信公司的程控交换电话网，企业网络通常可以基于地址位置或职能部门划分成多个相对独立的区域，每个大的区域还可能被划分成几个小区域。首先将可用地址段按区域划分成多个地址段，然后再将与区域对应的地址段根据情况细分为更小的地址段或直接分配给主机使用。就网络的整体而言，体系化编制便于在路由设备上实现地址汇总，使整个网络的路由信息明确、简单，每个区域的地址管理与网络其他区域相对独立，管理起来也比较方便。

2.可持续发展原则

IP 地址的使用方式最初是有类的，只能按照 A、B、C 类标准使用地址，后来发展到了无类阶段，使地址资源的使用更加合理有效，在很大程度上避免了地址资源的浪费。企业网络通常使用的是私有地址，相对于公网而言 IP 地址不是稀缺资源，在网络建设的初期不会在这方面遇到问题，但是如果不注意合理规划，网络的增长也可能导致局部性的地址资源短缺，从而不得不对地址段进行调整乃至重新进行地址分配。为了避免这种情况的出现，在确定 IP 地址的需求量时不仅要考虑现有主机的数量，还要为网络的发展留出余地。

3.公有地址与私有地址相结合的原则

相对私有地址，图书馆的公有地址资源要紧张得多，在规划阶段要认真考虑哪些主机系统需要使用公有地址、哪些主机需要通过网络地址转换（NAT）技术访问互联网、哪些主机只限于图书馆网络内部的通信等，根据情况合理地设计网络结构，规划 IP 地址。

4.为 IPv6 的应用做好准备

互联网上的地址资源已经接近枯竭，各个国家都在加紧 IPv6 骨干网络的建设，我国在 2005 年年底建成了商业化的 IPv6 骨干网络。不久的将来，TCP/IP 网络中将会出现 IPv4 和 IPv6 共存的情况，如果现在构建图书馆网络，应该为 IPv6 的应用做考虑，尽可能选择支持 IPv6 的系统和设备。微软的系统平台从 WindowsXP 开始已经加入对 IPv6 的支持。

5.固定 IP 与动态 IP 相结合原则

图书馆集成管理系统对采用 C/S 方式的计算机需要固定 IP，而 B/S 方式可不需要固定 IP。电子阅览室管理系统对管理到桌面的需要固定 IP。对于自带笔记本计算机到图书馆上机的用户，为了方便使用一般采用动态 IP 管理。

（四）图书馆网络规划的工作文档

在规划完整的图书馆局域网后，还必须给所有的联网设备分配的地址做好记录，建立完善的文档资料。在网络规划的过程中，绘制一幅准确的网络拓扑图、建立工作文档是不可缺少的。准确的网络文档对于日后的升级和分析问题是不可或缺的。好的网络图应包含连接不同网段的各种网络设备的信息，比如路由器、网桥、网关的位置、IP 地址，并用相应的网络地址标注各网段。若网络很小，只有一个网段，可同时画出其他关键网络设备（如服务器），包括网络地址。

三、网络设备的安全管理

（一）路由器的安全管理

随着网络技术的发展与应用，以及网络的开放性、互连性、共享性程度的扩大，网络安全问题变得越来越重要，尤其是对路由器的安全管理更为重要，如何配置路由器是网络安全的核心问题。路由器的管理包括口令管理、软件管理、用户管理、服务管理、协议管理、安全管理等方面。

1.口令管理

路由器一般可通过口令登录配置，为网络管理员进行管理提供了很大的方便，同时也给不速之客提供了可乘之机。为了拒不速之客于门外，首先可以给相应的端口加上口令和给端口加上列表，实施最基本的安全控制。其次，对超级用户密码的设置成为拒不速之客于门外的第二道屏障，可以防止配置被修改，同时启用密码保护。最后，对于 Telnet 方式采用 SSH 加密。

2.软件管理

路由器的核心是软件，它是根据硬件平台和客户需求以多种功能组合的形式而形成的。对于路由器的软件管理就是及时的升级，并且迅速地为软件安装补丁；严格认真地为软件做好安全备份，为路由器的配置文件做好安全备份。

3.用户管理

严格控制可以访问路由器的网络管理员。具体的做法是采用权限分级策略，做好每一次维护记录备案工作。

4.服务管理

为了更好地保护路由器，就要使它提供的服务尽可能最小化。

5.协议管理

简单网络管理协议提供了远程监控功能。

6.安全管理

（1）配置访问控制列表

配置访问控制列表的目的是保护路由器的安全和优化网络的流量。访问列表的作用就是在数据包经过路由器某一个端口时，必须先在访问控制列表里边查找，如果允许，则通过。所以，为了更好地保护路由器正常工作，在实际工作中应优先考虑配置访问控制列表。这在上述的各项管理中已经有了非常明显的体现。

（2）防止路由攻击源

路由攻击是一种常用的攻击方法，因为一些老的 IP 在处理源路由包时存在问题，可能导致这些机器崩溃，所以最好在路由器上关闭源路由。重定向攻击也是一种常用的路由攻击方法。配置路由器是事关网络安全的核心问题，在配置时，不仅要满足其互联互通的基本功能，更重要的是要融入一些网络安全性的考虑。这对于一个严格要求的安全环境还是不够的，因为还有很多的攻击无法从路由器上过滤，且对于来自内部网络的攻击，路由器是没有能力进行过滤的。但是通过对路由器进行必要的安全配置能够减轻内部防火墙的负担，同时保证路由器自身的安全，使其真正成为维护网络安全的一道可靠屏障。保护路由器并不是一件简单的事情，在很多实际应用中，还需要很多辅助配置。为了保护路由器，各种各样的安全产品相继出现。为了路由器的安全稳定，最重要的工作还是配置最小化网络操作系统，最小化的服务就是我们最大化的安全。

（3）控制直接广播

一个 IP 直接广播是一个目的地为某个子网广播地址的数据包，但是这个发送主机不与这个目的子网直接相连。所以这个数据包被路由器当作普通包转发到目的子网，然后被转换为链路层广播。

（二）防火墙的安全管理

防火墙管理是指对防火墙具有管理权限的管理员行为和防火墙运行状态的管理。管理员的行为主要包括通过防火墙的身份鉴别、编写防火墙的安全规则、配置防火墙的安全参数、查看防火墙的日志等。

1.防火墙的管理方式

防火墙的管理一般分为本地管理、远程管理和集中管理等。

（1）本地管理是指管理员通过防火墙的 Console 口或防火墙提供的键盘和显示器对防火墙进行配置管理。

（2）远程管理是指管理员通过以太网或防火墙提供的广域网接口对防火墙进行管理，管理的通信协议可以基于 FIP、TELNET、HTTP 等。

（3）集中管理是防火墙的一种管理手段，通常利用一个界面来管理网络中的多个防火墙。其效果和用一个遥控器管理家中所有电器一样简单，可大大简化管理员的管理工作。

2.防火墙安全管理策略

（1）防火墙的设置原则

1）最少的特权。减少因为职务或特权影响开放防火墙的限制条件，并将防火墙规则的预设限制动作设为"deny"，也就是任何未经特别允许的联机一律禁止。

2）彻底防御。防火墙过滤规则尽可能使用多个限制规则取代单一限制条件。

3）最少信息。勿将跟图书馆或网络上有关的信息暴露出来。复杂的配置设定容易造成错误并因此导致安全漏洞。因此，让防火墙的设定及配置尽可能简单化。防火墙系统只能控制经过防火墙的网络联机。因此，防火墙必须是连上 Internet 的唯一网关（gateway）。

（2）防火墙的配置

1）身份确认及认证。防火墙通过对认证信息加密的机制来限制使用者使用存取 Internet 的服务。配置防火墙可以显示某标题，以便提醒使用者在使用存取服务之前进行身份的确认。

2）机密性。任何对于防火墙的远程管理都必须通过加密路径。

3）完整性。为维护系统的完整性，安装防火墙的操作系统必须针对安全设定做进一步的强化安全性处理。

4）可用性。在完成防火墙系统的安装及测试之后，建立一份完整的系统备份并将它存放在安全的地方。安装新版本操作系统或防火墙系统软件，或实行维护时，防火墙系统应该终止所有的网络连接，在经完整测试确定没问题之后再恢复网络连接。

（3）稽核

防火墙系统上对具有安全性考量的机密事件必须要进行追踪（tace），通过设定操作系统上的稽核功能来追踪对操作系统以及防火墙软件档案具有写（write）或执行（execute）的动作。防火墙系统上的记录功能，对于被拒绝动作的稽核要以较详细的格式记录，对于允许动作的稽核则可以以较短的格式记录。如果记录的数量太大而影响正常运作时，可以选择几个规则将它们的记录功能关闭。

（4）防火墙系统的管理

1）身份确认及认证。系统管理者必须选择一个在其他所使用的系统上所未曾使用的密码。每位使用者在同一系统上必须要有各自不同的账号，不可互相共享账号。登录的账号及密码不可在 LAN 或 WAN 上以明文传送。

2）权限管理。给防火墙管理者不超过所需权限的账号。例如，没有编辑防火墙安全政策权限的管理者只有"read"权限的账号。在防火墙系统上尽量不要有使用者账号存在，最好只有系统管理者的账号在防火墙系统上，End user 不允许存取防火墙系统。

3）防火墙安全政策管理。防火墙系统的所有配置更动均需以文件记载，文件中变更的记录要有谁在何时对防火墙做了什么变更。防火墙的安全政策有变更之后，必须对防火墙进行测试，以确定变更可按预期的执行。在任何配置变更之后，对防火墙系统做备份并储存在安全的地方。

（三）交换机的维护与管理

交换机是图书馆局域网中最重要的网络连接设备，在图书馆局域网的管理中必须做好交换机的管理。

1.交换机的类型

交换机分为可网管交换机和不可网管交换机。这两种交换机的区别是可网管交换机可以被管理，它具有端口监控、划分 VLAN、设置 Trunk 端口等管理功能；不可网管的交换机是不能被管理的。

2.可网管交换机的管理方式

可网管交换机可以通过 RS-232 串行口（或并行口）、网络浏览器、网络管理软件进行管理。

（1）通过串口管理。可网管交换机附带了一条串口电缆，供交换机管理使用。先把串口电缆的一端插在交换机背面的串口里，另一端插在普通电脑的串口里，然后接通交换机和电脑电源。在这种管理方式下，交换机提供了一个菜单驱动的控制台界面或命令行界面。

（2）通过 Web 管理。可网管交换机可以通过 Web（网络浏览器）管理，但是必须给交换机指定一个 IP 地址。这个 IP 地址除了供管理交换机使用之外，并没有其他用途。在默认状态下，交换机没有 IP 地址，必须通过串口或其他方式指定一个 IP 地址之后，才能启用这种管理方式。

（3）通过网管软件管理。可网管交换机均遵循 SNMP 协议（简单网络管理协议），SNMP 协议是一整套符合国际标准的网络设备管理规范。凡是遵循 SNMP 协议的设备，均可以通过网管软件来管理。你只要在一台网管工作站上安装一套 SNMP 网络管理软件，通过局域网就可以很方便地管理网络上的交换机、路由器、服务器等网络设备。

第四节 图书馆网站的安全管理

图书馆网站是数字时代的图书馆通过网络揭示各种信息资源的重要窗口，是图书馆开展网上服务的门户，是传递自身信息的重要媒介，是沟通图书馆与读者联系的桥梁。图书馆网站利用网络通信和信息资源的优势，超越时空限制，每天 24 小时为用户提供便捷、的文献信息服务，发布的内容包括服务内容与方式、部门划分、馆藏分布、内务分配、规章制度，以及有关图书馆的消息和事件通报，链接图书馆的所有数字资源及虚拟资源。同时，图书馆还通过网站接收读者的意见、建议和其他各种反映，开展虚拟参考咨询，实现图书馆与读者之间的互动。网站的安全管理将保证图书馆网上服务的及时性、连续性、可靠性。网站的安全管理包括 Web 服务器硬件、系统、软件的安全管理，网站信息的安全管理，以及网站信息的更新、审核管理。

一、Web 服务器的安全管理

（一）安全可靠的 Web 服务器的建立

由于网站服务器是对外开放的，容易受到来自各方面的攻击和破坏，因此，在建立 Web 服务器时，就要完善服务器的各种安全配置。建立 Web 服务器，首先是安装 Win2000 Server 及其硬件、软件以及驱动程序和系统补丁，然后对服务器做最基本的安全配置：设置复杂的管理口令，在文件夹和文件的层次上设定用户的访问权限，关闭所有的共享途径及不必要的服务端口，装配防火墙，安装防病毒软件，尽可能地少安装不常用的软件。

（二）Web 服务器的安全措施

1.及时对系统及各种防护工具进行升级更新

（1）定期操作系统升级补丁。由于病毒是针对操作系统的漏洞，为了防止对操作系统的破坏，根据微软的公告，及时到微软网站下载补丁程序，升级操作系统。

（2）及时更新病毒库。所有的防病毒软件只能杀灭现有的计算机病毒，由于现在各种病毒层出不穷，当出现新病毒后，防病毒软件才找到解决办法，因此，必须及时更新病毒库，定期监测计算机是否被感染病毒。

2.Web 服务器安全管理的具体措施

（1）安装好服务器系统后，根据提供服务特点，对"Internet 服务管理器"进行细致配置，只发布允许访问的文件夹和文件，并设置可能的最小的访问权限。

（2）定期更换 Web 服务器的登录口令，防止人为安全漏洞。如果 Web 服务器的登录口令被盗用或泄露，硬盘的文件及数据就有可能被攻击者篡改。

（3）每天查看服务器系统日志，发现问题及时解决。

（4）定期检查防火墙的设置，防止外部网络未授权访问。

（5）建立例行安全审核机制，利用漏洞扫描工具和 IDS 工具，加大对服务器的安全管理和检查，防范非法用户入侵。

（6）制定安全规范的操作规程，防止误操作产生的破坏。

（7）建立一套切实可靠的应急预案，包括硬件损坏、系统崩溃、发布软件被破坏的解决办法。最好备用一台可随时替用的服务器。

二、网站信息的安全管理措施

（一）建立网站安全管理制度

安全管理贯穿在网站安全的各个实施层次。安全管理应具有可操作性、全局性和动态性的特点，将管理与技术有机结合，严格遵循权责分明、分权制约及管理的制度化等原则。通过制定一系列安全管理制度和具体的操作规程，把图书馆网站的安全措施和管理制度融为一个整体，使网站管理员及网站的参与者工作有章可循，减少差错，有效保障图书馆网站的安全运行。

（二）定期进行必要的数据备份

图书馆网站的各种信息数据定期进行备份。网站的核心是数据，数据一旦遭到破坏，后果不堪设想。除了设置相应权限外，应建立一个完善的备份方案，而且随着网站的更新，备份方案也需要不断地调整。

（三）网站信息的更新管理

图书馆网页要更新维护的内容主要有动态新闻、学术讲座、科研信息、馆际活动信息、重要通知、节假日开放时间和开放部门、读者留言处理等等，有些信息要求做到一至两天维护一次；此外，还需不断搜集对本校教学科研有用的免费数据库、网络导航、各种虚拟信息；对于这些超链接，必须经常跟踪网站的变化，不断删除已消失的站点，修改更新旧站点，增加新链接点。如此繁多的信息，仅靠一个人或一个部门是难以胜任的，这就需要建立一个信息网。这个信息网由各部[]成员组成，他们负责各类信息的采集，然后经专人整理送交主管馆长审核，最后将定稿交网站管理员进行网上修正。这样可以保证为读者提供准确、有效的信息。对于不定期更新的版面，将每次更新后的旧版本进行备份，并拷贝后作为原始文件归档留存。

（四）网站信息的审核管理

建立一套审核发布机制；由各栏目信息员提交初审；馆领导进行终审签发；网站管理员发布。网络管理员负责按时发布馆领导签发的各种信息。建立信息发布日志，网站管理员负责记录每次信息发布时间，做好发布信息审批表及原始资料的归档工作。对于图书馆网站互动性栏目，建立监管值班制度，网络管理员和各栏目的负责人在值班时间发现违反四项基本原则的不健康、不文明的内容要及时删除并做记录。

第十一章 公共图书馆物联网技术运用管理现状分析

随着近年科学技术的发展，物联网技术问世，并被广泛用于各领域。物联网通过射频识别的方式连接互联网、传感设备，实现智能化的管理目的。将该技术用于公共图书馆管理中，不但能转变图书馆的管理方式，还能促进图书馆事业发展。因此，本章主要分析公共图书馆物联网技术运用管理现状。

第一节 公共图书馆的基本情况

一、公共图书馆

公共图书馆是由国家中央或地方政府管理、资助和支持的、免费为社会公众服务的图书馆。它源于社会的教育需求，是为了推动社会、文明进步而诞生的。自产生以来，直扮演着传承人类文化、传播知识信息的重要角色。是公民接受教育、享受文明成果的重要场所。图书馆通过系统地收集、保存、整理、传递文献，对文献中的信息进行加工和整理，从而满足社会信息交流需求。在当今社会，国际竞争日趋积累的今天，公共图书馆已经成为推进经济快速发展和社会全面进步的智力后援基地，承担实现和保障公民文化权利、缩小社会信息鸿沟的重要使命。公共图书馆事业发展的好坏已经成为衡量一个国家或地区，乃至一个城市社会文明化程度的重要标志。公共图书馆服务于所有的普通居民。提供专业和非专业的图书包括通俗读物、期刊和参考书籍、公共信息、互联网的连接及图书馆教育，并提供社区活动的场所。我国公共图书馆体系包括中央、省市、自治区、市、县、乡镇、村六级公共图书馆体系，分为城市公共图书馆体系和农村公共图书馆体系两大块。城市公共图书馆体系主要是指大中城市的市、区、街道、社区四级公共图书馆网络，它在整个公共图书馆体系建设中具有引导性。农村公共图书馆体系主要是指县、乡镇、村三级公共图书馆体系，它则具有基础性。公共图书馆是政府履行公共服务职能的文化设施，是政府举办的、非营利性的面向传递科学知识，传播先进文化，以保障大众基化需求的重要方式，在整个公共文化体系建设中具有十分重要的作用。

二、公共图书馆特征

公共图书馆是在社会的整个公共文化服务体系中，为社会公众提供阅读学习、文化

休闲、知识传递等重要作用，具有以下特征

1.公共性

公共图书馆的核心在于"公共"，是公共图书馆的本质属性，公共性是公共图书馆制度构建和创新的价值基础，公共性是公共图书馆制度的核心和灵魂，是公共图书馆的第一要素。

2.公益性

公益性是公共图书馆最本质、基本的特征，体现了公民获取信息的民主、公平、平等原则。公共图书馆的公益性主要表现在产品的公共性、投资主体的公共性、性质的公平性和服务非营利性。以国家无偿投资和图书馆非营利服务来达到满足社会知识信息需求的目的。

3.普适性

普适性是指公共图书馆提供的公共文化产品和服务，要为全体人民所普遍享有，同时，所提供的公共文化产品和服务要与经济社会的发展基本相适应。

4.人文性

人文性是指在公共图书馆在提供服务时注入人性化服务理念，营造人文氛围，弘扬人文精神，使各服务环节充分体现人文关怀，使社会各界共享科技、文化发展成果，享受到公共文化服务。

5.创新性

公共图书馆创新主要包括服务观念创新、服务内容创新、服务体系创新、服务领域创新、服务技术创新、管理创新，使公共图书馆事业适应于社会的需要。

三、公共图书馆现状

科学技术的迅猛发展，又为公共图书馆提供了坚实的物质基础。缩微技术、计算机技术、通信技术和网络技术等先进的科学技术的发展与应用，使得公共图书馆的建设和发展发生了革命性的变化。数字图书馆、网络图书馆、虚拟图书馆等以数字化、信息化、网络化为手段和形式的各类现代化图书馆的出现。这是信息技术革命带给公共图书馆发展的历史机遇。同时提供了公共图书馆进入文化市场一个机会，为社会各界提供知识、技术、版权、文化产品等综合性服务，与经济、政治、文化密切地联系在一起，这是公共图书馆社会职能与人类社会同步发展的标志。但是，从科学发展观的角度看，国家、省、市及经济较发达区县公共图书馆发展和服务水平较好，而县以下乡镇及社区图书馆是发展的薄弱环节，我国公共图书馆面临的挑战之一，就是公共图书馆事业发展不平衡。公共图书馆事业东、中、西部存在梯度发展态势，沿海发达地区公共图书馆事业发展较快中部地区相对较慢，西部和少数民族地区起点低，不少市所属各城区尚未建立区级图书馆，街道图书馆或乡村图书馆更是寥若晨星。财政对公共图书馆事业的投入也主要集中在大中城市，县级图书馆的投入力度相对偏小，发展相对滞后，在我国，目前公共图书馆经费主要来源就是国家公共财政拨款。公共图书馆类型单一，都是综合性的公共图书馆，以一定读者为对象或以某一方面收藏为主的公共图书馆更是稀少。

第二节 公共图书馆物联网技术应用管理现状

二十世纪中叶以来，随着信息技术的发展，以信息技术为代表的新技术革命使人类走向一个崭新的时代。计算机和远程通信技术的出现，为公共图书馆信息化建设奠定了基础，现代信息技术已成为从根本上影响人类文明的第四种社会性技术，公共图书馆信息化是社会信息化的要求，也是传统图书馆走向现代图书馆的一个过程。作为信息资源的聚宝盆和集散地，公共图书馆利用信息技术提升图书馆的整体信息服务能力，更好地为社会和读者服务。随着信息技术的快速发展和社会信息化进程的加快，图书馆的信息化从简单的应用管理已进入信息资源的产业化，包括信息资源的建设、信息资源的开发和服务的产业化阶段。

物联网技术的核心无线射频技术在 20 世纪 60 年代已经得到评论的验证，70 年代出现了一些早期的射频识别技术，80 年代无线射频识别技术进入商业化的规模，90 年代起以其独特性能优势，进入图书馆市场。无线射频技术能帮助图书馆从自动化管理上升到智能化管理。除新加坡外、美国、瑞典、德国、澳大利亚、新西兰、日本、印度等国家的部分图书馆也已经完成了 RFID 应用系统的部署，典型有新加坡国内公共图书馆系统、美国西雅图公共图书馆、国立新加坡大学图书馆、荷兰阿姆斯特丹市公共图书馆，德国维也纳市公共图书馆等都全面采用了 RFID 技术。近年来，国家对智能化图书馆的建设予以了高度的重视，也获得了较好的成效。

目前，中国最大的智能化图书馆项目在深圳图书馆，作为国内第一家公共图书馆全面使用 RFID 标签，通过 RFID 技术，公共图书馆极大地提高了工作效率，拓展延伸服务，获得了巨大的成功，目前有浙江图书馆、集美大学诚毅学院图书馆、厦门市少年儿童图书馆、上海市长宁区图书馆、华东政法大学图书馆、北京理工大学图书馆率先实施或使用 RFID 系统。

首先，物联网技术能完整的收集、传输文献信息。借助文献上的标签、传感器，访问每个文献，便于读者及时、快速的获得图书信息。物联网技术不但是提供文献信息的工具，还能通过对数据的融合、处理，进行信息、数据的加工、处理，对于优化文献管理意义重大；其次，物联网技术提供的服务还贯穿公共图书馆的发展过程。物联网技术的应用是对图书馆的一种革新，也是促进图书馆发展的关键。将物联网技术用于公共图书馆管理中，能全面收集读者需求、了解图书馆的运行状态，满足不同读者需求，缩短信息的分析、采集时间，提高工作效率。并且，物联网技术还能借助强大的网络积极、主动的用户提供服务；最后，图书馆管理中应用物联网技术后，还会从某种程度上转变图书馆的总体结构。比如：图书馆的照明系统多为智能系统，各光源根据自身需求关闭、打开，根据光线强弱智能调节亮度，实现节约用电的目标。

基于 RFID 的图书自助借还、馆藏清点、图书顺架及查找、安全检测和自动分拣的图书馆物联网，在图书馆界得到广泛应用。据统计，2020 年全球应用 RFID 技术的图书馆已经有 24050 余家。新加坡、美国、瑞典、德国、澳大利亚、新西兰、日本、印度等国家的部分图书馆已经完成了 RFID 技术的应用，其中具有代表性的有新加坡的公共图书馆系统、美国西雅图公共图书馆、荷兰阿姆斯特丹市公共图书馆、德国维也纳市公共图书馆等。

在我国，自动识别技术的起步比较晚，和国外发达国家相比还有一定的差距。但是，近几十年，以计算机为代表的现代化技术在图书馆的广泛应用，改变了传统图书馆的管理和服务模式。我国图书馆界加大了对图书馆智能化管理的关注力度，积极探索图书馆的智能化管理，并取得了一定的成效。如深圳图书馆实施了最大的智能化图书馆项目的建设，是我国第一家使用 RFID 标签技术的公共图书馆。该馆通过使用 RFID 技术，极大地提高了公共图书馆的管理工作效率。除此之外，浙江图书馆、重庆图书馆、合肥图书馆、武汉图书馆、厦门市少年儿童图书馆、华东政法大学图书馆、集美大学诚毅学院图书馆、上海市长宁区图书馆、北京理工大学图书馆等先后利用 RFID 技术管理图书馆，使图书馆的管理更加自动化、智能化，应用成果显著。

目前我国图书馆机构数量正处于持续增长态势，据国家统计局数据显示，2021 年我国共有 3215 个公共图书馆，随着国内物联网、大数据、人工智能、5G 等技术的不断普及与应用，我国图书馆正朝智慧图书馆方向不断升级，而实现传统图书馆向智慧图书馆的转化首先要加强网络平台建设，包括图书管理、RFID 自助借还、智能查询、个性化推荐等系统建设；其次还需加快完善物联网终端建设，包括自动借阅机、GPS 定位器、无感还书闸机等设备安置。

第三节 公共图书馆运用物联网技术的特点和作用

物联网技术结合了无线射频技术（RFID）和互联网技术，可以对单个物品和成批物品信息的收集和整理实现自动、快速、实时、非接触式处理，并通过网络进行信息共享，为公共图书馆管理提高效率，为用户提供准确的信息，满足各类读者的需求。

一、公共图书馆运用物联网技术的特点

1.对图书实现唯一标识

公共图书馆对图书的管理，要求在每一本图书上贴上唯一确定的标识，物联网的RFID技术能对每一本图书进行编码，通过对每本图书的唯一标识，借助图书馆的计算机网络系统，完成对每一本图书的跟踪和管理任务。

2.对图书进行快速分类处理

在RFID系统中将流通过程中的图书和其他出版物进行分类编码，可解决同一时间内对多本图书或出版物的识别，主要是对贴有RFID标签的图书或出版物在通过RFID读写器的扫描区时，RFID系统就可以准确的识别借出和归还的图书或出版物的信息，并根据需要对有关信息进行处理，达到对图书或出版物信息快速分类处理，提高公共图书馆的管理效率。

3.对图书流通信息进行跟踪

物联网是在互联网基础上对图书信息进行跟踪的实时网络，图书或出版物在经过RFID系统的扫描区时，图书信息通过读写RFID器扫描后，经过互联网的信息传输，实现对图书流通信息进行实时跟踪。

4.对图书信息进行非接触式处理

物联网的核心技术就是射频识别技术（RFID），它是一项利用射频信号通过空间耦合（交变磁场或电磁场）实现非接触信息传递并通过所传递的信息达到识别目的的技术，它可以迅速识别静态或动态的物品可以实现对图书或出版物的动态管理。

二、公共图书馆运用物联网技术的作用

物联网通过互联网实现图书的信息互联，实现在任何地方，任何时间可识别任何图书信息，使图书为附有动态信息的"智能产品"，并使图书信息流和物流完全同步。因而为图书馆资源信息提供了一个高效、快捷的网络平台。

1.具有准确获得图书信息的能力

RFID电子标签是对图书的唯一标识，通过它可以对具体的任何一个图书进行跟踪和监控并利用网络将该图书的任何细节信息进行共享，以供图书馆环节利用。通过物联网，对图书馆图书信息进行准确跟踪准确掌握周转流动情况。

2.具有全面获取图书信息的能力

由于公共图书馆对图书信息资源的掌握相对集中，物联网的出现，对图书馆流通所有过程可以进行跟踪和监控，并且这种跟踪和监控是建立在基础上的，从而使全面获取图书信息成为可能。

3.具有及时获取图书信息的能力

随着读者阅读倾向的变化，图书馆需要密切关注读者需求的变化情况，及时掌握需求信息。通过物联网，可以突破传统信息传播模式和障碍，克服信息传播途中的延误，及时迅速地将图书信息传输到数据库中。以满足读者需求。

第四节 公共图书馆运用物联网技术管理存在的问题及原因分析

一、观念更新问题及对策

受公共事业管理与计划经济观念的影响，图书馆在成本管理中往往只注重生产成本的管理，忽视其他方面的分析与研究这种成本管理观念远远不能适应知识经济和信息经济技术环境的要求。在知识经济和信息技术经济环境下，图书馆应树立成本的系统管理观念，将图书馆的成本管理工作视为一项系统工程，强调整体与全局，对图书馆成本管理的对象、内容、方法进行全方位的分析研究。现在很多图书馆还处于第一个阶段即从传统图书馆向现代图书馆的转变，而从现代图书馆到数字图书馆的第二次转变需要观念上的突破和飞跃，不少图书馆刚刚完成基础性转换，即藏、借、阅一体化，而采用更智能化的工管理更是可望而不可即的事情，很多图书馆缺乏向智能化图书馆转换的思想意识。解决此问题，主要通过拓展图书馆管理人员素质，提高图书馆管理人员管理水平入手。

1.加强管理意识。图书馆管理是一门专业性很强的工作，要求图书馆管理人员要有扎实的图书馆管理的理论知识、科技知识，特别是运用现代化科技手段和先进的管理方法管理图书的基本技能。因此，图书馆管理人员只有不断获取新的专业知识，优化知识结构，提高综合素质，才能适应新世纪的图书馆管理工作。

2.掌握现代化管理技能，提高综合素质。以前，图书馆管理的藏、借、阅都是以条形码和磁条为主。而物联网技术，特别是 RFID 技术可以实现图书自助借还、自助分拣、自动整序排架、自助清点馆藏、射频防盗报警等管理工作。使图书节约运行各个环节与自动化办公衔接起来，这种现代化科技手段和先进操作管理技术，都迫切需要图书馆管理人员去掌握和运用。图书馆管理自动化、智能化是信息社会对图书工作的要求也是图书管理人员的必然方向。所以图书馆管理人员要结合自己的岗位工作，努力学习物联网知识，在提高业务素质的同时，使自己具备 IT 知识和管理文化的综合型图书馆管理人才。

二、标准不统一问题及对策

RFID 在全球没有形成一个统的技术标准，不同的厂商使用的是不同的标签，迄今为止电了标签在全球也还没有正式形成一个统一的标准。他们各自推出了自己的系列标准，如欧英的 EPC Global、H 本的 Ubiquitous ID Center（UID）和 ISO/IEC18000 标准，标准的系统也使当前各个厂家推出的 RFID 产品兼容，这阻碍已拥有 RFID 产品图书馆的互通和发展，图书馆中的使用造成了极大的障碍。但对其进行科学的分析和研究，将自助于图书馆未来自身的业务发展及策略的决断，为智能化图书馆时代的到来打下良好基础。解决此问题，主要通过采用图书馆 RFID 规范来进行，无论在香港还是内地，馆际互借服务十分普遍。但不同地区的图书馆有不同的借书系统，实现图书馆 RFID 技术的统一标准十分重要，如果各个图书馆都能读取规范 RFID 卷标，则可大大提高运作效率。

三、RFID 防盗问题及对策

建立图书馆防盗系统，是图书馆安全的保证核心。单独依赖设备进行防盗的效果不是很好，主要原因是该安全系统能否正常工作取决于标签能否被阅读器发出的无线电波激活，而对标签的一些遮拦，比如用手或者潮湿物质挡住标签，或者将标签天线置于某种状态都将大大降低标签被激活的概率，直接损坏标签天线或者用力挤压标签将导致标签无法正常工作。更甚者，直接撕掉标签将使得单独依赖该系统的防盗设备形同虚设。解决此问题，拟采用将图书电子标签与磁条方式相结合，并将磁条和电子标签贴在图书书页间，同时将资料识别和安全性能结合到一个单一设备中，与图书馆指定的标签协同运行通过使用最先进的侦测算法，将馆藏信息与安全防盗管理合二为一，让图书馆防盗系统更容易处理，并且在脱离中心数据库的情况下仍能独立运作。

四、价格问题及对策

众所周知，标签的成本要远远大于条形码，且加工设备和阅读器的价格都是十分昂贵的，如果大量应用于图书馆，国内图书馆面临经费不足，确实难以承受这种高成本的代价，因此这也是制约在我国图书馆领域推广的重要原因。

RFID 技术为图书馆可以带来的收益之外，需要考虑实施这种技术所需的人力、物力和财力投资，现阶段可以认为价格问题是影响 RFID 技术被广泛应用的最重要的因素。目前国内外正在开发低成本 RFID，主要通过采用具有传统蚀刻天线的芯片、具有印刷天线的芯片，塑料聚合物电子电路等方法可以大幅度降低 RFID 成本，预计成本可降低到美分以下，据预测到 2012 年或者可能在更近的将来成为现实。这将大大促进 RFID 在图书馆中的应用。

五、标签隐私性问题及对策

图书馆 RFID 系统牵涉到读者的信息，目前的 RFID 系统面临着位置泄密或实时跟踪的安全隐患。RFID 的隐私安全威胁主要有监听、跟踪、欺骗。监听是阅读器试图不通过身份验证就直接读取标签里的内容导致读者的个人信息可能被跟踪也可通过伪造的 RFID 标签来欺骗读写器，使图书失窃变成合法。对于可擦写的标签而言，存在使用非法的读写器对标签进行数据读取和任意改写的情况。随着逐渐广泛使用，很多社会人士、技术人员以及支持保护个人隐私者等都开始对的使用质疑。图书馆在使用 RFID 标签追踪图书流向的同时，也在无意中泄漏了读者隐私。为了解决上述问题，我们可以采用"kill switches"技术，可以在贴有 RFID 标签的图书完成借还手续后，通过激活开关，将标签置入死锁状态，那么标签就不再向外发送信号。也可以采用 RSA 公司一种阻塞器标签，这种标签采用的是一种混淆信息的技术，将所有可能被阅读器接收到信息的 RFID 标签一次提供给阅读器。因为阅读器一次只能与一个标签交换数据，当多个标签同时回应阅读器的查询时，阅读器就只能侦测到一次冲突。此后阅读器会试图与每个标签单独通信，询问标签的每个 bit 位，这时 Block 标签也会同时发送一个 Obit 和一个 Ibit 回答询问，这样阅读器就无法得到正确数据。实际上，很多因为 RFID 标签所涉及的隐私问题都是可以解决的。由于现有 RFID 识别技术的限制，微弱射频信号在障碍的阻挡下也会使读写器无法识别，所以，RFID 技术应该是安全的。

第十二章 公共图书馆创新性管理与服务

传统图书馆的资源优势已经被数字资源和网络资源所取代，公共图书馆的社会功能受到强烈的冲击。在这种环境下，传统的公共图书馆该如何发展，并进行相应的管理转变，是图书馆不得不思考的问题。基于此，本章主要探讨公共图书馆创新性管理与服务。

第一节 公共图书馆管理服务现状

服务是公共图书馆赖以生存和发展的基础。公共图书馆服务是指公共图书馆面向读者提供文献与信息并开展各种活动的一个体系，包括工作内容、工作方法和实践经验等。在概念上，公共图书馆服务过去称为读者工作或读者服务，随着服务功能和范畴的不断扩大，发展为"图书馆服务"。国际，国内的公共图书馆服务理念一直在不断发展、完善。

一、国际图书馆服务理念

1.杜威的"图书馆三最原则"

1876 年，美国图书馆学家杜威提出读者服务三最原则，即：用最小的成本为最多的读者提供最好的图书。该原则强调的是图书馆工作的效率。

2.阮冈纳赞的"图书馆学五定律"

阮冈纳赞在印度图书馆界和国际图书馆界中有较高声誉的图书馆学家。1931 年阮冈纳赞撰写了《图书馆学五定律》（The FiveLaws of Library Science），在这本享誉世界的图书馆学名著中，他提出了图书馆学五定律：

第一定律："书是为了用的"（Books are for use）。阐明了图书馆的性质和任务，指明了图书馆工作的出发点和目的。图书馆的主要职能不是收藏和保存图书，而是使图书得到充分的利用。

第二定律："每个读者有其书"（Every reader his book）。要求图书馆的大门向一切人敞开，让每个人都享有利用图书馆的平等权利，真正做到书为每个人和每个人都有其书。阮冈纳赞认为，要实现第二定律，国家、图书馆主管者、图书馆员和读者等四方都应承担起各自的责任来。

第三定律："每本书有其读者"（Every book its reader）。要求为每本书找到其合适的读者。图书馆为满足第三定律所采用的主要手段是开架制。开架制的结果就是大大地提高了藏书的利用率。参考咨询服务也是实现"每本书有其读者"的一项必要措施。图书馆有必要派遣一批馆员在馆内流动咨询，指导读者使用目录、选择图书。这既是图书馆宣传工作的任务，也是图书馆为增加"每本书有其读者"的机会所经常采用的手段。

第四定律："节省读者的时间"（Save the time of the reader）。节省读者的时间就是节省社会的金钱，也就是增加社会的财富。与闭架借阅方式相比，开架借阅方式则可节省读者在目录中查找图书和等候图书所浪费的时间。第四定律在强调采用开架借阅以节省读者的时间的同时，还强调通过科学排架、目录工作、参考咨询服务、出纳系统、馆址选择等多种途径来节省读者的时间。

第五定律："图书馆是一个生长着的有机体"（A libraryis a grow-ing organism）。作为一种机构的图书馆就是一个生长着的有机体，图书馆正是由藏书、读者和馆员三个生长着的有机部分构成的结合体。阮冈纳赞在论著中指出："我们无法完全预料图书馆这个生长着的有机体的发展还将经历哪些阶段，也无法预言图书馆传播知识这一重要功能是否能通过印刷图书以外的手段来实现。但至少我们已经看到了各种不同类型的图书馆从图书馆这个有机体中分化出来了，而且我们也有理由相信，作为全球性知识传播工具的图书馆的基本原则将一定会贯穿于图书馆未来的发展过程中。"五定律提出后被誉为"我们职业最简明的表述"，其精髓至今还对图书馆工作具有积极的指导意义。

1995 年美国学者戈曼出版《未来的图书馆：梦想、狂想与现实》一书，提出新的图书馆学五定律，即图书馆服务的使命是为人类文化素质服务；掌握各种知识传播方式；明智地采用科学技术来提高服务质量；确保知识的自由存取；尊重过去，开创未来。

南开大学柯平教授进一步将阮氏五定律和戈曼新五定律中关于图书馆服务的精神进行提炼，结合现代图书馆服务的发展要求，提出图书馆服务的新五定律，即：全心全意为每一个读者或用户服务；"效率、质量与效用"的统一；提高读者或用户的素养；努力保障知识与信息的自由存取；传承人类文化。

3.《公共图书馆宣言》提出"平等免费服务"

《宣言》分为宣言理念、宣言内容、公共图书馆、公共图书馆的使命、拨款立法和网络、运作与管理、宣言的贯彻和落实七个部分。宣言中的重要部分是关于公共图书馆服务理念的论述。对因故不能享用常规服务和资料的用户，例如少数民族用户、残疾用户、医院病人或监狱囚犯，必须向其提供特殊服务和资料。"公共图书馆原则上应该免费提供服务。"《宣言》明确了公共图书馆的 12 个使命。

二、国内图书馆服务理念形成与完善

1.民国"新图书馆运动"时期图书馆学家的服务理念

"新图书馆运动"是一个席卷全国的推广，普及近代图书馆的运动，由中国图书馆学家、中国获得图书馆学专业学位的第一人沈祖荣先生1917年发起，前后持续了十年左右的时间。他到全国各地宣传美国图书馆学的理论、方法和技术，抨击封建藏书楼的保守，对于在国内初步建立近代图书馆体系，实现图书馆读者对象普遍化，图书馆藏书逐渐合理化，图书馆管理科学化等都产生了重大和深远的影响。新图书馆运动的代表人物还有图书馆学家、目录学家李小缘，图书馆学家、图书馆学教育家刘国钧等。

2.新中国的图书馆服务理念

（1）《中国图书馆员职业道德准则》

1）确立职业观念，履行社会职责。

2）适应时代需求，勇于开拓创新。

3）真诚服务读者，文明热情便捷。

4）维护读者权益，保守读者秘密。

5）尊重知识产权，促进信息传播。

6）爱护文献资源，规范职业行为。

7）努力钻研业务，提高专业素养。

8）发扬团队精神，树立职业形象。

9）实践馆际合作，推进资源共享。

10）拓展社会协作，共建社会文明。

（2）《图书馆服务宣言》

1）图书馆是一个开放的知识与信息中心。

2）图书馆向读者提供平等服务。

3）图书馆在服务与管理中体现人文关怀。

4）图书馆提供优质、高效、专业的服务。

5）图书馆开展信息资源共建共享。

6）图书馆努力促进全民阅读。

7）图书馆与一切关心图书馆事业的组织和个人真诚合作。

（3）《公共图书馆服务规范》

对公共图书馆的服务提出了规范的、详细的具体的要求。

（4）《中华人民共和国公共图书馆法》《中华人民共和国公共图书馆法》第四章对公共图书馆服务提出了明确要求：公共图书馆应当按照平等、开放、共享的要求向社会公众提供服务。同时对公共图书馆免费服务项目、服务人群、开放时间以及应承担的服务职能做了明确规定。我国公共图书馆的服务理念归纳起来，有以下几种：以人为本的服务理念、资源共享的服务理念。普遍平等的服务理念、免费开放的服务理念、无障碍的服务理念、重视新技术的服务理念。

三、中国当代公共图书馆服务理念的应用与实践

1.以人为本的服务理念

《图书馆服务宣言》指出，图书馆应"以读者需求为一切工作的出发点"。坚持以人为本的理念就意味着公共图书馆要以读者需求为一切服务工作的中心和依据，读者是图书馆生存和发展过程中的决定因素。这一理念在我国公共图书馆得到广泛应用。

首先，图书馆服务活动的设计处处为读者考虑。许多图书馆延长开放时间，开通了24小时借还书、自助借还等多种服务渠道，一些图书馆利用先进的技术手段实行了方便读者的服务措施，例如上海图书馆推出了网上委托借书、苏州图书馆实现了网上预约、社区投递等等。很多图书馆利用先进的技术手段开展了"你选书、我买单"图书荐购服务。

其次，以用户需求为中心主动开展读者服务活动。随着民众对讲座服务的呼声越来越高，很多图书馆开展了公益讲座活动，并形成了品牌。例如，上海图书馆的上图讲座，它诞生于1978年，已形成6大板块、18个系列，被称为"城市教室""市民课堂"。其最大的特点是面向社会大众影响力辐射到长江三角洲地区18个城市和全国图书馆界，并开发了讲座专刊、参考文摘、视听阅览室等一系列讲座产品。2012年12月全国公共图书馆讲座联盟正式成立，并开通了讲座联盟网站。

在开展讲座的同时，很多图书馆利用多种形式，围绕提高信息素养、知识水平、实用技能等开展了内容丰富的读者培训。同时开展了图书推荐、经典研读等各类人性化的服务。

第三，为弱势群体用户开展特殊服务。弱势群体是根据人的社会地位、生存状况而非生理特征和体能状态来界定的一个虚拟群体，是社会中一些生活困难、能力不足或被边缘化、容易受到社会排斥的散落的人的概称。例如，儿童、老年人、失业者、贫困者、下岗职工、灾难中的求助者、进城务工人员、非正规就业者以及在劳动关系中处于弱势地位的人。公共图书馆对弱势群体提供保障性服务是义不容辞的责任。例如，我国建成开放中国盲文图书馆；各公共图书馆开设了视障读者阅览室、少儿服务区；北京、上海、深圳、东莞均建成农民工图书馆。

2.资源共享的服务理念

图书馆在自愿、平等、互惠基础上，通过建立图书馆与图书馆之间或与其他相关机构之间的各种合作、协作、协调关系，利用各种技术、方法和途径，开展共同揭示、共同建设和共同利用信息资源，以最大限度地满足用户信息资源需求的全部活动就量信息资源共享。《图书馆服务宣言》第5个目标指出"图书馆开展信息资源共建共享。各地

区、各类型图书馆加强协调与合作，促进全社会信息资源的有效利用。"《公共图书馆法》第三十条指出国家支持公共图书馆开展联合采购、联合编目、联合服务，实现文献信息的共建共享，促进文献信息的有效利用。

由于单个图书馆资源建设和服务能力是有限的，在现代信息技术的支持下，资源共享已成为提高图书馆服务效率、满足全社会信息需求的必然趋势。近年来，我国公共图书馆的资源共享活动取得了良好的效果，产生了全国文化信息资源共享工程、数字图书馆推广工程、全国公共图书馆讲座联盟、全国图书馆联合参考咨询联盟等一批资源共享项目和组织。部分大中城市建成市、县、乡、村公共图书馆服务网络，实现了区域群整体上的资源整合和业务整合，实现了一馆办证、多馆借书，一馆借书、多馆还书的通借通还目标。

3.普遍均等的服务理念

《图书馆服务宣言》第 2 个目标是这样表述的：图书馆向读者提供平等服务。各级各类图书馆共同构成图书馆体系，保障全体社会成员普遍均等地享有图书馆服务。普遍均等的理念包括两个方面，一是普遍、一是均等。

平等利用信息资源是全市公民的基本权利和图书馆的基本义务，任何读者（用户）都不应受到歧视，这就是公共图书馆均等化的体现。

4.免费开放的服务理念

免费开放是实现公共图书馆普遍均等服务的基本保障。世界上第一个公共图书馆曼彻斯特公共图书馆从诞生之初起就明确了免费开放的理念，而在中国免费开放经历了漫长的过程，20 世纪 80、90 年代，国家实行以文补文、创收补文。进入 21 世纪，先进国家的服务理念开始影响我国，深圳图书馆馆长吴晞提出新图书馆要实行"开放、平等、免费"的公共图书馆理念，取消了传统图书馆的上网计时费、借书证工本费。

文化和旅游部、财政部联合出台了《关于全国美术馆公共图书馆文化馆（站）免费开放工作的意见》，要求全国所有公共图书馆实现无障碍、零门槛进入，公共空间设施场地全部免费开放，所提供的基本服务项目全部免费。终于，我国公共图书馆免费开放在国家政策上得到了保障。《公共图书馆法》的施行为公共图书馆免费开放提供了法律保障。

5.无障碍的服务理念

无障碍服务是指增加残疾人能力并促进其融入社会的一种手段，包括信息通信技术和互联网两个范畴。《公共图书馆宣言》指出"公共图书馆必须向由于各种原因不能利用其正常的服务和资料的人，如残疾人等，提供特殊的服务和资料。"《公共图书馆》规定"政府设立的公共图书馆应当考虑老年人、残疾人等群体的特点，积极创造条件，提供适合其需要的文献信息、无障碍设施设备和服务等。"

近年来，我国公共图书馆利用信息技术和上门服务等多种方式为残疾人提供无障碍服务得到了较大进展。例如，首都图书馆建设无障碍图书馆，引进阳光读屏电脑、盲文点显器、助视器等帮助盲人读者上网、阅读；上海图书馆制作有声读物和无障碍电影。

6.重视新技术的服务理念

公共图书馆是信息技术发展的灵敏反应区。国家构建标准统一。互联互通的公共图书馆数字服务网络，支持数字阅读产品开发和数字资源保存技术研究，推动公共图书馆利用数字化、网络化技术向社会公众提供便捷服务。政府设立的公共图书馆应当加强数字资源建设、配备相应的设施设备，建立线上线下相结合的文献信息共享平台，为社会公众提供优质服务。随着现代化技术的发展，手机图书馆，无线射频识别技术，云计算等高端技术都在公共图书馆得到了应用。各级公共图书馆建立了各有特色的数字化服务网络，利用微信、微博、网站等网络平台开展了大量管理工作和服务活动，大大提高了公共图书馆的管理水平和服务效率。同时，很多城市建成区域性公共图书馆服务网络，实现了文献的通借通还。

第二节 公共图书馆管理服务创新方向

作为我国公共文化体系的一部分，公共图书馆服务的创新需要创新的理念进行指导，而服务理念不仅可以指导服务创新实践，还可以获得用户积极的反馈，进而可以不断完善与创新服务理念。服务理念的创新是一切创新服务项目开展的思想来源，通过理念的实施，使广大用户享受优质而高效的借阅服务以及富有乐趣与内涵的服务活动。

服务理念的产生是本着"以人文本"的理念，依托新技术、其他行业的合作方式以及新的管理手段等来实现的。服务理念创新应更加开放化，不断向用户倾斜，拓展服务创新的参与主体，从而开展形式多样的服务活动，营造更舒适的服务环境，创新更合理的管理方式，由传统的单一化向多元化主体发展。

一、"以人为本"

1.重塑用户为本的服务思想

在很多服务行业当中，如何为顾客提供更好的服务往往成为服务业管理者思考的问题。而始终服务于广大群众的公共图书馆，其服务更需要突出以人为本的理念。虽然图书馆从很早以前就重点强调了这一服务理念，但是作为图书馆最重要的理念不能随着社会的变化而消退，图书馆更应该将其始终放在首位。

图书馆通过"人"的因素来支配其余相关的理念、技术、管理、设施及建筑，用户为"本"的思想可以改变图书馆的服务态度、服务水平和服务方式，可以让图书馆本着为大众服务的思想。

读者作为图书馆活动展开的重要主体，重塑用户为本的思想，就是要紧紧地抓住这一理念思想基础，图书馆服务要围绕着用户的兴趣和偏好开展相关服务活动，加强用户调研，深度挖掘读者需求，与读者需求相同步才能更好地贯彻服务至上这一服务宗旨。

重塑用户至上的思想理念，不仅仅是强调图书馆服务创新的中心点，也是其进行审视自我的一面镜子。现如今我国公共图书馆飞速发展，检验图书馆服务取得的效果不在于拥有多么丰富的文献馆藏，举办多少次的文化活动，而在于为读者的需求解决了多少困难，是否将"以读者为中心"在实践中得到有效的实施。

用户至上这一思想可能看着没有创新性，或者说口号提出了很久，但在其落实过程中仍存在不足。在图书馆建设中，各地区公共图书馆要结合实际情况，科学安排，不能有"大干快上"的思想误区，做到有序推进，始终围绕着"读者为中心"。这一科学的理念基础。

2.发挥馆员主体作用

"以人为本"理念不仅仅是指以"读者为本"，还应该注重"馆员为本"，充分发挥馆员在服务创新项目开展到实施过程中的主体作用，以"馆员为本"包含着馆长、馆员以及读者的相互依存和融洽关系。图书馆的一切工作，既要有利于馆员的利益，也要充分发挥馆员的积极性和创造性来提供更好的服务质量，才能更加有成效地把"以人为本"科学发展观落到实处。让馆员参与图书馆管理之中，可以表现为图书馆发展方向以及制度等制定和讨论，让馆员产生被尊重的感觉。

图书馆应制定相应的奖励机制，充分激发馆员潜在的创造性意识，营造创新思维的氛围，充分发挥馆员的积极性与创造性思维能力，充分展示自我，实现自我价值。由于馆员是直接与读者进行互动交流的第一窗口，特别是一线馆员可以更直接快速地接收到读者的需求与信息，也是最了解服务中所存在的问题，并提供解决方案的来源，因此加强"馆员为本"这一思想，也是与"读者为本"相并行的服务理念。

公共图书馆在"以人为本"理念建设中，要保持"读者为本"与"馆员为本"相并重的原则。不仅强调馆员在服务过程中要承担的义务，更要强调馆员在服务创新中所发挥的巨大价值，充分提高馆员的高度自主性、创造性和独立性。加强馆员建设不仅是管理制度建设中的重要环节，也是服务理念中的重要思想基础。服务理念有对管理制度建设进行开发组织的先导基础，因此在服务理念中强调馆员为本思想是建设服务创新模型的强有力环节。

"馆员为本"与"读者为本"这两种思想相辅相成，缺一不可。公共图书馆服务于读者需要馆员的支持与帮助，而"馆员为本"的建设也需要读者的建议与不断变化的需求做引导与支撑。同时加强两种思想的建设才能够真正创造公共图书馆服务创新中"以人为本"的核心理念。

公共图书馆是为人民群众服务的社会文化机构，先进的服务理念可以为人民群众的文化生活带来价值基础，树立"以人为本"的理念，就是所有理念中最基础也是最核心的价值观。特别是当今图书馆外部信息环境和内部运作机制正在发生重大改变。在激烈的信息碰撞中，图书馆只有全心全意地将读者服务创新作为服务创新的最高出发点，将大部分工作的重心转向读者，创建新的服务理念，把"吸引读者""争取读者"作为图书馆的策略，才能在信息市场中占有一席之地，成为长胜者。

二、"广度"与"深度"并重

1.拓展服务内涵与范围

面临信息时代读者多元化的发展需求，深化服务内涵，开展多样化服务来满足读者不断变化的需求，成为公共图书馆服务创新与时俱进的基础。服务内涵多样化主要指当今公共图书馆不仅仅满足读者基本的借阅服务，还为读者提供更加具有趣味性与公益性的活动形式。

延伸服务范围指读者走进图书馆到图书馆走近读者，从固有的阵地服务转变为流动服务，从固有的图书馆室内服务转移到其他人群集中和偏远地区。在这些地方建立流通站和自助图书馆，提供便利的借阅服务。

先进的服务理念是服务创新的基础，服务创新依赖于先进理念的引领。在保证基础服务顺利有效运行的前提下，积极创新延伸服务内涵。根据我国社会发展状态和读者复杂的变化需求，更新服务观念，深化服务手段，努力实现服务内容和方式的转变。

让图书馆走向读者，从人找书转向书找人，从阵地为中心服务到图书馆流动服务，从送书下乡服务到为残疾读者送书上门服务等等。保持服务理念的先进性并积极扩大图书馆的开放程度，让图书馆融入读者生活圈，保证馆藏文献是读者实践的永久性物质基础前提下，提高服务效率，保持优质服务是网络科技无可取代的优势，建设一个以服务为主要概念的图书馆时代。

2.打造品牌服务

让用户参与图书馆发展建设之中，读者参与也是图书馆服务创新的重要驱动力之一。关心读者的精神文化诉求，获取用户当前和潜在的信息，可以减少服务中的不确定性，完善用户自身体验，满足用户需求，提高用户的满意度。

依据不同读者特有需求，不同地区的图书馆可以打造自己的品牌服务，营造品牌文化，建立自己的地方特色创新服务。例如山东图书馆艺术类特色阅览室和南京"陶风采"服务等都是极具特色的品牌服务。

"陶风采"服务是南京图书馆为了推进南京公共图书馆服务现代化项目，在多单位共同参与下，充分发挥图书馆公共职能，优化读者阅读效率，提高民众参与度的一项决策。此项目从立项到实施和服务历时一年时间，南京图书馆先后两次组队到内蒙古学习借鉴该馆"彩云服务"，形成调研报告，再经过馆领导集体开会讨论，由分管领导总负责，组成以采编部、技术部、读者服务部等各部门参与，经过三个月的系统开发与测试，完成与三家书店系统测试与工作人员业务培训。

三、"经济与文化"协调发展

1.坚持科学发展

一般来说，经济发展与文化发展是衡量社会文明程度的重要指标，近几年来我国的公共图书馆事业在国家政策指引领导下得到了发展，取得了辉煌的成果。各地区政府依据当地居民文化诉求，在国家文化方针政策指导下，加大对图书馆财政支持，扩建改造旧有空间与设备，购买文献资源，投资举办富有文化内涵的服务活动，促进了公共图书馆事业发展。

图书馆事业发展应遵循三个原理：一是要与经济发展水平相适应。二是要与科学教育文化事业同步发展。三是要适应广大人民群众的阅读需求。读者需求是图书馆发展的根本动力，服务读者是图书馆的终极目的，要本着"以人为本"的理念发展壮大图书馆事业。

公共图书馆的科学发展理念要以国家文化政策为指导方针，以经济水平为资金根基，增强图书馆事业发展，使三者协同发展，让经济与文化发展同步。有价值、有创造性的科学服务观可以满足读者的需求，不仅为读者带来"有所得"之后的愉悦心情，为读者带来幸福预期，也就意味着满足用户的潜在需求。

社会前进的脚步不曾停歇，时光指针不曾停留，读者需求不断变化。因此坚持科学发展理念，不断对其进行创新优化，让发展理念在实践中检验，用实践反馈的信息来进行理念的完善。

2.建设地方特色文化

公共图书馆的职能不仅仅是为读者提供借阅服务，还有着保管人类文化遗产，传承人类在实践中取得成果、文明及知识等。地方出版物是一个地区政治、经济、文化发展的重要载体。近年来江苏出版业迅猛发展，图书出版数量也急速增长，作为江苏省级公共图书馆，南京图书馆承担着保存本地区特色文化发展的重要职能。

第三节 公共图书馆管理服务创新方法和绩效评估

一、基于图书馆信息咨询的服务创新

（一）加强个性化服务的理念

信息咨询服务作为图书馆服务工作的心脏，不仅是业务实践的基础，也是整个图书馆事业赖以发展的基石。印度图书馆学家阮冈纳赞曾说"图书馆学的五大法则全部把参考咨询服务看作是图书馆最高的、最重要的功能"。

随着信息技术的飞速发展，图书馆信息咨询理念也逐渐向以用户为中心的理念发展，由最初的单纯将文献资源数字化上传到网络，到 Web2.0 时代用户可以通过博客等方式进行互动式的参考咨询，实现了数字参考咨询服务。

虽然在 Web2.0 时代已经提出了以"用户"为核心提供"个性化"服务的信息咨询服务理念，但是由于 Web2.0 时代，图书馆在技术，体制等因素制约下，"个性化"服务的理念实现的并不理想。而在 Web3.0 时代，在更为先进，智能化的技术地支撑下，图书馆咨询服务将更加突出个性化服务的理念，而且这种理念会实现得会更为理想。

（二）信息咨询服务的创新

1.多样化的咨询馆员队伍

随着人们文化素养的逐渐提高，用户咨询的问题也越来越专业，与此同时图书馆收藏的信息资源也越来越复杂，用户查找满足自身需求的信息资源也就越来越困难。

目前图书馆由于自身力量有限，咨询馆员受专业限制，缺乏某些专业背景，因而并不能完美的解答用户提出的问题。这就需要图书馆完善咨询馆员队伍结构，更新咨询馆员知识结构，以满足用户的信息需求。而利用图书馆咨询服务的用户，其本身可能就是某领域的专业人员或某学科的。

2.更科学的信息咨询模式

Web3.0 时代图书馆信息咨询服务不再仅仅是为用户查找资料，而更多的是对用户的咨询问题进行分析，挖掘用户的潜在需求，为用户提供决策咨询和知识咨询。这种情况下，简单的二级模式就不再能满足信息咨询馆员的工作需要，这就需要将信息咨询模式发展为"用户—信息咨询馆员-专家学者"三级模式。信息咨询服务模式变为三级模式，增加了专家学者这一环节，这就可以避免信息咨询馆员因某领域的专业知识缺乏而不能完全解答用户咨询的困境。

3.个性化的用户咨询门户

（1）个性化的用户咨询门户的特点

信息门户是指利用网络浏览器访问数据库内部和外部关键信息的入口，可以针对每个用户的不同需求进行个性化设置。Web3.0 时代一个重要的特征便是在强大的智能化识别系统的基础上，对用户信息咨询的数据进行整合和分析，并总结出用户信息咨询行为的规律，以此为基础结合用户个人的兴趣、爱好，构建个性化的用户信息咨询门户，以满足用户个性化的需求。图书馆也可以根据用户的咨询行为规律等建立基于用户个性化需求的信息咨询门户，并通过友好的界面，智能化的操作，优化用户体验。

（2）基于手机的信息咨询门户—手机图书馆

Web3.0 是手机快速普及的时代，因而以手机为基础的移动手机图书馆也在快速发展。基于手机图书馆，开发用户信息咨询门户，开展信息咨询服务也是一种便捷、可行的策略。基于 Web3.0 技术构建智能手机图书馆，依托手机图书馆建立信息咨询门户，用户通过账号可以登录自己的个人门户，个人门户可以根据用户的偏好、专业构建不同的版块。

4.高度智能化的咨询方式

（1）高度智能化的检索方式

图书馆信息咨询服务的一个主要实现方式便是用户通过信息检索，查找到满足自身个性化需求的信息。Web3.0 可以将图书馆文献信息资源与网络信息资源进行整合，并通过对用户的检索行为进行整理、分析，总结出用户的检索规律，将这些分析结果与图书馆数据库检索频度连接起来，为用户提供全面、个性化的信息，以满足其个性化的需求。

（2）人工智能技术的应用

Web3.0 时代是人工智能的时代，人工智能技术的引入，将会给图书馆带来很大的变化。如：目前上海图书馆、清华大学图书馆等少数图书馆已经引入人工智能机器人为用户提供咨询服务，这极大地方便了用户的需求。

5.便捷化的离线咨询

离线咨询是指用户在脱机的状态下，在本地资源中搜索所需要的信息。目前图书馆的信息咨询服务主要是在线咨询，即只有在有互联网的环境下才能进行咨询，一旦没有网络，用户便不能及时地得到咨询结果。

在 Web3.0 环境下，可以开发出一种类似于 Gears 的离线网络应用软件，这种可生成网络应用软件可以使用户在脱机环境下进行网络应用，这就为图书馆开展离线咨询提供了一种可行的方法。这种离线软件的运用，可以使用户在没有网络的条件下也可以进行查找所需要的信息资源甚至进行信息咨询，减弱了图书馆信息咨询服务对网络的依赖，更方便地为用户服务。

二、图书馆信息服务绩效评估

1.新型绩效评估管理方法-平衡记分法

随着信息技术，网络经济的出现及全球化知识经济竞争环境的发展，企业的核心价值以及企业的竞争优势不再完全反映在传统的有形资产上，企业的发展前景、人力资本、组织文化、信息技术、内部运作服务过程管理、顾客关系等无形资产的管理成为创造企业长期价值的关键角色。与之对应，传统的、以单一的财务指标为主要内容的绩效评估体系日益暴露出其不足之处，比如，财务评价指标反映的是企业过去的经营成果，不能反映企业现在和未来的业绩水平，具有滞后性；不能全面衡量企业的经营状况和管理者的业绩，有些活动不能用数据衡量，具有片面性等。这导致企业的短视行为，侵蚀企业的创造力，丧失顾客等不利于企业在新环境下协调、持续发展的情况出现。为此，业界和学界专家纷纷进行探索和研究，以发现适合新形式的绩效评估管理方法。

2.图书馆信息服务绩效评估

图书馆信息服务同样离不开投入与产出，从大的经济环境和本身效益与效率的角度出发，图书馆信息服务面临着多元主体的竞争趋势，因此，图书馆信息服务组织应从图书馆信息服务的特点着眼，努力开发服务产品，运用先进的管理理念和方法做好成本管理，有效地控制图书馆信息服务各个环节的绩效，及时发现问题，及时调整战略或目标，形成图书馆信息服务组织以评估促绩效，二者之间的良性互动能够促进图书馆信息服务质量的持续提高。图书馆信息服务绩效评估就是利用系统原理和方法，评定与测量图书馆信息服务人员在服务中的工作行为及工作效果。图书馆信息服务绩效评估旨在增强服务人员的服务意识。增强服务人员的综合素质，以及内部外部各种关系的协调。由于历史和经济大环境的阻碍，长期以来，图书馆信息服务系统虽然比较重视绩效评估，但图书馆信息服务系统的评估缺乏定量分析和人本因素，使得绩效评估流于形式或避而不谈，没有真正形成激励先进，鞭挞后进与积极向上、团结协作的组织机制和学习氛围以及限制了组织的持续发展。而平衡记分法的出现给图书馆绩效评估的实施带来了切实可行的方法。

第十三章 图书馆文创发展趋势

图书馆是参与文化创意产业发展、文化创意产品开发的重要力量之一。基于此，本章主要研究图书馆文创发展趋势。

第一节 创意旅游的兴起

创新和创意已经成为当代社会发展的核心动力。创意已经发展出了多种形式，可以应用于产业发展、城市经济等多个方面。创意旅游是创意和旅游融合发展的产物。从理论层面看，创意旅游是创意经济理论与公共文化政策的融合。创意经济是发展中的经济，它的核心涵盖三大领域：媒体与娱乐业、艺术与文化遗产、创造性的企业对企业的服务。

公共文化政策包含了社会发展和管理学中的政策管理，许多国家都已经充分重视文化产业的发展，并对文创产品的各个环节给予了政策保护。多样化、创意性的旅游产品更能吸引消费者的兴趣。文化创意和旅游产业的融合发展促进了旅游产业的多样化发展。

英国首次提出"创意产业"的概念。这一概念产生的背景正是英国经济进行重组的时期，这一时期传统工业受到新兴产业的冲击，文化投入被削弱。在这样的经济背景下提出发展创意产业是应对经济转型的重大战略性变革。之后英国政府还针对创意产业制定了具体的业务范围。虽然这个时期规定的范围内没有包含旅游业，但是与旅游关系密切的行业已经囊括其中，为后续和旅游业的融合发展提供了基础。在经济全球化发展的现代社会，人们的旅游需求已经与以往存在显著差异。旅游的理念不再是单纯的看风景，旅游的需求也逐年递增，旅游方式也产生了多种需求，因此催生了现代化的崭新的旅游方式即创意性旅游。从传统的观光游到现在个性化定制的旅游产品类型，游客更注重的是旅游的体验和收获，因此也对旅游业提出了更多的变革要求。因此，需要从各种不同的需求出发，在旅游方式、价值体现等方面开辟旅游新方式，除设计出满足旅游者对风景的享受外，还要设计出让消费者在旅游过程中收获新奇感和创意感的新方式。我国创意产业的提出和发展起步较晚，尤其是近几年来，创意产业的发展才得到重视。我国的经济发展程度显著提高，人民的生活水平已经不能仅限于物质产品，因此对创意产品的需求与日俱增。因此，我国开展创意旅游产业也是时代经济发展和消费者需求提高的结果。

一、创意旅游的主要特征

1.创新性

创意旅游意味着在传统旅游业基础上产生了重大变革。变革不仅体现在旅游商品表现类型和产品组合方式上，而且体现在旅游市场上，市场得到了进一步细分。在从传统旅游到创意旅游转变的过程中，创新的旅游产品的表现形式是非常重要的一环。旅游产业和其他的生产制造业不同，它并不生产任何实物形态的产品，它生产的是无形的服务形态的产品。旅游业无形服务的呈现也经历了复杂的生产过程，一个旅游产品从策划到开发再到实现，也需要运用多种资源。旅游产品的创新也是多个环节共同组成的，创新体现在策划、推广及营销的各个方面。创意旅游的发展为旅游产业带来了新的发展契机。旅游资源变幻出了创新的发展方式。在创意旅游中，引起消费者兴趣的不仅是自然风景，还有各种特色的地方文化和文创产品。消费者在创意旅游中收获了更多的体验形式和丰富的文化知识。

2.独特性

创意旅游一定是"小众"的。创意旅游的独特性决定了其产品的种类和数量都不是占据市场的主要产品类型，因此目前创意性旅游占据了旅游产业较小的细分市场。虽然创意性旅游在不断发展，创意产品类型不断增加，但由于其必须具有独特性，因此创意产品的数量增长会较缓慢。创意旅游产业的发展基于消费者的创意性需求，因此创意产品的设计必须具有独特性，尤其是不同的旅游方式中出现了同种产品类型，则在自己的创意性产品中一定要体现独特性，避免重复性建设。如当消费者已经观看了伦敦的蜡像馆后，再到香港参观蜡像馆，则兴趣必然会降低，因此必须设计出与其他地方不同的独特产品。因此，创意旅游要实现持续性发展必须具备创新的能力，只有在不断的独特性创新中，创意旅游才能保持市场竞争力。

3.体验性

体验是创意的重要体现形式。体验在创意旅游中发挥了重要作用。如游客在旅游过程中逛了书店，这种行为不能算作创意旅游，但如果游客参加了书店的文化创意活动，这就形成了创意旅游。比如，在一个地方旅游，人们不只限于观看直接的文创产品，而是参与到文创产品的制作过程，参与体验型活动就构成了创意旅游的一种形式。体验型的文创活动更能激发游客的兴趣，因此创意旅游的重要特点便是体验性。

4.文化性

第一，创意旅游和文化存在千丝万缕的联系。创意是基于文化的创新活动，文化是创意的源泉和资源，创意是文化的崭新表现形式，为文化传播提供了创新路径。文化也为创意旅游提供了丰富的创意原材料。文化作品成为创意旅游的一种形式，如文化名人的故居，体验文化名人的生活方式等，都是现代创意旅游的形式。第二，在创意旅游中还可以让游客体验当地的风土人情，亲自参与其中深深体会地方特色文化。第三，文化元素为旅游提升了品质。文化为创意旅游加深了文化内涵，在消费者需求多元化的时代，文化成为重要需求点，因此创意旅游和文化相互作用。

5.有智性

Florida 认为创意经济发展的 3T 原则包括技术、人才和宽容。创意旅游不仅依靠技术条件，而是要将知识、技术和创意三者进行有机的融合。创意旅游需要不断地根据消费者的需求更新发展。这就要求创意旅游的各个环节都是不断创新的。这不仅要求旅游设计的技术设备是"有智"的，还要求创意旅游的每个环节及整个产业链的协作都是"有智"的。因此，"有智"也体现了创意旅游以人为本的服务理念和思想。创意旅游根据消费者的需求不断的、智能的发展提高。因此，智慧旅游和创意旅游形成了交会，二者存在融合中发展。要让消费者在便捷和趣味性中体验旅游的乐趣。创意需要一些智能化设备的支持，这些技术条件包括现代化的硬件设施和先进的软件设施。如使用便捷的旅游 APP，使人们方便的处理旅游的任何问题，同时也可以通过 APP 收集消费者的反馈信息，及时对创意旅游进行调整。

6.开放性

创意产业是一个多元化的相互融合发展的部门，因此需要开放性的思想去引导和发展创意。创意旅游的发展是开放环境下的产物，是旅游与创意创业相互融合的产物。创意旅游是旅游过程中消费者和创意人员共同进行的创意活动。消费者的创意需求是多方面的，既需要有创意的思想，还需要创意实现的技术手段。因此，在创意活动中仅依靠创意思想是不够的，需要其他产品的合作。好的创意需要用现代科技手段去展示和实现，需要与其他产业的融合。因此，在创意旅游中开放性思维是发展的基础，以开放性的思维方式促进旅游的创意和其他科技手段融合，才能将创意以最好状态展现出来。比如，位于日本九州熊本县的"阿苏农场"，定位为"人、自然、元气"，是一个集农业体验、森林元气恢复、火山温泉治愈、个性住宿、美食购物等元素为一体的多体验集合。这就是开放性思维的结果，将创意和相关产业进行了高度有机融合。

二、创意旅游者的特征

创意旅游者在创意活动中发挥双重作用。一种情况下他们是旅游的消费者，在旅游过程中享受创意产品，同时他们又是生产者，在旅游中提供反馈信息，为创造出更多的创意类型提供灵感。创意旅游的目的地是将创意的各个环节集合在一起的汇集点。旅游者在旅游活动中也扮演着各种角色。创意旅游中消费者成为创意的创造者，根据自身的需求不断地创造出满足消费者需求的创意产品。

1.能动性

在创意旅游中的各个环节中都存在游客的高度参与，游客的相关信息在旅游前存在需求信息的收集，旅游中涉及活动的参加信息，旅游后表现为信息的反馈。旅游正式开始前，旅客作为创意游的服务对象，要对活动提前了解和准备，对活动的方案可以提出修改建议和改进建议。在旅游过程中，游客参与活动，活动的感受和体验将被记录下来，或者与其他消费者分享，扩大了创意旅游的影响力。在旅游结束后，消费者的消费体验会形成反馈信息，有助于以后创意旅游的不断改进。这三个环节中，参与旅游活动是最重要的环节。消费者的参与是主动的参与，不是被动地接受活动安排，消费者在参与中发挥自己的智慧和想象力产生了不同的创意效果。比如，游客不仅希望了解到影视拍摄的相关文化，还希望自己能够参与其中，真正地去体验扮演什么角色。上海的麦金依酒店，与英国 Punch Drunk 剧团合作"浸入式戏剧"-《无法入睡》，游客可以近距离的体验故事和演绎故事。因此，在创意旅游中消费者要高度参与，正是这种参与也吸引了消费者的兴趣。

2.创造感

从消费心理角度分析，参与创意旅游的消费者往往对创意充满了好奇和新鲜感，希望通过创意旅游实现心理满足。消费者希望通过创意活动实现与传统旅游不同的感受和收获。参与创意活动的过程中，可创造出宝贵的创作灵感，并应用于创意产品中。因此，创意消费者相比较传统的旅游消费者是更具创造力的，人们不仅希望参与创意其中，更希望收获创意的思想境界和心灵的碰撞和震撼。

3.自我实现感

当消费者的工作、生活及休闲成为一体时，就达到了创意旅游的最佳状态。创意旅游的消费者是具有创意性的体验者。他们注重的是在创意旅游中实现自我价值。伴随工业经济的发展，人类的休闲生活和工作实现了分离。创意旅游的出现为休闲和工作的统一创造了可能性，在创意中工作，也在创意中放松自我。在工作和休闲被分割的状态下，人们只有在放松的状态下才能产生灵感，在工作被当成是一份经济性职业时就难以实现创意。创意旅游为消费者提供了心灵创意和休闲的结合方式。消费者通过创意旅游实现自我价值，并激发灵感，更好的应用与工作。

第二节 图书馆研学旅游服务

图书馆开展的文化和旅游的融合方式之一是研学游。研学游提供给了青少年真正的实践"读万卷书，行万里路"的感受。它不再是单纯的旅游或学习过程，而是通过文化融合，在旅游过程中，让孩子们在趣味性的旅游过程中学习到知识，影响他们成长过程中的文化观念和社会价值观念。因此，图书馆的研学活动设计要具备趣味性，根据游客的年龄特征设计体验型文创产品，引起青少年的兴趣。伴随人们对文化生活需求的不断提高，研学游也逐步不再局限于学生，各个年龄阶段的游客都有对知识的求知欲，并且由于知识结构的不同，各年龄段的人群对不同的研学游具有差异性的需求，因此图书馆的研学游市场潜力巨大。

国家和相关部门也颁布了一系列的政策支持和保障研学游的顺利发展。例如,《国民休闲旅游纲要》《关于促进旅游业改革发展的若干意见》《中小学学生赴境外研学旅行活动指南(试行)》《关于推进中小学生研学旅行的意见》《关于首批"中国研学旅游目的地"和"全国研学旅游示范基地"的通知》《关于实施中华优秀传统文化传承发展工程的意见》等文件先后对研学旅游的发展给予高度关注和政策指导。

在研学游的实践过程中也存在一系列的问题,比如研学游过程中市场竞争混乱,文创产品形式比较单一,不能实现良好的学习效果等。因此,研学游的关键在于让青少年学到知识,不是走马观花,只知其一不知其二。要深度开发研学游产品类型,做到在实践中注重文化内涵的实践和应用,保障图书馆的研学游健康有序发展。现代的教育制度下要求学生加强对传统文化的了解和学习,图书馆的基本职能就是公共文化服务,因此研学活动是图书馆的业务职能之一。那如何让学生们参加到研学活动中呢?其中少不了趣味性的设计环节,因此研学和旅游结合起来就顺应了时代要求。图书馆开展研学游既丰富了旅游市场的产品类型,也增加了文化知识的传播途径,因此成为国家各部门鼓励和支持的发展类型。

一、图书馆和研学旅游具有天然一致的理念

研学旅游的教育方式与传统的学校教学方式不同,已经跳出了教室的空间限制,也不再秉承成绩至上的应试教育方式。研学游根据学生的兴趣爱好和个人发展特征,设立了不同的研学服务项目,在学习过程中,注重对学生创造力的培养,尊重学生个性发展,因此取得了良好的学习效果。联合国教科文组织《公共图书馆宣言》中已经对图书馆"以人为本"的服务理念进行了界定。中国图书馆学会《图书馆服务宣言》确立了"对社会普遍开放、平等服务、以人为本的基本原则"。因此,图书馆创办研学游的文创形式也是秉承了图书馆的服务理念,研学游是图书馆业务的一种延伸形式。

二、图书馆具备开展研学旅游服务的文献信息资源

图书馆有丰富的馆藏资源,根据这些资源开发设计研学游的项目,可以使文化以更多彩的形式呈现出来。因此,图书馆凭借文化优势在开发研学游项目上比旅行社更具可行性。如国家图书馆藏"四大镇馆之宝"、天津图书馆藏周叔弢捐赠及国内仅有的《棠湖诗稿》刻本都是极具价值的研学旅游服务资源。其他各地方馆也都有自己特色的馆藏资源。国家图书馆将旅游和文献结合起来,开发了阅读和旅游结合的研学游方式。在旅游中阅读,将读书的理念深入人心。通过阅读的形式了解到世界的知识,实现了研学游的开发目的。

三、图书馆具备开展研学旅游服务的专家资源

中国自古就有游学的学习方式。古时学生追随有学问的老师游历各地，在实践中悟出知识道理。到了现代社会，学生们在学校固定场所进行学习，缺少了游历各地的实践经验。现在兴起的研学游正好弥补了这一缺点，学生们在旅游中进行游学。但游学过程中需要一批知识丰富的老师对学生进行指导，图书馆在人员方面具有得天独厚的优势。因此，图书馆的专家资源也推动了研学游的开展。

四、图书馆研学旅游服务的受众广泛

图书馆的功能就是公共文化服务，因此图书馆的服务对象为全部公众。联合国教科文组织《公共图书馆宣言》明确宣告："公共图书馆应不分年龄、种族、性别、宗教、国籍、语言或社会地位，向所有的人提供平等的服务。"因此，图书馆的研学游也应该是针对所有大众的，不是局限于某一年龄阶段的人群。如国家图书馆举办的"阅读之旅北京中轴线"研学活动中，参与人群包括了各个年龄阶段的人群，涉及的职业类型广泛。因此，研学游也是针对公众的服务项目，不受年龄、职业等限制。

五、图书馆开展研学旅游服务得到政策支持

中共中央办公厅、办公厅印发为了《关于实施中华优秀传统文化传承发展工程的意见》这一指导意见的出台保障了研学游的顺利开展，在研学游中图书馆有文化资源优势，加上政策的引导和支持，因此保证研学游顺利开展并能收到良好的文化传播效果。2018年3月，文化和旅游部的组建，国家从机构设置上对图书馆和旅游产业的融合式发展给予了保障和支持。在融合形成的新部门管理下，图书馆的文化资源有了更广阔的传播途径。旅游产业也可找到适合自己的文化旅游特点。因此，图书馆和旅游产业的发展都离不开政策的支持和相关机构的配合。文化和旅游产业的融合恰好发挥了图书馆和旅游产业的优势，为文化传播拓宽了渠道，也形成了旅游产业的新模式。

六、图书馆具备开展研学旅游服务的合作体系

图书馆已有的服务网络体系为开展研学游提供了先天条件。图书馆可以借助已有的网络资源优势将研学游办成一个文创的拳头产品。一方面，图书馆可以凭借自己的资源优势吸引外地的旅游者到馆内进行研学活动。另一方面，图书馆也要走出去开展研学游，去学习其他各地的先进研学游开展方式，尤其是学习国外一些成功的研学游运作模式。

七、图书馆的性质是进行公共文化服务

图书馆的公益性质可以有效地避免研学游唯经济利益为目的的商业运作模式。商业

利益的驱使使研学游的性质产生了变化，研学过程中变相地以促进消费为目的的销售模式覆盖了文化传播的目的。因此，研学游的一些乱象使消费者望而却步。因此，图书馆要保持公共服务的工作模式，给社会以公信力保障，保障研学游在正确的轨道上发展。

第三节 图书馆文旅融合的理论与实践

在文化和旅游部成立之前，我国就文化和旅游产业的融合式发展已经进行了一些实践，各种文化+旅游的旅游方式开始兴起，比如研学游、民俗游等，都是文化和旅游融合的一些有益探索。文旅融合的发展需要结合当代经济社会发展的实际情况，根据消费者旅游消费的要求探索新的结合方式。

一、公共图书馆的会展旅游

随着中国改革开放不断深入推进，中国公共图书馆开始融入世界图书馆事业的发展进程中，中外交流日益增多。伴随中国的对外开放，我国图书馆的发展也逐步与世界接轨，图书馆走向了国际舞台，参加全球性图书馆相关交流，紧跟世界图书馆的发展趋势。国家图书馆和部分省级图书馆都已经召开了图书馆界的国际性会议，并开展了一些国际主题的研讨活动，不仅为世界图书馆业务的发展添加了中国色彩，也推动了中国图书馆走向世界。从 2004 年至 2018 年，上海国际图书馆论坛已经先后举办了九届。2018 年10 月，以"图书馆，让社会更智慧更包容"为主题的第九届上海国际图书馆论坛在上海图书馆举行，包括国际图联主席在内的来自全球 23 个国家和地区的 269 位代表出席了论坛。"上海会议大使"制度是上海市旅游局于 2006 年在国内首创的会展旅游发展促进制度，上海图书馆馆长曾先后多次荣获"上海会议大使"称号。国际会议的举办为图书馆宣传和推广中国文化开辟了新途径，中国文化在世界舞台大放异彩。图书馆和旅游产业结合的会展旅游发展促进方式也是双方合作的新方式，在旅游中促进了文化的宣传，也增加了旅游的趣味性和知识性，增加了游客的旅游收获。

2013 年 6 月，广州图书馆借新馆全面开放之际举办了"大都市的公共图书馆事业国际学术研讨会"，与广州结为友好城市的全球各城市图书馆，如德国法兰克福、韩国光州广域、美国洛杉矶、法国里昂、加拿大温哥华、芬兰坦佩雷、南非德班、英国伯明翰等图书馆馆长出席了论坛。2016 年 11 月，广州图书馆又与广州市图书馆学会、中山大学图书馆等联合主办了"创客空间：图书馆里的创造力-人人参与的创客空间"国际学术研讨会，来自中国、美国、英国、丹麦、加拿大、新加坡等国家和香港地区的 600 多名嘉宾出席了论坛。这类国际会议的成功举办也展现了中国图书馆发展的实力，并通过会议交流平台更好地推广了中国文化，同时在会议交流中学习了国外图书馆先进的文化宣传方式和管理方法。

2018年5月，由中国国家图书馆等主办的丝绸之路国际图书馆联盟成立暨"阅读城市，文化图书馆、书店融合发展学术研讨会"在四川省图书馆举办，20多个国家的联盟成员馆馆长和文化官员，以及来自美国、英国、澳大利亚、法国、德国、波兰等国家的图书馆界代表和驻华使节以及国内专家学者共计300余人出席了研讨会，可谓盛况空前。会议发表了《成都倡议》，发布了图书馆、书店融合发展联盟宣言，并签署了图书馆、书店融合协议。

中国的改革开放政策为图书馆走向国际化发展提供了制度环境。在经济发展的推动下，人们的文化需求也出现了多元化和国际化趋势，因此图书馆的业务发展也呈现出国际化趋势。1997年7月，"上海图书馆古文献精品展"在香港中环大会堂展览厅隆重展出，为香港人民了解祖国的传统文化提供了渠道和平台。展览引起了良好的反响，香港著名学者饶宗颐在看了展览后说："香港还有一个文化回归的问题。"许多省级图书馆也开始了走出去的道路，在国外举办了各种中华民族特色的文化展览，为传播中华文化开辟道路。

天津市滨海新区图书馆是中国图书馆建设中的一个先进代表。它建筑面积3.3万平方米，每天开馆11小时，全年无闭馆日。服务时间明显长于其他图书馆，满足了人民群众对文化的渴求。该馆自2017年10月1日对外开放以来，不断探索新业务模式，不仅在传统服务项目中提高服务质量，还开辟了文旅融合发展模式，成为具有世界影响力的图书馆之一。自开馆以来，每天的访问人次和借阅人次都居于全国前列。天津市滨海新区图书馆凭借世界领先的多媒体技术应用和先进的图书馆系统吸引了诸多国外图书馆的注意，许多国外图书馆慕名来进行参观和学习。并且图书馆与媒体机构和单位进行了合作，创造出了许多优秀的现代文创作品。2018年8月的美国《时代周刊》对天津滨海图书馆做了如下介绍：任何哀叹公共图书馆衰落的人都应该来中国天津看看，在这儿有一座崭新的文学金字塔，看起来就像科幻电影里的场景，布满了质朴的白色内饰和从地板到天花板层层叠叠的书架。总的来说，它的容量超过135万本书一尽管有一些浮雕铝板模仿了真实的书卷，但有人批评这个令人惊叹的空间"与其说是书，不如说是小说。尽管如此，滨海图书馆仍然是中国最热门的新景点之一。"在《时代周刊》列举的100个全球最美地方的照片中，天津滨海图书馆排列首位。美国《财富》杂志于2017年11月也对天津滨海图书馆进行了介绍，认为天津滨海图书馆以一个球形中庭和从地板连接到天花板的书架为特色，成为一个书迷的终极幻想。该图书馆由荷兰建筑公司MVRDV与天津城市规划设计院（TUPDI）合作，是一个五层的空间，从外部看起来像一个三维的眼睛。《印度时报》也将天津滨海图书馆列为爱旅行书迷的首选，认为天津滨海图书馆像一个书的宇宙，别名"眼睛"。

世界媒体惊叹于天津滨海新区图书馆的内外设计。建筑外观"滨海之眼"，体现了

"观乎人文，化成天下"的图书馆使命；建筑内中庭的超大共享空间由"眼球"和"书山"构成，眼球寓意"推动滨海发展的能量球"，而34级白色波浪形台阶和虚实相间的书架则意味"书山有路勤为径"和"书籍是人类进步的阶梯"。这种设计为读者带来了极大的方便，节约了阅读时间和成本。图书馆的空间设计和图书馆系统融为一体，读者可以非常方便地获得图书馆的文化资源。从有形的文献到无形的数字资源，处处都体现着现代化先进的图书馆管理技术的应用。因此，凭借精妙的外观设计和内在的技术运用，天津市滨海新区图书馆成为人们的图书馆景点，自身已经形成了品牌效应，成为各大图书馆争相学习的对象。

二、把握公共图书馆文旅深度融合的发展机遇

1.树立文旅深度融合的新理念

图书馆和旅游产业的深度融合式发展为旅游产业带来了新活力。同时，这也是国家相关部门的政策性导向的发展结果。在2018年9月举办的文化和旅游专题论坛上，国家文化和旅游部负责人指出，文化是旅游的灵魂，旅游是文化的载体，文化和旅游融合发展是大势所趋。自文化和旅游部组建以来，按照"宜融则融、能融尽融"的工作理念，积极探索文化和旅游融合发展规律，促进文化资源保护利用与旅游发展相结合。这些政策和举措为推进图书馆和旅游产业的深度合作提供了政策保障，推动了双方的共同发展。伴随经济发展，人们对旅游的需求逐渐旺盛，人们对旅游的要求也越来越高，文化的加入正是满足了游客的"高文化"要求，因此两者的融合发展形成了双赢局面。文旅深度融合正面临重要的发展窗口期，即中国当代公共图书馆覆盖全社会的公共文化服务体系建设进程与中国当代旅游业的井喷式发展增长、中国公共图书馆正在积极推进的"全域服务"与旅游行业正在努力践行的"全域旅游"形成了历史性交汇。自1987年北京图书馆新馆落成以来，全国各地区也出现了许多标志性的图书馆建筑。各类图书馆的文创设计也层出不穷，文创产品加快了发展的脚步。因此，图书馆和旅游的融合式发展正是时代发展的必然趋势，顺应了历史发展潮流。在这一融合的发展模式中，图书馆为旅游业提供了文化之路，旅游业为文创产品提供了发展空间，两者相互促进。从各地区图书馆文创产品的需求数据分析，消费者对文化的渴求与日俱增，这就要求图书馆不断拓展新的发展模式。因此，图书馆要坚持融合的发展模型，提供给消费者更好的服务。

2.培育文旅深度融合的新机制

目前，图书馆和旅游产品的联合发展处于文创产品的推介层面，因此是一个初步发展阶段，双方的融合广度和深度需要进一步加强，这需要国家和相关部门的重视和推动。国家和省、市、区、县各层面加强对文旅深度融合的统筹协调，将图书馆的所有文创业务环节都纳入与旅游业融合发展的道路上。各图书馆要根据自身的发展情况，结合自身

的发展考虑与旅游业的合作方式和深度。此外，在合作过程汇总还应当明确双方的权利和义务关系，明确利益分配问题。避免对图书馆的文化资源过度开发，为创造经济效益将图书馆资源扭曲利用，甚至是滥用等。应将图书馆和旅游的深度融合真正做到实处，完善合作机制，使之健康、深度融合发展。

3.探索文旅深度融合的新路径

中国旅游学界于1987年提出了旅游六要素，即"食、住、行、游、买、娱"，并将其称之为旅游业文化。1991年有学者将六要素的顺序和文字换易为"住、食、行、游、购、娱"，成为旅游业界内外普遍使用的概念。图书馆在与旅游产业的融合中也应当遵循其构成要素逐步开发出文创产品发展路径。旅游产业中的各个要素都可以与文创产品关联。在"住"方面，文化因素已经融入了住宿文化，宾馆业中各类主题文化的住宿方式层出不穷，有宣传地方特色文化的，有宣传文献古籍文化的，游客在住宿过程中感受到了浓浓的文化气息。在"食"方面，各个图书馆推出了文化餐，游客在享受食物的同时还了解了食物的产地和当地的风土人情，增加了饮食的文化元素。另外，许多馆藏古籍中的相关食物的记载也被用现代工艺加工利用，古法新作成了时尚潮流。游客还可以亲身体验古老的食物制作方法，品尝自己制作的古法食品。这项内容的融合促进了文化和旅游产业的深度融合，双方都在融合中获得了经济利益和文化传播效应，宣传了当地文化并吸引了更多的游客。在"行"方面，文化已经成了城市的标志，每个城市的著名人物、历史典籍、经典建筑等都出现在人们日常的交通工具和出入场所，给游客以文化印象，刺激消费者的消费欲望。在"游"方面，图书馆凭借其优秀的文化资源吸引了大批的游客，有些甚至成了一个城市的必去旅游点。其中图书馆开展的各种体验型活动也吸引了众多游客。在"购"方面，图书馆将文化资源开发设计成文创类旅游纪念品或者是体验型的文创产品，增加了旅游元素中的消费者购买欲望。在"娱"方面，图书馆开发的许多文创产品既具有文化性又具有趣味性，将文化知识设计于娱乐形式当中，消费者在旅游的同时感受了文化娱乐项目，是普及和宣传特色文化的最佳方式，深受消费者的喜爱。

图书馆和旅游产业的同时发展突破了空间范围的限制，文创产品的服务空间不再局限于图书馆内部。文创产品可以在旅游产业的任何环节和消费者产生联系，文化的传播贯穿于各个环节。文创产品的服务空间也拓展到了旅游途中的各个景区。因此，图书馆和旅游产业的结合给文创产品创造了更广阔的市场空间，扩大了消费人群的空间分布。例如，上海图书馆所推出的上海武康路文化街区和邬达克建筑行走阅读项目深受消费者喜爱，销售火热。因此，图书馆在发展文创产品的活动中应该积极主动地寻求和旅游产业结合的机会，将文创产品的设计开发和旅游巧妙地融为一体。将文化和旅游以不分家的形式传递给消费者，既提高了旅游品质，也开拓了文创产品市场。

结语

　　综上所述，在大数据背景下，图书馆工作的管理环境以及管理工作方式逐渐产生了变化。相关人员需要对大数据对图书馆工作的影响有着正确的认识，结合大数据技术的应用优势，提升公共图书馆的综合管理能力。首先，需要借助于大数据相关技术，提升图书馆的服务能力，更好地满足读者需求。其次，需要借助于大数据技术，丰富公共图书馆中的馆藏资源。另外，还需要强化数据信息的整合应用能力，适应未来发展要求。最后，需要重视人才的引进与培养，确保公共图书馆的人才储备能够适应环境变化要求。

　　公共图书馆作为社会文化的重要组织机构，在社会发展进程中向社会大众传播先进的科学文化知识和理念，培养大众正确的人生价值观念，丰富大众的精神文明世界。但对于目前的公共图书馆而言，管理制度体制还不健全，管理模式存在不足，管理方式存在弊端。科学技术的发展带动整个社会进步，人们会更加强烈地要求提高公共图书馆的管理水平。虽然新媒体时代的来临，使得人们获取信息的渠道变得更为丰富，但是传统图书所带来的信息获得感与信息价值一定程度上是新媒体的信息获取形式无法替代，而公共图书馆进行管理，反而可以依附互联网技术，得到有效的延伸与优化，有效保护书籍当中蕴含的文化传承，让纸张和文字带给我们的现实感知，能够与电子产品的发展同行，将优秀的文化与精神融入后代的灵魂与血液。随着科学技术水平的不断发展和创新，数字化、信息化的发展模式已经逐渐深入至社会每个角落中，且在每个区域范围内产生深远的影响力。

参考文献

[1]刘春燕，司晓梅主编.大数据导论[M].武汉：华中科技大学出版社，2022.05.

[2]王志主编.大数据技术基础[M].武汉：华中科技大学出版社，2021.01.

[3]程显毅，任越美编.大数据技术导论：第2版[M].北京：机械工业出版社，2022.08.

[4]（美）大卫·洛辛（DavidLoshin）著；尚慧萍，鲍忠贵译.大数据分析[M].北京：国防工业出版社，2020.01.

[5]李婵编译.图书馆[M].沈阳：辽宁科学技术出版社，2015.03.

[6]刘淑玲主编.图书馆管理与资源开发建设[M].吉林出版集团股份有限公司，2022.08.

[7]曹慧芳著.未来图书馆[M].沈阳：辽宁大学出版社，2020.12.

[8]贾虹作.智慧图书馆及其服务创新研究[M].北京：中国农业出版社，2022.04.

[9]蓝开强著.现代图书馆管理创新实践[M].吉林出版集团股份有限公司，2020.05.

[10]查道懂主编.图书馆管理学[M].长春：吉林文史出版社，2019.08.

[11]谷春燕，李萧，阿曼古丽·艾则孜主编.图书馆读者服务与管理[M].银川：宁夏人民出版社，2021.07.

[12]苏芳荔作.图书馆数字人文服务[M].北京：中国纺织出版社，2021.12.

[13]马蓉，胡琬坤，杨丽杰著.图书馆管理与阅读服务[M].长春：吉林人民出版社，2021.10.

[14]张丽红作.现代图书馆建设与创新趋势研究[M].长春：吉林出版集团股份有限公司，2021.12.

[15]严栋著.智慧图书馆概论[M].大连：辽宁师范大学出版社，2021.12.

[16]陈群作.互联网+图书馆智慧服务研究[M].长春：吉林出版集团股份有限公司，2022.06.

[17]张海波编著.智慧图书馆技术及应用[M].石家庄：河北科学技术出版社，2020.05.

[18]李世娟等编著；中国图书馆学会编；王余光，霍瑞娟，李东来总主编.国外图书馆阅读推广[M].北京：朝华出版社，2020.05.

[19]吴环伟著.图书馆文献资源建设与共享服务创新[M].吉林出版集团股份有限公司，2020.05.

[20]陈丹著.现代图书馆空间设计理论与实践[M].上海：上海社会科学院出版社，

2020.

[21]韩雨彤，常飞著.图书馆信息资源建设发展研究[M].北京：应急管理出版社，2020.

[22]陈燕琳著.新环境下公共图书馆的阅读推广[M].长春：吉林人民出版社，2022.01.

[23]王蕴慧，张秀菊作.公共图书馆的服务体系建设与创新[M].北京：中国纺织出版社，2021.12.

[24]张辉梅著.公共图书馆管理与读者服务研究[M].长春：吉林人民出版社，2021.09.

[25]韩春磊作.公共图书馆馆藏文献资源数字化建设[M].长春：吉林摄影出版社，2022.01.

[26]宋松著.公共图书馆信息资源建设研究[M].北京：现代出版社，2019.05.

[27]周红雁.文旅融合环境下的公共图书馆转型研究[M].合肥：安徽大学出版社，2021.10.

[28]郑辉，赵晓丹著.现代公共图书馆智慧服务平台建构研究[M].长春：吉林人民出版社，2020.12.

[29]王继华著.新时期公共图书馆阅读推广理论研究[M].银川：宁夏人民出版社，2020.04.

[30]张洪升，付国帅，张正伟著.公共图书馆资源建设与服务研究[M].北京：新华出版社，2018.03.

[31]阮光册，杨飞主编.公共图书馆管理与服务[M].上海：上海科学技术文献出版社，2015.10.

[32]刘庆娜著.图书馆公共服务与信息化管理[M].长春：吉林人民出版社，2021.11.